김기연 교육장,

교육을 말하다

김기연 교육장,

교육을 말하다

초판인쇄 2014년 7월 22일
초판발행 2014년 7월 24일

지은이 김기연
펴낸이 김재광
펴낸곳 솔과학

출판등록 제 10-140호 1997년 2월 22일
주소 서울시 마포구 염리동 164-4 삼부골든타워 302호
대표전화 02)714-8655
팩스 02)711-4656

ISBN 978-89-92988-02-5

김기연 교육장, 교육을 말하다

김기연 저

솔과학

Content

3부 승진제도

4부 공무원과 도덕성

5부 학생과 학부모

6부 이 시대의 뒷면

7부 경기교육의 현주소

8부 지역교육청의 역동성

9부 교사의 공감 마인드

10부 학교장의 리더십

11부 교육의 나아갈 방향

12부 교육정책의 현장 적합성

대한민국 교육의 정체성이 흔들리고 있다

교육계 평형수의 고갈로 인하여 난마(亂麻)처럼 얽혀 있다. 복원력이 가능한가?
아니다. 교육의 균형추와 방향타가 중심을 잃으니 참척(慘慽)의 고통처럼 비명을 지르고 있다.
이 책은 교육계 비명의 녹음이며 정체성 회복에 대한 처방전이다.

유장(悠長)한 전통을 자랑하던 우리나라 교육에 중병이 들고 있다.

이시영 시인의 '나라 없는 나라'의 모순된 시어(詩語)처럼 세상이 온통 불합리와 상식에 반하는 느낌이다. 교육의 본질보다 온갖 사이비 교육자와 NGO 같은 비교육자들의 전국구 놀이터가 되었다.

권위는 사회를 지탱하는 내구력이다. 그런데 내구력이 소진되고 있다.

입법부, 사법부, 행정부, 청와대까지도 권위가 비틀거리자 조롱과 매도가 춤을 춘다. 나꼼수 같은 저질 저널리즘과 SNS도 덩달아 같이 흉내 낸다.

사색과 논리는 실종되고 사회가 경박해지면서 일의적(一義的) 가치가 뒤로 밀리고 있다. 자연히 교장의 권위도 나락으로 추락한다. 이렇게 중심가치가 흔들리니 부속가치도 혼란스럽다. 줄기가 흔들리니 가지가 요동치는 격이다.

일부 정치인, 지식인, 노동계, 시민단체는 계백장군의 결사대(決死隊)가 황산벌 전장에 나가듯 서슬이 퍼렀다. 무지개 연합군의 독수리 5형제처럼 대한민국을 뒤집을 태세다. 그렇다고 침묵하는 것은 교육자의 자세가 아니다.

학교에서 임계질량(Critical mass)을 넘긴 이념적으로 경도된 교사, 학부모 단체는 학교문화를 무섭게 변화시켜 가고 있다.

"보수는 분열로 망하고 진보는 자충수로 망한다."는 말은 전국의 교육감 선거가 방증한다. 교육자는 욕을 먹어도 조롱의 대상이 되어선 안 된다.

토마스 아퀴나스는 "정의가 없는 나라는 강도 집단과 뭐가 다른가?"라고 반문하고 있다. 산업화와 민주화를 동시에 달성하여 세계의 전범(典範)이 된 자랑스러운 나라가 아닌가. 그래서 산업화, 민주화 세력 중 어느 세력도 사회적 공로의 배타적 독점권을 주장할 수는 없다. 계속 모욕을 가하는 것은 파손된 균형 감각이 낳은 오만일 뿐이다.

까마귀 떼 속에서 홀로 백로를 자처하는 것은 독선이요 위선인 이치와 같다.

헌데 이념이 정책의 품질을 보장하지 않듯 철학 교수처럼 현학적(衒學的)인 수사가 교육의 정도일 수는 없다.

베낀 리포트가 더 화려하고 도금(鍍金) 반지가 진짜 황금 반지보다 더 번쩍거리듯, 거짓말일수록 화려하고 번지르르 하다.

이제 진보와 보수가 걸었던 '기회의 상실'을 반복해서는 안 된다. 하지만 우리나라 교육 경쟁력이 조락(凋落)으로 치닫고 있는 것이 현실이다.

헬스장에서 키운 근육과 중노동으로 만들어진 근육은 근본적으로 다름을 깨닫는 지혜가 필요하다. 이 위기를 한발 앞서 극복하면 호랑이 등에 올라탈 수 있지만, 한발 늦으면 코끼리 발에 밟힐 수밖에 없다. 그런데 어깨 너머로 배운 장기처럼 교감 경력도 월담하고 검증되지 않은 무자격 교장은 걱정스럽다 못 해 아슬아슬하다. 꼭 오목눈이 둥지가 뻐꾸기 알을 품은 형상과 같다. 이는 절름발이 교육 자치에 무늬만 교육 자치인데 기인한다.

물레방앗간을 주었으면 물레방아를 돌릴 물 사용권도 주어야지 뭐가 못 미더워 물 사용권의 키를 안 주는가.

자고로 교직은 성직자들처럼 '존경'이라는 상징 자본은 없지만, 서생의 문제의식과 상인의 현실 감각을 고려한 교육의 선도자가 되어야 한다.

그 후 성장하는 학생들에 대한 관점은 문화적, 사회적, 시민적

과제로 인식의 전환이 요구된다. 지구촌의 지식 생태계는 빠른 속도로 진화하고 있다. 이제는 서로 다른 전문 지식과 상상력이 만나는 융합과 컨버전스(Convergence)가 새로운 세계를 창조하는 것이 교육의 핵심이고 백미(白眉)이다.

더 빠른 말을 만드는 것이 아니라 말과 전혀 다른 자동차를 만들어 내는 것이다. 그러기 위해서 교사는 인문학적 소양을 바탕으로 탁월한 지식 편집가요 전방위적인 지식 경영자가 되어야 한다.

그간 경기교육의 우산종을 자처하던 분들은 본인과 경기교육을 위해서도 자숙하는 자세가 필요하다. 자신들만 고아(古雅)한 성채(城砦)를 뽐내고 있는 줄로 착각한다면 내공의 수양이 더 필요하다. 시선은 혁신교육을 외치면서 눈동자는 자신의 입신양명에 있다면 인격의 인지부조화다. 소외감은 견딜 수 있다. 하지만 "천시(賤視)"는 직무만족도를 떨어뜨린다는 일선 교단의 여론이다.

사람은 간혹 비겁하게 처신할 수도 있지만 비겁자가 영원할 수는 없다. 왜냐하면 굴절된 정의는 울림이 없듯 역사는 언제나 진실된 스승이기 때문이다.

끝으로 책이 출간 될 수 있도록 도와 준 솔과학출판사 김재광 사장님, 사진작가 김해겸 선생님께 지면을 빌어 감사의 글을 전한다.

2014년 7월 초여름 평택호반에서

김기연

상인초등학교

▲ 2013 학부모 연수 : 학생들의 "건강권과 행복권"을 지켜주자는 강의였음.

1부

무자격 시대

울진 소광리 대왕송(大王松) : 경상북도 울진군 소광리 금강소나무

공모교장(교육장)은 이 시대의 독(毒)인가? 약(藥)인가?

"김 교장! 내년 3월 1일자 공모교장으로 우리 학교에 응모할 의향 없나요?"

필자가 지난 해 11월 P시, Y시, Y군 등에 소재한 3개교에서 제의를 받은 내용이다. 물론 퇴임 교장이 평소 필자하고 학교경영의 철학을 공유하였다는 공통점이 있다.

배경에는 퇴임교장이 공모교장 심사위원을 위촉시키다 보니 절대적으로 영향력을 미친다고 사료 된다. 그런데 공모 심사가 임박해지면 진위(眞僞)를 확인할 수는 없지만 설(說)이 난무한다. 신기하게도 개인의 역량과 무관하게 그 설의 적중력이다. 공모 교육장의 예를 들어 요약하면 누구는 선거공신, 누구는 학연, 누구는 지연, 아니면 어느 교육의원을 등에 업고 등으로 압축된다. "사향노루는 바람 부는 언덕에 서지 않는다."는 중국 고사가 있다. 역량이 안 되면 교육계나 본인을 위해서도 조용히 있는 것이 현명하다. 헌 동아줄 새 동아줄 잡으려고 발버둥을 치다 정치인(교육의원)에 줄을 대서 그런 교육장한들 무엇이 그리 떳떳한가. 그러다 보니 사회상규를 벗어나는 과공의 예를 표하여 눈살 찌푸리게 하는 일이 비일비재하다. 동아줄이 되어준 분은 자기 존재감을 과시하기 위해 사석에서 무용담을 털어 놓는다. 이 세상 비밀이 어디 있나. 이 또한 인사권자에 대한 예도 아니고 교육장의 권위는 나락으로 추락하고 교육계에 암종으로 작용할 뿐이다.

공모교장도 크게 다르지 않다. 정치의 세계는 악마의 발톱부터 천사의 이마까지 얼굴이 다양하다고 한다. 교육계가 정치판하고 같을 수는 없지 않은가. 퇴임교장 평소의 인품을 일순에 잃는 우(愚)를 범한다. 여기에도 전술한 설(說)과 크게 다르지 않다. 한 가지 첨언한다면 돈 몇 푼에 넘어갔다는 설만 추가할 뿐이다. 요즘 동네 이장 선출도 공모교장보다는 더 공정하고 더 민주적임을 알아야 한다. 도금(鍍金)반지가 진짜 황금반지보다 더 번쩍거리듯, 세상은 정직하지 않은 자들이 진실을 더 외친다고 한다. 인사권자의 의분심(義憤心)을 기대할 뿐이다.

그렇다면 공모제의 순기능을 극대화하고 역기능을 최소화하기 위한 방안은 없을까?

공모제 학교장(교육장)을 무보수 명예직으로 2년 정도 수습케 하고 그 후 엄격하고 공정한 중간 심사를 거쳐 정식으로 임용하는 절차를 제안한다. 이 때 심사위원의 구성은 공정성과 전문성을 갖춘 권위 있는 인사로 구성한다.

평소 인품이나 공정성에 휘말릴 가능성 있는 인사는 철저하게 배제시킨다.

지금 교육계에서 절실한 것은 소방서지 경찰서가 아니다. 우선 화재의 원인을 찾고 방화범 잡는 일은 나중에 하면 된다. 혁신은 혁명보다 더 어렵다고 한다.

양적으로 다양하고 질적으로 우수한 교육 콘텐즈 생태계가 작동될 때 경기교육의 크린행정도 혁신 과제도 더 탄력을 받을 것이다.

경기교육의 5대혁신 여론은 교원의 62.3%가 긍정적 평가를 하였고 크린 지수가 전국 2위라고 한다. 그런데 여의주 없는 이무기가 되고 머리털 잘린 삼손이 될 수도 있다. 왜냐하면 물이 잔잔하면 사물을 비춰주지만 돌을 던져 파문이 생기면 비추지 못하는 이치와 같다.

"진실과 하품은 가릴 순 있어도 막을 순 없다."는 말이 있다. 시대 정신에 맞지 않는 인사, 도덕성과 준법성에 흠결 있는 교원은 제발 발탁되지 않는 인사시스템이 작동되기를 기대해 본다. 마치 옛 환관과 무수리의 넋두리처럼 들렸다면 필자만의 환청일까?

(경인일보. 2012. 2. 2)

교감 자격증 무용론

교육과학기술부는 초 · 중등교육법 시행령 105조 2항(공모교장의 자격)에서 "공모교장으로 임용된 사람 중 교장 자격증 미소지자에 대해서 임용 후 1년 이내에 자격연수를 실시하여야 한다."고 개정하였다.(2011. 9. 16)

동법 부칙 제2조에 "이 법 시행 당시 종전의 규정에 따라 공모교장으로 재직하였거나 재직 중인 사람에 대하여도 적용한다."고 하였다.(2011. 9. 30) 따라서 전국의 교사 출신 공모 교장은 모두 전 · 현직을 불문하고 다 교장자격 연수를 받고 있다.

입법 취지는 현재 교사 교감 교장으로 구분 되어 있는 자격증 제도를 근간으로 하되 교장 임용방식의 다양화를 명분으로 하였다고 한다.

개정 이전의 법령에는 공모교장으로 선정된 자는 임기 만료 후 원래의 자격 기준에 있던 직책으로 귀임하게 되어 있었다. 따라서 소급 입법의 위헌 소지를 안고 있음을 부인하기 어렵다.

이런 승진 체계의 합목적성을 떠나 교육계는 또 다시 정치 장풍(掌風)의 폭풍우가 휘몰아칠 태세다. 특히 중견 교사들의 반발은 하늘을 찌를 듯 한데 교과부만 모르는 것 같다. 그렇지 않아도 무자격 공모 교장교의 성패는 검증도 안 되었을 뿐만 아니라 이념적으로 경도된 소수의 구령에 따라 움직인 것도 사실이다.

교장 자격증은 권위의 상징이다. 그래서 교장 발령권자도 대통령이다.

교감 자격증을 월담(越-)하다 보니 차라리 없애자는 극단의 목소리가 탄력을 받는다. 교직 경험을 인정하고, 쌓인 신뢰를 경력으로 치환해 주는 '테뉴어(Tenure · 종신고용)사회'에서 인사질서 파괴의 극치이다.

제도와 법은 사회적 변화를 반영한다.

교과부 → 도교육청 → 지역교육지원청 → 단위학교로 이어지는 행정 시스템 하에서 공교육의 정상화는 백년하청일 수밖에 없다.

따라서 교원의 신분 및 지원행정의 전반을 OECD 기준과 수출입 규모 세계 9위의 위상에 걸 맞는 자기 변혁이 요구 된다.

정치권과 교과부는 탁상행정보다 K-POP이 르네상스를 맞는데서 시사점을 얻어야 한다.

개정 입법 논리라면 교사 자격증 없는 SKY대학을 비롯한 200여개의 4년제 대졸자를 교원으로 임용될 수 있는 길도 열어놔야 한다. 그래야 헌법 정신에도 개정입법 논리에도 부합된다 할 것이다.

지금 망원경으로 보이는 교육계는 조용한 것처럼 보인다. 그러나 내시경으로 보면 암종(癌腫)이 증식 중이다. 침묵하는 대다수 교원의 비명은 라디오 볼륨처럼 커져만 가고 있다. 교장의 권위를 '창고세일'하고 원로 교원은 '물갈이 주장'에 주눅 눌려 있고 이념에 경도되어 있는 선동가형 교원들만 날뛰고 있는 형국이다.

교원은 명예를 먹고 사기로 근무한다고 한다.

통계학의 3%에 해당하는 퇴출요건에 부합하는 일부 몰지각한 교장도 있음을 부인하지 않는다. 그러한 소수의 직무적성 부적격 교장을 빌미로 감정적 입법은 빈대 잡기 위해 초가삼간 태우는 우(愚)를 범하는 이치와 같다.

감정이 앞서다 보면 교육의 본질과 실체를 못 보게 된다.

정치 지도자와 고위 공직자가 논평가와 다른 건 국가와 국민에 대한 사명감과 책임감이다. 이와 같은 교육계의 공서양속(公序良俗 · 공공의 질서와 선량한 풍속)에 반하는 무자격 교장의 오남발(誤濫發)은 인사기준이 도덕성이나 능력이 아닌 정치 지향적인데 문제의 심각성이 있다.

교육철학의 공유라는 명분으로 합리화 하고 있지만, 국민들 눈에는 선거 때 끊어준 부채를 배분하는 것으로 비치는 것은 필자만의 생각일까.

권력의 생리는 도취, 자만, 돌출행동이 자책골로 이어진다. 그 후 개혁 기치를 내걸고 깨고 부수고 편 가르고 내 사람을 심는다. 초심의 실천이 기세와 한풀이, 증오와 분노로 추진되면서 인사(人事) 폭이 제한돼 만사가 꼬이고 헝클어져 얽혀 들어간다.

장차 교육계의 편가르기와 진영논리의 역기능이 극에 달할 것이며 유탄은 결국 학생을 향할 것이다.

(교직원신문, 2012. 5. 14)

교과부의 헛발 정책

맛있는 산채 비빕밥에 밥보다 고추장이 더 많다면 어떻게 될까?

정상적인 교육과정 운영보다 초 · 중등 방과 후 학교, 초등 돌봄교실, 유치원의 행복한 울타리(단설위한 특단의 대책필요) 등의 운영에 예산을 더 투입하고 그 성과를 위해 교육활동의 에너지를 집중한다면 이는 지극히 비정상적이다.

원론적이지만 교육과정의 탄력적, 특징적 운영과 함께 기존 교사들이 주체가 되어 교육적 성과를 거양해야지 본말이 전도된 기형적 교육활동으로는 대안이 될 수도 없고 희망도 없다.

보편적 인권이라는 미명하에 특수학급 학생 2-3명에 치료 · 인턴 · 보조 교사의 배치, 하루 직무내용이 한 번의 급식차 운행(1-2시간 소요)인 운전원 등 행정의 경직성이 극치를 이루고 있다. 따라서 교육예산은 천문학적이면서 투입 대비 산출효과가 피부에 와 닿지 않는다.

전국의 고소 대처에서 헛발 정책의 신음소리를 교과부의 정책 입안자들은 왜 듣지를 못 하는가. 아무리 교육의 공공성을 감안하더라도 이러한 악순환을 선순환으로 돌리지 않으면 교육의 미래는 암담하다.

학교에 각종 수당은 최소한의 '동기부여금'이 아니라 '헛발정책의 장려금' 성격으로 밥보다 고추장이 더 많은 악화(惡貨)가 양화(良貨)를 밀어내는 꼴이 되고 있다.

사교육 시장은 생존의 더듬이가 발달되어 훨훨 날아가고 끊임없는 자기증식을 하며 발전하는데 공교육의 더듬이는 무뎌져 성과가 없어도 누구 하나 책임지는 사람이 없다.

현장 적합성이 없는 정책을 가지고 물불 안 가리고 돌격하다 웅덩이에 빠진 꼴이 되고 있다.

이러한 현상은 학생들에게 경쟁력보다는 경쟁심을 심화시키는 역기능으로 나타나고 있다. 또한 교육 소비자에게 정치적인 선전은 될 수 있지만 실제적 대책은 될 수 없다. 오늘날 세계 최강대국 미국의 힘은 그 사회가 과(過)를 숨기지 않으면서 공(功)을 더 높이 사는 사회이기 때문이다. 전국의 교장들을 비판한다면서 정작 자의적으로 엉뚱한 표적을 만들어 놓고 사격을 하고 있는 꼴이 공모교장제이며 그 중에서도 대표적으로 무자격 교장의 임용이다.

헛발질 정책과 특정 이념이 교육계의 시스템을 불안하게 만드는 요소들로 얽혀 변화를 추동하는 에너지가 임계상황에 이르렀다.

이런 흐름은 난관과 곡절이 있더라도 당위이자 선이다.

이런 맥락에서 교육 소비자는 국가의 장래를 위해 우리가 얻을 수 있는 당장의 이익과 우리가 잃을 수 있는 가치의 무게를 저울질 해 볼 필요가 있다.

그런데 지금 교육계는 가속기만 있고 제동기는 없는 자동차 꼴이다. 포퓰리즘이라는 깊은 수렁은 우리가 발을 헛디디기를 학수 고대하고 있다. 진보와 보수가 상생하려면 양측이 가치와 신념의 영역이 아닌 국익과 과학의 관점에서 만나 접점을 찾아야 한다.

요즘 각 시 · 도 교육청의 '카더라' 통신에 의하면 선거 때 손을 내밀었던 부채(負債)가 특별전형, 무자격 교장 임용, 유치원 기간제교사의 정규교사 수준 대우 등이 청구서로 날아 온 느낌이라고 한다. 그 용기가 놀랍고 그 막무가네가 놀랍다.

대안이 분명치 않은 비판은 푸념이나 넋두리에 불과하다.

이제라도 교과부는 G20 정상회의 개최국에 걸맞는 선진국형 시스템을 위한 범용재(Commodity)가 아닌 현장 적합성 있는 정책에 역량을 집중해야 할 것이다.

(경인일보, 2011. 3. 9)

무자격 교장 공모제

'사단장과 경찰서장을 공모합니다!'

먼저 사단장의 공모 자격으로 5-10년 경력의 장교를 포함해 기업인, 지역명사, 교수 및 국방부 행정직의 공무원노조 조합원까지 문호를 개방한다.

또한 경찰서장의 공모 조건도 위와 같이 시행한다.

과열된 승진 경쟁을 완화하고 경직된 조직 문화를 쇄신 할 젊고, 유능하고 혁신적인 자로서 대령(경정)급이 아니어도 해당 사단(경찰서) 인사 위원회의 심의를 거쳐 임용할 수 있다.

임용 계약 만료 후에는 전임 부서에 근무토록 한다.

덧붙여 인사위원회의 구성은 외부 민간인을 과반수 이상 확보하여야 한다는 단서 조항과 함께 추진한다 해 보자.

같은 맥락에서 연차적으로 법조계의 검찰 지청장과 법원 지원장(사법고시출신이 아닌자 포함)도 전술한 조건으로 공모 할 예정이라고 한다면 어떤 현상이 표출될까?

이상과 같은 포퓰리즘(대중인기영합) 정책은 각 국가기관으로 전이되어 폭발적인 인화력(引火力)을 갖기에 충분하다. 그러나 통제불능의 후유증은 누가 어떻게 치유할 것인가?

지금은 혁명적 상황도 아니요, 아프리카 신생국도 아닌 대명천지에 경천동지(驚天動地) 할 교육지형의 지각변동이 특정교직단체, 소영웅주의에 매몰된 소수의 정치인과 진보성향의 학자, 교육시민운동가(회원수?)들이 주동이 되어 추진하고 있다.

현재 국가 공인 자격증은 대략 481개 정도 된다.

교장 자격증도 그 중 하나인데 교감이나 교장자격 취득의 기준이 적합성과 타당성을 충분히 만족하느냐엔 필자도 동의하지 않는 부분이 있다. 그러나 객관성과 투명성에는 100% 동의할 수 있다.

승진을 위한 인사권자의 인사권을 불신하여 근무지, 연구학교 각종 연구대회 등 여러 요소를 다 점수화하고 객관화하다 보니 0.001의 점수로 교사를 얽어매는 요소는 개선의 여지가 있다. 그렇게 객관화하지 않으면 교직사회의 특성상 불신과 문제 제기는 하늘을 솟구칠 것이다.

학교장은 특별한 절차에 의해 자격을 취득하기에 '교장'이라는 단어 자체만으로도 특정한 전문성과 교육적 제도적 권위를 상징하며 법 이전에 특별한 윤리 규정과 도덕성에 구속되는 전문직이다.

교직경력 5-10년의 교사와 민간인을 공모 자격으로 하여 그 많은 단위학교 학교운영위회에 무자격 교장의 임용권을 주었을 때를 상상해 보자.

그 때의 예견되는 혼란과 역기능 및 역작용은 지면상 다 상술할 수는 없지만 교육계는 수십 메가톤급의 핵폭탄을 맞는 치유불능의 사태가 올 것이다. 전문성과 현장경험을 바탕으로 하는 학교장은 아마추어들의 연습 장소가 아니다.

그렇다면 해결 방안은 없을까?

학교장 임용 방식을 현 제도의 근간을 유지하면서 부분계약제를 도입해 보자.

대상은 교육 여건이 열악한 학교와 특수목적 학교를 중심으로 기업의 독립 채산하듯 분권화 하면 공교육 정상화와 교육력은 하루 아침에 수직 상승할 것이라 믿는다. 물론 이 때 학교장에게 인사의 전권을 위임함을 전제로 한다. 국가는 수요공급 측면에서 교사, 교감, 교장 자격증을 엄격하게 부여할 수 있는 인적 관리만 하면 된다.

무자격 공모 교장의 선례로 경기도 모 특성화 고등학교와 일본의 사례를 금과옥조로 덧칠하여 예를 드는데 은감불원(殷鑑不遠)의 교훈으로 삼아야 한다.

고도의 전문성과 행정 경험을 수습하고 그 조직에서 인사 기준에 따라 연수 후 자격증을 취득하는 절차를 다 무시한다면 변호사, 의사, 약사 및 여타 자격증도 무용론이 제기 되었을 때 건전한 사회 상규와 상식으로 이해가 되겠는가?

지금 교육계의 화급한 현안은 21세기 교육 선진화 전략면에서 교원 평가, 학생의 학교 선택권과 학교의 학생 선발권, 평준화와 비평준화, 전국 1976개 소규모 학교의 존치 및 통폐합 등이 먼저 정립되어야 할 것이다.

정치인이나 국가행정의 중추적 위임을 받은 정무직은 언제라도 국민의 심판으로 그 자리에서 단명으로 끝날 수 있다.

그러나 그 후유증은 두고두고 암적 존재로 작용할 것이다.

우리사회의 버팀목이요 마지막 보루인 교육계의 근간을 개혁이라는 명분으로 학교장을 전리품 나눠주듯 지극히 정치적인 지식인과 일부 이념적으로 편향된 교사 및 교육시민 운동가들의 자리로 넘보게 하여 사회 구성원끼리 치고 받는 상황을 유발시키는 저의가 어디에 있는가 심히 우려될 뿐이다.

법적 구속력이 없는 교육혁신 위원회에 외주를 주어 언론에 애드벌룬을 띄울 것이 아니라 교육인적 자원부가 교육적 안목을 갖고 전면에 서 주기 바란다.

(경인일보, 2006. 5. 16)

무자격 교장 공모제 당장 폐기해야

참여정부 말년(2007. 4. 3)에 일반 초중고교에 무자격 교장 공모제를 도입하는 내용의 초 · 중등교육법 시행령 및 교육공무원 임용령을 국무회의에서 통과 시켰다. 작년 1차 시범 적용(2007.9.1)에 대한 아무런 평가도 없고, 입법도 되지 않은 상황에서 2차 시범 적용학교를 국감 시기와 맞물린 10월 중순에 대외에 발표도 하지 않은 채 밀실로 시 · 도 교육청을 통해 강행하였다. 그 결과 교사에서 교장으로 진출한 무자격 교장은 전국적으로 1차 8명, 2차 9명으로 총 17명이 재직하고 있다.

당시 교육혁신위 내 교원정책특위 조차 문제점을 인식해 부결시킨 사안을 다시 강행한 것은 참여 정부가 특정집단과 코드인사에 경도돼 있었음을 방증한 사례였다.

이젠 시대가 바뀌었다.

그것도 국민 절대 다수의 지지(2위와 531만표차)를 얻었고, 참여정부의 민심 이반 정도가 상상을 초월하였음을 읽을 수 있었다.

따라서 참여정부에서 추진했던 각종 정책 중 교육부문의 지극히 포퓰리즘적이고 교육계를 만신창이로 만든 무자격 교장 공모제는 당장 용도 폐기함이 마땅하다.

더 나아가 코드를 같이했던 정부 산하 기관장들이 줄줄이 사표를 내고 있는 마당에 어느 날 갑자기 코드 인사에 의해 교사에서 교장으로 발탁(?)된 분들도 타산지석으로 삼아야 하고 그 후의 거취는 본인들이 알아서 해야 할 것이다.

그것이 정치성향에 부화뇌동(附和雷同)하지 않고 목매지 않은 대다수의 교육에 전념하는 교사들의 사기와 교직의 안정성 측면에서 바람직하다고 본다.

모든 조직 사회가 그렇듯 구성원들의 상위 직급으로의 승진에 대한 욕구는 성취동기 유발 기재로 존중받아야 되고 또 장려해야 될 사안이다.

그런데 순수하고 교육적 사명감에 불타야 될 젊은 시절부터 학생들 가르치는 일보다는 정치성향에 날뛰다가 어느 날 갑자기 로또 교장(?)으로 발탁돼 대다수의 교사에게 상대적 박탈감과 상실감을 주었을 때 살 맛 떨어지게 함은 누가 봐도 교직자의 자세가 아니다.

현재 국 · 공립 교원의 평균 나이가 42.2세로 타 직종보다 상위 직급으로 승진 소요 연한이 매우 높다. 그것은 교직의 특수성으로 이해해야지 직급 구조가 다단계(1-9급)인 일반 행정직처럼 이해하는 데는 무리가 있다.

따라서 관리직인 교감, 교장으로의 승진은 직급 구조상 병목(Bottle neck)은 상존할 수밖에 없다.

덧붙여 현 승진 제도가 합리성과 타당성을 100% 만족시키느냐 하는 데는 필자도 동의하지 않는 부분이 있다. 그러나 투명성과 객관성에는 여타 직종 종사자들이 부러워하는 부분이기도 하다.

무자격 공모 교장 선출과정의 심각한 문제점은 이미 언론에다 발표되고 필자도 본 지면을 통하여 부당성과 심각성을 제기하였기에 본란에서 재론을 않는다.

다만 전술한 무자격 교장 선례가 DNA로 유전되어 다시는 발원하지 못 하도록 하는데 있다.

그 당시 상황을 축약하면 망둥이도 뛰고 꼴뚜기도 뛰고 갯지렁이까지도 용왕이 되겠다고 날 뛴 나머지 학교는 아수라장이 된 것을 다 알고 있지 않은가?

지금 현장 교원에게 시급한 과제는 양질의 고급 인재 양성을 위한 공교육의 신뢰 회복과 수업 기술 강화가 급선무이지, 한 발은 교직에 한 발은 정치성향에 발을 담그는 이중적 자세에 있는 것이 아니다. 그와 같은 태도는 학부모가 결코 용인하지 않는다.

따라서 교사의 잠재된 성향은 부지불식간에 학생들에게 미치는 영향이 지대함은 여러 연구물과 전문가들이 전적으로 동의

하는 바다.

똑같은 이슬도 소가 마시면 우유가 되고 뱀이 마시면 독이 된다. 같은 말도 변호사가 법정에서 하면 구속력 있는 '변호'가 되지만 술집에서 하면 헛소리로 치부될 수 있다.

이제 현명한 국민들 덕분에 교육이 위기의 궤적을 밟아 가다가 본 궤도에 왔다는 점이다. 정부는 '학교 자율화 3단계 추진계획'을 15일 발표하였다.

드디어 진정한 교육자치의 신호탄으로 교육과학기술부는 교육감 · 교장이 단위학교 자율운영을 할 수 있도록 초중고 단위학교의 자율성을 저해하는 29개의 지침을 즉각 폐지하고, 규제성 법령 13개 조항을 6월 중 대폭 정비 하는 내용을 담고 있다.

각급 학교장을 포함한 교원의 역량과 창의적 마인드가 교육수요자의 시험대에 와 있다.

필시 웃는 자와 퇴출의 쓴 잔을 마시며 피눈물 흘리는 자가 극명하게 대조를 이루는 관전 포인트가 될 것이다.

(한국교육신문, 2008. 5. 5)

무자격 교사 공모제

국민의 정부 때 전국 교사 노동조합(전교조)을 법제화 하였다.

그 후 참여정부는 한 발 더 나아가 공모라는 명분으로 초 · 중등교육법 시행령을 고쳐 교사가 교감 경력도 무시하고 바로 교장에 임용될 수 있는 무자격 교장 시대를 열어 놓았다. 그 뿐만 아니라 금년부터는 무자격 교장의 교육장(장학관) 임용의 길도 열려 있다.(경기도교육청 공모교육장 자격 기준 '나' 항)

현재 교사, 교감, 교장의 자격증 제도의 근간이 만신창이가 되어 일선 현장의 혼란과 교육적 역기능은 필설로 형언할 수가 없는 지경에 이르렀다.

물론 교육계를 어지럽히며 퇴출 요인이 있는 일부 몰지각한 교장이 있다는 것도 인정한다. 하지만 이들로 인해서 평교사를 교감도 아닌 교장으로 바로 임용한다는 것은 인사질서의 혁신이 아니라 파괴다.

이런데도 교과부는 정책 전환 의지가 전혀 없어 보인다. 그렇다면 이 기회에 교원 자격증 제도를 완전 일몰 시키든지 아니면 무자격 교장 공모의 명분처럼 교사 자격증 없어도 교사로 임용할 수 있는 법적 근거를 마련하라고 정치권과 정부에 제안하고자 한다.

말 나온 김에 첨언하면 현재 교감 자격연수는 180시간, 교장연수는 360시간인데 무자격 교장은 교사에서 60시간(2주)만 연수받으면 바로 교장으로 임용 된다. 따라서 교감, 교장 연수 무용론이 비등하다.

'촛불은 꺼지기 전에 가장 밝다'는 증권가의 격언처럼 요즘 교육계의 장밋빛 정책이 현란한 듯하지만 속으로는 중병이 들어가고 있다.

교육에 인생의 혼을 묻으려는 다수의 교원들에게 무자격 교장의 행간에 숨은 '노림수'에 허탈감을 넘어 분노하고 있다. 그들은 노동운동 경력으로 인해 유명함은 될 수 있을지언정 유능함하고는 차원이 다르다. 결론적으로 무자격 교장의 산물은 특정 이념과 노동운동 그리고 포퓰리즘이 뒤엉켜 만들어 낸 합작품이다.

따라서 실패한 무자격 교장보다는 일정 비율의 무자격 교사 공모제가 더 타당하고 설득력이 있다.

교사 자격증이 없다 뿐이지 인품과 교수에 대한 열정 등 직무수행 전반에 더 잘 할 수 있는 인재가 얼마든지 있다는 세간의 여론이다.

사회가 언제까지나 교사에 우호적이거나 협조적일 것으로 기대하는 것은 너무 순진한 낭만이다.

이 시점에서 국민들은 우리가 얻을 수 있는 당장의 이익과 우리가 잃을 수 있는 가치의 무게를 저울질해 봐야 한다.

당신이 구식이라고 버린 스카프(한국의 교육)를 다른 사람이 주어 '정말 멋지고 아름답다'(미국의 오바마)고 열광하면 버린 스카프를 다시 갖고 싶은 마음은 인지상정이 아닌가. '혁신'은 선이고 '전통(보수)'은 악이라는 발상은 포퓰리즘 차원에서 교조화되기도 하고 민주주의라는 명분으로 세력화하기도 한다.

소말리아 해적들에게 한국산, 미제, 일제, 독일제, 러시아제 휴대폰을 보여주며 고르라고 한다면 한국산을 고른다고 한다. 이게 다 선배 교사들의 헌신적인 교육의 결과다. 연애소설에는 '실연당한 여인보다 잊혀진 여인이 더 불행하다'고 한다.

겉으로는 교육 혁신을 외치며 속으로는 상위직급 권력욕에 눈이 먼 모순된 표층구조의 심층을 이루는 일부 교사가 교육계의 미꾸라지 노릇을 하고 있다.

학부모들에게 달콤한 정책과 약속이 장마철 흙 담처럼 위태롭게 느껴지는 것은 필자만의 기우일까?

(조선일보, 2011. 7. 20)

충남교육연수원

▲ 충남도내 교사 일반연수 : "교사의 건전한 가치관이 공교육의 성패를 좌우한다는 내용"으로 매년 강사로 출강하고 있음.

2부

정치인의 신뢰지수

1. 대선 주자들의 교육 공약
2. 『민간인 신분 무기 계약직』의 해법
3. 반값정치와 무상정치
4. 평생 복지 벨트에 숨은 암종(癌腫)
5. 할단 새와 저주(詛呪)의 망각

의령 성황리 소나무(宜寧 城隍里 松) : 경상남도 의령군 성황리 천연기념물(제359호) 소나무

대선 주자들의 교육 공약

우리나라의 교육 문제는 귀신이 와도 해결 못 한다는 우스갯소리가 있다. 요즘에는 중학교 2학년생이 무서워 김정은이가 남침을 못 한다는 시쳇말이 떠다닌다. 이 모든 것이 우리나라 부모님들의 교육열에 기인한다. 상술하면 대학입시 그것도 온통 명문대 입학에 사활을 건다. 그렇다 보니 백약이 무효다. 교육적 역기능은 극에 달한다. 해방 후 대학입시 제도가 대별하여 13번 바뀌고 세부적으로는 35번 정도 바뀌었다. 그렇지만 대부분이 학부모의 마음을 사로잡고 움직이는데 실패를 하였다. 교직원 노동조합을 합법화 시켜도, 무자격 교장을 양산해도, 공모제를 도입해도 사교육 시장은 미동도 않는다. 통계청 공식 통계에 의하면 우리나라 사교육비가 20조1천억(2011)이라 하고, 현대경제연구원은 33조 4968억원(2010)으로 추산했다. 아마 전국의 학생들을 대상으로 전수 조사하면 실제 사교육비는 천문학적으로 늘어날 것이다. 필자가 재직하고 있는 학부모와 상담해 보면 통계자료와 실제 체감 교육비는 상당한 괴리가 있다.

"통계는 진실 하나만을 제외하곤 무엇이든 증명할 수 있다."는 말이 실감 난다.

주요 선진국의 대학 진학률을 보면 미국 63%, 독일을 포함한 북유럽권 35% 전후, 일본 49%, 한국 83.48%로 OECD 국가 중에 단연 1위이다. 그런데 2010년 국세청 통계에 의하면 우리나라의 대학졸업자 44만명 중 51%만 취업하였고 이중 37%는 비정규직이며 정규직 중 21%가 월소득이 150만원 미만이다. 고등교육의 수요와 공급에 빨간불이 켜졌다고 봐야한다.

고비용 저효율의 문제로서 대수술이 필요하다.

첫째, 취업을 위해서라면 취업으로 연결될 수 있는 학교가 필요하다. 둘째, 학문을 위해서라면, 연구에 적합한 학교가 필요하다.

그런데 암종에 동맥경화까지 중병에 걸렸는데 유명상표로 단장하는 꼴이다. "교육복지, 혁신, 인권, 평화"는 누구나 꺼내 쓸 수 있는 사전(辭典) 속 공공재다.

그런데 여야 정치권, 가치중립적이어야 할 교육계 인사들까지 이념의 색을 덧칠하여 자기들의 전유물인양 떠벌리고 있다.

"경험이 쌓여 철학을 만든다."는 말이 시사하듯 교육계에 원로가 없다.

안창호 선생과 방정환 선생 같은 '구루(guru · 신성한 교육자)'라

불릴 만한 교육자는 보이지 않는다. 교육계를 디딤돌 삼아 정치권을 기웃거리다 한 자리 차지하고 표정 관리하는 사이비 교원의 설 자리가 없는 토양을 만들어야 한다. 그런 교사일수록 철학교수의 강연처럼 현학적(衒學的)이다. 경험을 인정하고 쌓인 신뢰를 경력으로 치환해 주는 '테뉴어(tenure · 종신고용) 사회'가 아쉽다.

원로교사라는 말에는 어느덧 사회 · 경제적 '부담'이라는 은유(隱喩)가 덧씌워지고 있는 것도 현실이다. 그렇다고 교원 사회에 운전을 하지 않아서 무사고 운전사인 것과 흡사한 사람이 많으면 곤란하다. 장마 때 먹을 물이 없는 것처럼 사람이 넘쳐나도 교육계에 쓸 만한 인재가 보이지 않는다. 교원은 구명 보트 뱃전을 붙들고 허우적대는 사람들을 상대로 뱃삯 흥정하는 듯한 모습을 보여서는 안 된다.

12월 대선에서 후보자들은 공교육의 신뢰 회복을 위한 대원칙을 천명해야 한다. 교과부, 시 · 도교육청, 지역교육청의 권한 축소 내지 기능 조정과 단위학교의 자율성 확대 등 21세기형 시스템의 정비가 절박하다. 그 후 교원 사회의 역린(逆鱗)일 수도 있는 임용과 퇴출 요건 강화 등의 조치가 뒤따라야 할 것이다.

그러기 위해서는 교육계의 갈등을 해결하는 '차가운 이성'과 그 과정에서 사람이기에 느낄 수밖에 없는 '뜨거운 감정'을 분리하는 것이 중요하다.

원칙은 전략이고 유연성은 전술이다.

전략은 전술의 지침이지만 전술의 다양성을 배척해서는 안 된다.

요즘 교육계의 시선은 온통 무상복지 포퓰리즘, 반값등록금, 학생인권, 무자격 교장, 교장(교육장) 공모제 등 '독수리 5형제'로 집중되고 있다.

필자의 과문한 탓인지는 몰라도 공교육 앞세워 고운 소리 듣기는 처녀 수염 찾기만큼 힘들어졌다.

국민들에게 감동과 마음을 사로잡는 대선주자들의 교육공약을 기대해 본다.

(경기일보, 2012. 11. 20)

『민간인 신분 무기 계약직』의 해법

말도 많고 탈도 많던 학교 비정규직(교무보조, 행정보조, 과학보조, 급식실 조리원, 영양사, 사서, 특수학급보조, 유치원 오전 · 오후 보조 교사, 교육 복지사 등)의 공식 명칭이 일원화 되었다.

전술한 비정규직으로 2년 이상 근무하면『민간인 신분 무기 계약직』으로 전환 되어 특별한 사유가 없는 한 계약 해지를 못하도록 노무현 정권 시절 비정규직 보호법으로 규정하였다.

당시 입법 취지는 기업들의 정규직 전환을 유도하기 위함이었는데 지금은 비정규직 보호법이 오히려 해고를 촉진하는 역설(逆說)이 작동 되고 있다. 기업뿐만 아니라 공공 부문의 비정규직은 전국적으로 공공 부문 총 인원의 20.1%인 31만 1천여 명으로 파악 되고 있다. 필자가 재직하고 있는 학교의 경우(본교 8학급, 분교 3학급, 특수 7학급) 총 48명의 직원 중 정규직 30명 비정규직

18명으로 이들에 대한 사회적 합의에 따른 근본적인 대책이 요구 된다.

정부는 이들의 임금을 기능직 10급 1호봉을 기준하여 산정하고 있다. 따라서 비정규직의 보수는 4대 보험(국민연금, 건강보험, 고용보험, 산재보험)을 사용자(학교장)가 부담하고 일반 비정규직은 일당 42,290원, 자격증을 소지한 사서와 영양사는 47,180원, 교육 복지사는 50,080원이다.(세전 보수)

유치원 보조 교사의 경우 자격증 소지자와 미소지자 구분 없이 유치원 수업일수 180일을 기준하여 시급 5,286원을 기준으로 적용하고 있다. 계약기간도 조리 종사원은 245일 과학보조와 특수학급 보조는 275일 계약을 의무화하고 기타는 대부분 1년 단위로 계약 갱신을 하고 있다.

그밖에 업무의 성격상 기간제 교사, 방과 후 보육교실 강사, 특기적성 강사, 청소 인력 등은 무기 계약직에서 제외 하고 있다. 사서와 영양사는 똑같은 자격증을 소지하고 있으나 유사 동종 근로자 평균 임금의 절반 정도밖에 못 미치는 대우는 즉시 시정을 해야 옳다고 본다. 다만 공개 임용에서 낙방하여 동종 근로자보다 낮은 대우는 공개경쟁의 원칙에 위배되지 않는 범위 내에서 개선점을 찾아야 할 것이다.

교육 복지사의 경우는 현 정부의 5대 국정 지표인 능동적 복지 구현과 경기도 교육청의 차별 없는 복지 실현이라는 정책 기조에 따라 업무 종사자들의 특수성을 고려하여 정규직 전환이 요구 된다. 따라서 공공 부문의 20.1%나 차지하는 이들의 신분을 이름도 어정쩡한『민간인 신분 무기 계약직』보다는 새로운 직렬이나 직급을 신설하여 고용 안정과 해고의 유연성을 동시에 만족 시키면서 접근을 해야 할 것이다. 또한 국가 예산 절감과 인력 관리의 효율성 측면에서 불요불급한 비정규직의 양산, 이대로 좋은가도 생각해 봐야 한다. 오늘날의 학교는 전문화된 다양한 인력 수요가 요구 되고 더불어 근무 시간의(오전, 오후, 파트 타임, 하루) 유연성이 상존하고 있다. 따라서 모든 인력을 다 정규직화 하는 데는 무리가 따른다.

다양한 전문 인력 중 상시 근무보다는 파트타임 혹은 일정 기간 근무를 희망하는 분들도 있음을 간과해서는 안 된다. 통계청 통계에 의하면 빈부격차를 보여주는 소득 5분위 배율(상위 20%의 소득을 하위 20%의 소득으로 나눈 것)이 지난해 1분기 8.41배에서 올해 1분기 8.68배로 급등했는데, 이는 2003년 통계 작성 이후 기록된 최대치라고 한다. 바로 이 점에서 해법을 찾아야 할 것이다.

사회통합 차원에서 정규직의 양보가 전제 되어야 한다. 그 후 비정규직의 급료를 현실화하는 데서 절충점을 찾아야 할 것이다. 절대적 빈곤은 감내하지만 상대적 빈곤은 더불어 사는 인류의 보편적 가치 측면에서 '수평선 너머의 일'로 방관해서는 안 된다. 사용자(정규직 포함)의 우월적 지위와 사회적 약자인 그들의 한 발씩 양보하는 자세가 요구 된다.

국가 예산의 절감과 인력 관리의 효율성 측면에서 접근하는데 선진국의 입법 선례와 현장 적합성을 준거로 외부 용역을 주어 글로벌 스탠드에 맞는 21세기의 새 틀을 조각해야 할 것이다.

(경인일보, 2009. 7. 8)

반값정치와 무상정치

요즘 정치권의 최대 화두는 무상복지 시리즈다.

무상급식, 무상보육, 무상의료, 반값 등록금 등은 정치적 의미의 유토피아적 이상주의(Utopianism)는 될 수 있을지언정 현실적으로 파라다이스 같은 천국이나 낙원은 아닌 것 같다. 해질녘 어물전에서나 들림직한 '반값'과 '무상'의 호가(呼價)에는 언어적 품위도 정책적 실리도 없어 보인다. 자기들 편리한대로 말의 성찬(盛饌)을 쏟아내고 있다. '기교(技巧)정치'의 냄새를 짙게 풍기는 수사(修辭)일 뿐이다. 어차피 발정 난 코끼리들끼리 싸우면 언제나 다치는 것은 발밑의 풀이다. 민초(民草)들이다. 민생은 표류하고 국가전략은 실종된 것 같다. 여기에 중심을 잡아야 할 교원들까지 일부이긴 하지만 부화뇌동하고 있으니 국가의 장래가 심히 걱정스럽다.

정치학적으로 우파의 부패와 타락이 좌파의 구호를 정당화 시키고, 좌파의 독선과 도그마(독단적인 신념이나 학설)가 우파의 가치를 입증해 주는 법이다. 서민들에게 피눈물의 희생을 떠안긴 어느 권력 측근의 저축은행 부패의 결정판이 전자의 예라면 어린학생에게 계급투쟁의 민중사관을 주입 시키는 의식화 교육은 후자의 예이다. 정치란 서로 다른 의견 사이에서 공통분모 즉 '커먼 라운드(Common ground)'를 찾는 중용의 미학이다. 따라서 정치인의 말은 대중의 환호와 분노 및 야유를 촉발한다. 이 때 환상과 배신감은 괴물의 자양분이 된다.

젊은 개혁 세대라 하는 정치인들은 더 한심하다. 자신의 실력과 열정으로 국민을 감동시키기보다는 선배 세대의 정치가 보여줬던 낡은 곡들을 모창(模唱)하는데 열을 올리고 있다.

북한 김일성의 유훈 통치에서의 학습효과인가? 사망한 전직 대통령의 묘 앞에 가서 당신의 가치와 정신(?)이 어떻다고 떠벌리며, 적자 논쟁을 벌이느라 정작 자신의 정치철학과 역량에 대한 무능의 한계를 의심받고 있다.

눈을 밖으로 돌려 보자. 정치 선진국인 유럽의 국회의원들은(독일, 스웨덴, 노르웨이, 덴마크 등) 무보수 명예직이다. 국회 의사당 앞 풍경을 보면 자전거나 봉고차를 대여해서 출근한다. 덴마크의 예를 들면 국회의원 181명 중 40% 정도가 여성인데 자전거의 앞부분에는 시장 바구니가 뒤에는 아이를 태울 수 있는 의자가 있는 자전거를 흔히 볼 수 있다고 한다.

우리나라도 기초의원에게 처음에는 무보수 명예직으로 출발은 잘 했다. 여기에 더하여 광역의원은 기초단체의 부단체장 급에 준하는 보좌관을 요구하고 있다. 이들(기초, 광역, 국회의원)의 세비를 유럽의 여러 나라처럼 무보수 명예직으로 전환하자는 국민투표 한 번 붙여보면 어떤 결과가 나올까?

국가예산과 행정력이 낭비되는 국민투표 대신 공신력 있는 여론조사 기관에 의뢰하여 투표권이 있는 성인 남녀를 대상으로 여론 조사를 실시해도 무방하다.

의사당이 물론 성소(聖所)는 아니다. 하지만 그곳은 나름의 매너와 에티켓을 요구할 각각의 고유한 공간 윤리가 있다. 그러나 국민을 위한다는 그들 때문에 오히려 국민들이 스트레스를 받는다면 주객이 전도된 것 아닌가.

국민들은 이 기회에 '엄마 친구 아들'을 부러워할 것이 아니라 국가와 민족의 장래를 위해 정치선진국의 선례를 참고하여 개혁다운 정치개혁을 해보자고 제안한다.

우리나라는 국회의원 299명, 광역의원 761명, 기초의원 2,888명이다. 차기에 일몰 예정인 교육의원은 77명이 있다.

국민들은 정치인의 의정 활동을 지켜보면서 '회복 탄성력(Resilience)'에 회의를 품고 있다. 뿐만 아니라 국가예산을 자판기 종이컵 내리듯 펑펑 써대고, 조자룡의 헌 칼 쓰듯 휘두르는 권력에 식상해 있다.

토니 블레어 영국 총리는 21세기 국가 경쟁력이 정부 효율성과 실행력에 달려 있다며 정부 거버넌스 개편의 최우선 원칙으로 제시하였다.

반값정치 혹은 무상정치는 현란한 구호가 아니고 미묘하고 난감한 퍼즐도 아니다. 얼마든지 가능한 개혁 과제다.

하지만 국민들의 요구는 허공으로 날아간 뻐꾸기에 불과하다.

(중앙일보, 2011. 9. 19)

평생 복지 벨트에 숨은 암종(癌腫)

요즘 정치권의 장밋빛 공약을 보면 한국에서 태어나길 잘했다는 생각이 든다.

왜냐하면 요람에서 무덤까지 걱정 없이 살아갈 수 있기 때문이다.

요약하면 이렇다. 태어나서부터 5세까지 보육료가 현금으로 지급된다. 유치원, 초등학교, 중학교, 고등학교까지 무상급식과 무상교육의 혜택을 받는다. 대학교 학자금은 반값으로, 졸업 후 미취업 학생에게는 취업 준비 수당을 취업 시까지 준다. 군복무 시에는 40-50만 원 정도의 수당을 매달 받는다. 중년이 되어 직장에서 해고되면 실업급여 수당이 통장으로 입금된다. 나이가 들어 몸이 아파 병원 가면 입원비의 90%를 국가가 대신 지급해준다.

이와 같은 비용은 1%의 부자와 대기업에서 세금을 더 걷어 충당한다고 한다.

내 돈이 아니니까 국가 재정은 안중에도 없이 마음대로 인심(?)을 써도 되는지 정치인들에게 묻지 않을 수 없다. 여기에 더하여 '나꼼수' 같은 '너절리즘'의 곰팡이가 창궐하고 국민들은 현혹되고 있다. 골목길 돌팔이 약장수의 사탕발림에 순진한 노인들 아들 딸이 준 용돈 다 털리는 꼴이다.

지나가는 시민에게 "어떤 옷이 가장 좋은 옷이냐"는 질문에 정답이 있을 수 없듯이 관점의 상대성에 따라 평가가 다를 수는 있다.

제 두레박 끈 짧은 건 탓하지 않고 남의 우물 깊은 것만 욕하는 꼴이 되어서는 안 된다. 그러나 이제는 사회 지도층이 나서서 올바른 소리를 해야 한다. 그런데 웬일인지 국가 장래를 걱정하는 여러 양심 세력이 침묵으로 일관하고 있다. 더욱 한심한 것은 일부 정치 교수들이 문제다. 국 · 내외 학술지에 변변한 논문 하나 발표도 못 하는 실력에 알량한 지식 갖고 정치권에 아부하여 무슨 자리 하나 얻어 보려고 곡학아세(曲學阿世)하는 부류가 꽹과리 치며 날뛰고 있다.

그들은 면과 면, 선과 선의 거미줄 연결망으로 조직화, 세력화, 교조화 하여 우리 사회의 소외계층과 불만층을 숙주로 번식하여 사회 전반을 뒤엎을 태세다. 여기에 20, 30 세대를 향한 SNS 등 저질 언어가 판을 치는데 숙의(熟議) 민주주의와 진정한 소통이 가능할지 장래가 걱정이 된다.

토마스 아퀴나스는 “정의가 없는 나라는 강도 집단과 뭐가 다른가?”라고 묻고 있다. 축적된 분노는 자신보다 남을 탓하는 세상을 만든다.

요즘 시중에는 선출직 앞세워 고운 소리 듣기는 처녀 수염 찾기만큼 힘들다고 한다. 이름은 갈 수 있어도 성(姓 · 정체성)은 가는 게 아니다. 국가의 헌법적 가치와 정체성을 훼절(毁節)하면서까지 권력욕에 눈이 멀었다면 본인과 국가를 위해서도 불행한 일이다. 언제까지 계백장군의 결사대(決死隊)가 황산벌로 떠나듯 죽기 살기로 싸움만 할 것인가. 노래를 잘 부르려는 생각은 안 하고 관객만 많이 왔으면 하는 생각은 이제 접어야 한다.

논어에“내 무능함을 걱정하지 남이 알아주지 않음을 염려하지 않는다.”했다. 공약과 정책의 경제성, 체감성, 효용성보다는 포장과 거대담론 중심이고 여기에 표를 의식한 포퓰리즘 심리와 화학반응 하면 국가재정은 거덜나게 돼 있다.

우리사회의 양심세력이 정신적 발육장애의 중병에 걸렸는가 공허한 메아리만 들려오는 것은 필자만의 생각일까?

(주간교육신문, 2012. 3. 26)

할단 새와 저주(詛呪)의 망각

히말라야 산맥에 있는 카투만두라는 작은 왕국에는 할단 새에 대한 전설이 있다. 일명 야명조(夜鳴鳥)라는 새다. 이 새는 밤에만 운다고 그렇게 이름이 붙혀졌다고 하며 물론 현존하는 새는 아니다.

히말라야 깊은 골짜기에 살았다고 전해지는데 이 새가 밤에만 우는 사연이 있다고 한다. 이 새는 둥지가 없이 여기저기를 옮겨 다니며 살았는데, 밤이 되면 살을 에이는 듯한 추위와 싸워야했다. 히말라야의 밤은 몸속의 피가 얼어붙게 했고, 육신을 앗아갈 만큼 고통스러웠다.

이 새는 밤새도록 몸을 떨면서 이를 악물고 다짐한다.

내일은 꼭 집을 짓겠다고 다짐을 하지만 해가 떠오르면 간밤의 다짐은 까맣게 잊어버린다. 아침이 되면 은빛 세계의 선경(仙境)을 유영(遊泳)하기에 정신이 없었다. 낮에는 먹잇감을 구해 배

불리 먹고 이곳저곳을 활강하며 즐겼다.

그러다 밤이 되면 또 애절하게 울면서 다짐하고, 해가 떠오르면 까맣게 잊어버리기를 반복하는 생활을 했다. 그렇게 후회와 다짐을 수없이 되풀이하다가 둥지를 짓지 못해 멸종되었다는 전설의 할단 새 이야기다.

인간은 기억과 망각의 양면가치 병존(Ambivalence)의 속성이 있다.

독일의 심리학자 헤르만 에빙하우스는 '망각곡선'을 설명하면서 인간은 1시간이 지나면 기억의 절반을 잊고, 하루가 지나면 70%를, 한 달이 지나면 80%를 잊는다고 하였다. 또한 한국인은 사계절에 걸쳐 생활하다 보니 환경 적응력이 세계 어느 나라 사람보다 뛰어나다고 한다. 혹독한 추위를 겪다 따스한 봄 햇살에 다 잊고 무더운 여름을 견디다 보면 서늘한 가을 바람과 함께 낭만을 즐긴다.

봄 햇살과 아름다운 낭만 안에 항상 두려운 존재가 있음을 아는 지혜를 터득하면 지도자는 이미 절반의 성공을 안고 출발한다고 보면 된다. 그래서 고위직은 탁월한 '역사지능(Historical intelligence)'이 요구 된다.

역사학자 에드워드 카에 의하면 역사란? '현재와 과거 사이의 끊임없는 대화다'라고 말한다. 역사의 교훈을 잊고 사회 각 진영의 요구와 여론에 휘둘려 이성적 판단에 반하는 '인지적 오류'에 빠지면 정책의 품질은 하자 투성이가 된다.

이 때 주요 정책 담당자들은 정책의 합리화를 위한 식물학에서 말하는 "타감작용(他感作用 · Allelopathy)"처럼 처신한다.

정책은 독설과 아집으로 해결하는 게 아니다.

재독 철학자 한병철 교수는 21세기 경쟁사회를 '피로사회'라 하였는데 주변에 피로도를 호소하는 분들이 많다. 이는 사회학의 빨간불 전조현상으로 하루 속히 파란불로 바꾸어야 한다.

우리나라는 대통령의 권력 지형이 바뀌면 7-8천 자리를 내 사람으로 심는다고 한다. 국정철학을 공유하기 위한 지극히 자연스러운 현상이다. 미국 같은 선진국의 레이건 대통령도 1천 6백여명의 자기 사람을 주요 포스트에 앉혔다고 알려졌다.

리더가 자신과 일한 경험이 있는 특정 조직원을 편애하는 현상을 내 집단 선호(Ingroup favoritism) 혹은 내 집단 편향(Ingroup bias)이라 한다. 순기능도 있지만 역기능도 만만치 않음을 아는 지혜가 요구된다. 이 때 쟁취한 권력 주변으로 몰려드는 사람들을 위해 의자를 나누어 줄 때도 야합(野合)과 친소(親疎)에 휘청거리는 일이 없어야 한다.

그것이 국민의 상식이고 순리이다.

바라보는 내용과 각도에 따라 다를 수 있지만, 국민의 결집된 통합을 위한 가치동맹을 전제로 하여야 성공한 리더의 반열에 오를 수 있다. 그 후 도랑도 치고 가재도 잡는 인사와 정책개발이 요구 된다.

헌데 법령과 예산이 뒷받침되지 않는 장밋빛 공약(空約)은 바라보는 당사자에겐 '희망고문'일 뿐이다.

할단 새는 오늘도 아름다운 경치에 도취되어 히말라야 심산유곡에서 활강과 유영을 즐기고 있다. 다가올 밤의 혹독한 추위를 잊는 망각의 저주는 항상 우리 주변에 널려 있음을 교훈한다.

(중부일보, 2014. 8. 6)

수원대학교

▲ 초임교장 연수 : "초심을 잃지 말라"는 주제로 강의하였으며, 2년 간 진행하였다.

3부
승진제도

괴산 삼송리 왕송(傀山 三松里 王松, 龍松) : 충청북도 괴산군 청천면 삼송리 천연기념물(제290호) 소나무

'기울어진 운동장'과 장학사 선발

소문으로만 무성하던 장학사 선발 의혹이 몇 년 전 서울에 이어 충청남도 교육청에서 팩트(사실)로 드러났다.

교육행정 전문직이요 간부양성의 원종장(原種場)이라 하는 장학사 선발 시험이 썩어 문드러졌으니 이 기회에 선발 제도 자체를 원점에서 재검토하여야 한다.

일명 전문직 시험이라고 하는데 장학사의 직무 내용 어느 면이 전문적인지, 준거(準據)도 모호한 명칭의 문제는 추후 설명하기로 하고 논외로 치자.

지난해 교감 자격연수 대상자의 평균 연령이 40대 후반이고, 그 정도의 연령대라면 교육경력 25년 전후가 된다. 자연히 상위직급으로의 병목이 심화 되다 보니 간특(奸慝)한 일부교사는 장학사라는 징검다리 지름길을 택하게 된다. 경기도교육청의 경우 장학사 선발은 대별하여 공모(특채)와 시험 선발의 두 갈

래로 이루어지고 있다. 특히 공모(특채)에 의해 선택된 사람들을 보면 인사권자의 교육철학을 유추해 볼 수 있는 광각경이자 전망대이다.

교육계의 여론은 공모(특채)의 경우 교육감의 인사권이라는 시선과, 인사권의 남용과 정통성 없는 자기사람 심기라는 평가가 병존하고 있다. 교육감과 사적 인연으로 관계된 사람, 흔히 말하는 선거공신은 주요직에 제척시켜야 한다는 것이 교육계의 일반적인 평가이고 정서다. 진정한 공신은 어떠한 보상도 바라지 않는다. 댓가를 바라고 공신이 되는 것은 정확히 말하면 일종의 거래다. 항용 그렇듯이 교육계의 공신이라는 사람들을 보면 '보스'의 심기 경호에 능하고 진영사고의 틀에 매몰 되었거나 가르치는 일보다는 정치적인 현란한 어휘를 즐기는 특징이 있다.

역사학자 이덕일 교수는『성공한 군주 실패한 개혁』에서 공신의 나라는 망한다고 말하고 있다. 공직사회에서 '출발선에서의 기회균등', '과정에서의 공정', '결과에서의 공평'을 정착시켜야 함은 이 시대의 옵션이 아니라 숙명이다. 특히 장학사와 같은 시선이 집중된 사안에는 과정의 투명성으로 결과의 정당성을 인정받아야 한다. 그렇지 않으면 인사권자는 국민이 부여한 지위의 사유화이며, 군림이고, 봉건적 권위주의라는 멍에를 안아야 한다.

교원들은 진위를 떠나 인사상 '기울어진 운동장'이라고 느낄 때의 정서적 반감은 직무피동성으로 표출되고 그 후의 교육정책은 백약이 무효가 된다. 다양성이 생명인 교육에 특정 이념의 단색(單色) 문화와 끼리끼리라는 '서클행정'이 자리 잡을 때 초래할 후유증은 상상을 초월한다.

교감승진을 위한 수업실기 대회에 응모하는 4천 5백여명의 교사를 포함하여 대다수 교원들의 사기가 떨어져 '득점형 교사'보다는 '수비형 교사'가 되지 않을까 염려되는 대목이다.

조직사회에서 상위 직급으로의 승진은 성취동기 유발기제로서 본인과 조직 발전을 위해서도 장려 되어야 한다. 그 후 경쟁은 자기 발견의 절차이고 자기 발전의 동력이기 때문이다.

차제에 장학사(교사) → 상위직급 보장(교감) 제도를 용도 폐기하여 직급 상승을 노리는 순수성이 결여된 사이비 장학사의 진출을 원초적으로 막아야 한다. 그래야 현대판 매관매직과 공신들의 의자 나눠주기를 막을 수 있고 합법을 가장한 검은 돈의 유혹에서 벗어날 수 있다.

서울과 충남의 장학사 선발에 억대의 뒷돈 배경에는 현 교육감 선출 방식에도 원인(原因)과 원인(遠因)이 있지 않기를 간절히 소망해 본다.

지난 여름 충남 교육연수원에 출강하였을 때 "가르치는 일은 노동이 아니라 펀(Fun)이다." 라고 말하던 젊은 교사가 있기에 위안이 됨은 필자만의 생각일까?

(조선일보, 2013. 2. 21)

간언(諫言)과 특별전형

박대통령 시절 정보기관 자료에 의하면 박대통령과 친분을 거론하며 사기행각을 벌인자들이 7천명 정도로 파악되었으며 그 중 500명 정도를 출신도별로 분류하여 집중 감시케 하였다고 한다.(박정희 전기집, 조갑제 발췌)

대상은 친인척, 동향, 구미보통학교 동창, 대구사범 동창, 문경보통학교 시절의 제자 및 학부모, 만주군관 학교 동기, 일본육사, 국군 장교시절의 상하관계 등으로 우리나라 가족주의와 온정주의 폐해의 시원(始原)을 보는 듯하다.

서양에서 사상의 혼동이 일어났을 때 희랍 고전으로 되돌아갔다. 우리나라 사람은 뱃속에서 혼란이 일어날 때는 김치로 돌아가면 된다. 그러면 교육자의 양심이 혼란스러울 때는 어떡해야 할까?

필자의 자의적 판단보다는 양식 있는 교원들 각자의 판단에 맡기는 것이 더 지혜로울 것 같다.

지난해에 이어 올해의 전문직 특별전형에도 말들이 무성하다. 이유는 간단하다.

민주사회에서 절차의 투명성과 공정성은 신뢰의 담보물이다. 신뢰가 담보되지 않았기 때문에 응시생의 불만은 말할 것도 없고 팩트의 진위를 떠나 소문이 굴절되고 왜곡되어 확대 재생산되니 시골에 근무하는 필자까지도 귓전이 따갑도록 들려온다.

전문직은 교직 사회에서 수직으로 직급 상승할 수 있는 절호의 기회로 중견 교사들의 시선이 집중되어 있다. 참고로 지난해 초등 수업실기 대회에 0.001의 교감 승진 점수를 얻기 위해 5,285명의 교사가 응시하였다. 따라서 객관성이 결여된 항목 또는 고무줄 기준에서 비리의 소지가 다분하며 지난해 서울시교육청의 하이힐 사건이 이를 방증하고 있다. 학연 지연이 총동원되고 더 나아가 수 천 만원의 금품이 오간 사건으로 교육계의 자정운동의 기폭제가 되었었다.

특별전형은 인사권자의 인사권에 관한 행정행위로서 국가가 법률로서 보장해준 제도로 취지대로 정착이 되면 약이 되지만 그렇지 않으면 독이 될 수도 있다. 공직사회에서 '특별전형'이라는 말은 표현은 고상하지만 그 의미는 퇴색되고 천박해진 것이 현실이다. 왜냐하면 짜고 치는 고스톱 내지는 위인설관(爲人設官)의 냄새를 짙게 함의하고 있기 때문이다. 작년에 이어 금년도의 전문직 특별전형에 대한 일선 여론을 들어보기 위해 교총 차원에서 현직 장학사(특별전형으로 임용된 장학사 제외)에게 전화 설문을 하였더니 100% 부정적이었으며 지난해 수업실기 대회 참가 교사에게 면담해 봤더니 필설로 옮기기가 민망할 정도로 부정적이었다. 일선 여론이 이 정도인데 정책추진 참모들 역시 인사권자와 같은 판단의 잘못을 했거나 아니면 인사권자의 안색을 살피느라 해야 할 말을 하지 않고 삼켜버렸다는 뜻이다. 전자라면 무능의 책임을, 후자라면 직무유기의 책임을 면할 수 없다. 어느 조직이든 구성원에게 신뢰를 잃으면 신기묘산(神機妙算)의 리더가 아닌 한 정책 추진에 바퀴 빠진 수레를 끌고 가기보다 더 힘들어진다.

우리나라교육의 축수로 경기교육의 조타수 역할을 해야 할 전문직이 정통성 시비에 휘말리고 여론의 뭇 매를 맞는다면 당사자는 물론이고 경기교육의 장래를 위해서도 특단의 대책이 요구된다. 이는 경기도 교육청의 5대 혁신과제와 현 정부의 공정사회 기조와도 부합되지 않는 '승자의 저주'가 될 수도 있음을 알아야 한다.

(경기일보, 2011. 2. 14)

경험을 인정하는 '테뉴어(Tenure) 사회'

우리나라에 현대적 연금법은 1959년에 제정되어 1960년부터 시행하고 있다. 입법 당시 우리나라 국민의 평균수명은 남자 55세 여자 57.8세였으며, 지난 해 통계청 자료에 의하면 남자 77.6세 여자 84.5세이다.(2011)

입법 당시 교원의 정년은 65세였으나 98년 외환위기 당시 김대중 정부에서 정치적 결단에 의해 3년을 무 자르듯 단축시켰다. 단서 조항으로 같은 교육공무원이지만 대학교수는 예외로 하였다.

한데 교원사회의 공분(公憤)은 정년 단축의 당위성으로 고호봉 교사 한 명을 퇴출 시키면 신임교사 세 명을 임용할 수 있다는 경제논리였다. 더불어 원로교사 = 무능교사로 매도하는 사회적 분위기 조장으로 모욕감을 안고 눈물로 교단을 떠났다. 이는 한 평생 교직에만 전념한 교원에 대한 신뢰보호의 원칙과 인사 예측성의 헌법적 가치를 유린한 해방 후 교육행정의 최대 실책으로 기록되었다.

삼인성호(三人成虎)라는 말이 시사하듯 언론은 나팔수 노릇을 하고 주무장관은 담임 선택제라는 애드벌룬을 띄우며 한 가지만 잘하면 대학 간다고 사탕발림으로 현혹시키고 어용 시민단체를 동원한 무능교사 퇴출운동에 변명 한 마디 못 하였다.

'칼에 베인 상처는 일주일이면 아물지만 말에 베인 상처는 평생 간다.'는 김용준 전 헌법재판소장의 말로 변명을 대신한다.

당시 노회한 노정객의 페인트 모션(Faint motion)을 너무 순진하게 믿은 게 탈이었다. 사회학에서 어떤 조직이든 외부 변화속도가 내부변화 속도를 추월하면 그 조직은 이미 종말이 다가온 것이라 한다.

교원사회 특성상 직업 안정성이라는 비탄력성이 오히려 화를 자초한 면도 있었음도 인정한다. 왜냐하면 통계학적으로 3%는 퇴출 요인이 있고 인구 만 명 중에는 범법자가 틀림없이 있다고 한다.

정년단축 후의 교육계 난맥상은 지면에 너무 보도되어 생략하고 저출산 초고령화 사회를 맞이하여 교원 정년이 환원되어야 하는 이유를 밝히고자 한다.

이제와서 가위로 종이를 잘랐는데 위 날이 역할을 했느냐, 아래 날이 역할을 했느냐 따지는 것은 부질 없는 논란이다. 교육정책 개발은 거대한 환류(還流) 시스템을 전제로 하기 때문에 정책

지식의 투입과 정책의 산출이라는 정책지식 생태계는 오랜 기간의 농도 짙은 경험을 통해서만 얻어지는 지혜이어야 건강성을 유지 한다. 따라서 초단위로 돌아가는 디지털 시대에 '굼벵이 댄스'도 있어야 교육정책이 조화를 이룬다.

'실험 노인학'에 의하면 늙은 벌의 사회적 경험이 젊은 벌의 임무에 긍정적 영향을 미친다고 밝히고 있듯이 '경험은 최대의 학문'이다. 이렇듯 초고령 사회의 조기 은퇴는 개인과 국가의 큰 손실이다. 그들의 체화된 교육자로서의 직업의식, 건전한 가치관은 교육이 추구하는 온고지신의 산 증인이다.

'바순'이 오케스트라의 한 복판에서 깃발이자 굴뚝 역할을 하듯 원로교사는 오늘날의 수석교사요 진로상담교사요 자기 목소리를 낮추는 '로키'(Low key)행보로 일관하며 교육의 본질을 고민하는 사표(師表)이다.

경력이 옅은교사, 중견교사, 원로교사 간에 견고하고 건강한 가치사슬(Value chain)을 구축하는 것은 교육생태계 전체를 아우르는 융합과 소통의 시각 없이는 불가능하다.

차제에 정부는 임금 피크제를 도입하여 급여의 효율적 운영을 주문해 본다. 젊도 늙도 않은 어정쩡한 나이에 퇴직하여 연금으로 30여 년을 허송세월로 보낼 수는 없지 않은가? 하지만 경험을 인정하고, 쌓인 신뢰를 경력으로 치환해 주는 '테뉴어(Tenure · 종신고용)사회'는 우리나라 사회의 신뢰수준하고 깊은 연관성이 있다.

원로교사의 신분을 물질적 '등가교환' 개념이 아닌 초고령 사회의 봉사자 개념으로 접근해 보자.

원로교사의 경험과 역량에 따라 진로 · 진학상담, 생활상담, 성교육, 통일교육, 예절교육 등 학생생활지도 요원과 수업장학, 교과전담강사, 초임교사의 멘토, 보결강사, 방과후 강사 등으로 대별하여 활용토록 한다.

그 밖에 특별 사법경찰권(법령정비 후)을 부여하여 청소년 유해업소 순찰, 배움터 지킴이, 스쿨존 내의 교통 봉사 등 찾아보면 원로교사의 할 일이 널려 있다.

이러한 고급인력의 활용과 교육계의 균형추를 위해서도 정년은 단계적으로 환원 되어야 한다.

(교직원신문, 2013. 3. 18)

교육자치의 꽃을 기대하며

어느 시골에 가업을 잇는 단란한 신혼 가정이 있다. 조부모님께서 아파트는 몇 평 크기로 매입해야 되고, 아이는 몇을 낳아야 되며, 가전 제품 구매의 하나하나에 이르기까지 간섭을 한다. 거기에 더 하여 부모님도 시시콜콜한 일까지 가이드 라인을 쳐서 옭아 맨다. 이유는 단 하나 너희들은 집안의 가업을 물려 받았고 노파심에서 그런거라고 한다. 꼭 '봉숭아 학당' 같은 집안이다. 전술한 사례는 교과부와 시 · 도교육청의 학교에 대한 교육행정 전반의 간섭과 유사하다.

교원들의 승진규정을 예로 들면 교과부 기준은 경력점수 정도만 제시하고 각 시 · 도 교육청도 최소한의 요건만 규정하면 된다.

그 후 세세한 규정은 지역교육청에 일임하는 것이 자치정신에도 맞고 합리성과 타당성에 더 만족할 수 있다. 수원이나 성남 등 대도시 교사에게 벽지점수와 농 · 산 · 어촌 점수가 왜 필요한가? 승진후보자의 선정은 교과부에서 배정받은 인원수만큼 지역교육청의 교사 인원수 비례로 할당하면 된다. 발령은 경찰공무원의 경정(국가직) 이상처럼 전국을 상대로 발령하듯 시 · 도 교육감이 도내 각 시 · 군으로 발령하면 된다. 요약하면 현행 승진규정을 지역교육청에 거의 위임한다고 보면 된다. 더 나아가 교직원 임용권까지도 위임해야 진정한 교육 자치를 꽃피울 수 있다.

차제에 공무원 조직도 글로벌 기업의 경영효율 및 시장 메커니즘을 인사과 및 예산권에 도입할 시점이 되었다.

교과부는 교육의 철학적 배경과 예산 지원 기능만 하고 기타는 시 · 도 교육감을 경유하여 지역교육장에게 대폭 위임해야 한다. 이와 같은 구조는 정도의 차이는 있지만 OECD국가가 거의 다 채택한 제도이고 워싱턴 D.C.의 미셸 위 전 교육감의 교육개혁도 제도가 뒷받침되어 성공할 수 있었다.

무늬만 교육자치가 되어서는 공교육의 정상화는 요원하다.

교육에 인생을 묻으려는 교원들에게 현행 승진규정은 공리(公利)와 사리(私利)를 바꿔치기한 면이 없지 않다. 같은 맥락에서 역사는 우리에게 교육과 정치는 분리되는 것이 바람직하다는 것을 가르쳐 주었다.

왜냐하면 교육과 정치는 지향하는 바가 다르기 때문이다. 현행 제도는 득이 아닐 뿐더러 정답도 아니다. 파열음을 내며 법정

공방까지 가는 내부형(무자격) 공모교장도 따지고 보면 서로 다른 잣대를 갖고 있기 때문이다. 교육의 기초 자치를 통하여 학부모가 가지고 있는 다양한 교육적 욕구를 공교육을 통해 충족시켜 주어야 한다. 그러기 위해서는 지역교육청의 완전한 자치가 선행되어야 함은 자명하다. 선진국의 교육시스템은 학부모의 목적과 제도의 목적성이 정방향 정렬될 때 창출되는 가치가 의외로 크다는 것을 알게 하고 있다.

우리나라 교육정책이 바람 잘 날 없는 것은 중앙집권의 고성장 철학의 주술에서 헤어나지 못하는 한국인들에게 보내는 '레드카드'다. 정치인이나 고위 관료는 미래보다는 현재 눈앞의 이익에 더 집착하고 대중 인기 영합의 유혹에 늘 노출되어 있다.

우리 세대가 나무를 심으면 다음 세대는 그늘을 얻을 것이고, 우리가 나무를 베어버리면 다음 세대는 땡볕에서 고생할 수밖에 없는 이치를 깨달아야 한다. 2004년 제프리 존스 주한미 상공회의소 명예회장은 한국인들에게는 "배고픈 것은 참아도 배 아픈 것은 못 참는다."는 의식이 잠재되어 있다고 한 말을 고위직은 꼭 음미해 봐야 한다. 우리나라 교육의 어두운 그림자는 유명 연예인이 군대에 가는 당연한 병역 의무를 두고 '노블레스 오블리주'라며 호들갑을 떠는 사회다. 언론은 한술 더 떠 국내 · 외 취재진 700여명(스포츠한국)이 모여드는 사회가 정상인가?

하긴 병역 면탈하려 손가락을 잘라도 선출직으로 뽑아줬던 유권자도 한심하기는 마찬가지다.

교육의 기초 자치라는 빠르고 편한 비행기를 마다하고 나룻배를 타고 태평양을 건너려다 결국 목숨까지 잃는 꼴이 되지 않을까 걱정이다.

(경기일보, 2011. 3. 31)

로또 교장, 로또 교육장

#장면1 "여주군은 농촌 지역이라서 1년에 0.18점의 승진 가산점을 부여 받고 있습니다. 그런데 여주읍에 속한 여주초, 여흥초, 오학초, 세종초, 연라초는 1년에 0.12점을 받고 있습니다. 그 중 연라초는 같은 읍 소재지이지만 교통도 열악하고 소규모 학교라서 교사들이 기피하는 학교입니다. 획일적으로 점수를 부여할 것이 아니라 탄력적으로 적용할 것을 요망 합니다."

6월 5일 경기도 교육감의 여주교육청 초도 순시에서 건의한 내용의 일부다. 산술적으로 0.18과 0.12의 차이는 0.06이다.

#장면2 "수업실기에 대한 교사들의 참여도가 이렇게 높을 줄은 미쳐 몰랐다.". 본청 관계자의 전언이다.

금년도 승진 규정에서 중요 요소로 자리 잡은 수업 실기 대회에 도내 4,710명의 교사가 참여 하였다. 그 중 1차 계획서 심사에서 10% 탈락, 2차 현장 실사에서 10점 반영, 3차 보고서에서 계획서의 50% 탈락, 4차 수업 실기에서 1등급 0.25, 2등급 0.2, 3등급 0.18의 승진 가산점을 부여 받으며 1.6점을 만점으로 하고 있다.

#장면3 "새벽 3시까지 강의 노트를 암기하고 예상 문제를 풀다 보면 몸이 녹초가 된다. 상대평가라서 점수 경쟁이 점입가경(漸入佳境)이다." OO대학 상담 교사 자격 연수에 참가한 48세 된 여교사의 고백이다. 상담교사 자격 연수 신청자(30명) 중 대부분은 상담 연수 그 자체보다도 1급 정교사 연수 성적이 안 좋아 유리한 자격 연수 성적을 적용하려고 안스러울 정도로 고군분투하고 있는 장면이다.

금년도 초등 교장, 교감 자격 연수 대상자의 평균 연령이 대략 53세와 49세라 한다. 연수 후 임용까지는 1-2년이 또 소요 된다.

모든 조직 사회가 그렇듯 구성원들의 상위 직급으로의 승진 욕구는 성취동기 유발 기제로 존중 받아야 되고 또 장려 받아야 할 사안이다.

현 승진 제도가 모든 교원들에게 100% 만족 시키느냐엔 필자도 동의하지 않는 부분이 있다. 그러나 투명성과 객관성에는 100% 만족한다. 그런데 시중에는 무자격 교장에 더 하여 로또 교육장까지 유언비어가 난무하여 인사 질서가 만신창이가 되고 있다. 축약하면 망둥이도 뛰고 꼴뚜기도 뛰고 갯지렁이까지도 용왕이 되겠다고 날 뛰고 있으니 교육계가 왜 이지경이 되었는가.

거슬러 올라가면 참여 정부 말년에 공모제의 탈을 씌워 평교사의 무자격 교장 진출 물꼬를 터놓았다. 현직 교장의 기득권 차원이 아니라 경찰서장, 사단장, 더 나아가 검찰지청장, 법원 지원장에 이르기까지 무자격 교장의 선례가 전이 된다면 국기(國基)가 흔들릴 정도의 아수라장이 될 것이다.

우리나라가 아프리카 신생국인가? 아니면 혁명 정부인가? 그런데 어느 날 갑자기 로또 교장(?), 로또 교육장(?)으로 발탁돼 대다수의 교사에게 상대적 박탈감과 상실감을 주었을 때의 근무의욕을 생각해 보았는가.

순수하고 교육적 사명감에 불타야 될 젊은 시절부터 학생들 가르치는 일보다는 정치 성향에 날뛰게 하는 교단 풍토는 국가의 장래를 위해서도 바람직하지 않다. 그와 같은 태도는 교육자의 자세도 아니고 학부모가 결코 동의하지도 않는다. 무자격 교장의 선례가 DNA로 유전 되어 다시는 발원하지 못 하도록 현명한 국민들의 감시와 정치권의 제도 개선을 촉구 한다.

(경기일보, 2009. 8. 28)

평교사 장학사가 뭐길래?

고구마 줄기를 뽑을수록 고구마가 주렁주렁 달려 나온다. 깃털만이 아니라 몸통이 어디까지인지 끝이 보이지는 않는다. 그러나 뇌물의 먹이 사슬을 대강 짐작은 하고 있다. 따라서 차제에 인과 관계의 규명을 철저히 하여 평교사 장학사 임용제도의 대수술을 하여야 한다는 것이 교육계 안팎의 시선이다.

현재의 구도(임용담당 라인)는 장학사 임용 특히 평교사 지망생에게는 '슈퍼 갑'(甲)으로 통한다. 그렇다 보니 평교사 출신 장학사 지망생들은 오랜 기간 종속적이었다. 아니 '을'의 역할을 자처했다 해도 과언이 아니다.

그간 조직의 환부를 보호하기 위해 은밀하고 내밀하게 있었던 부조리가 일개 평교사 출신 장학사의 어이없는 말 실수로 꼬리가 잡혔다. 귀신도 발을 헛디딜 때가 있다는데 그 꼴이 되었다. 원래 교감 출신 장학사 제도였는데 평교사 출신 장학사의 임용 길을 터주면서 이상한 변종이 되어 일선 현장에서 하나회 노릇을 톡톡히 하고 '게토(ghetto)'가 되었다. 젊고 유능한 평교사를 발탁한다는 취지는 온데 간데 없고 역기능만 난무하고 있다. 그들은 상아탑 꼭대기에 앉아 있을게 아니라 상아탑을 움직이는 바퀴가 되었어야 했다. 교육자치라는 미명하에 각 시 · 도 교육청에 수습하도록 하지말고 교과부가 전면에 나서서 이 기회에 평교사 장학사 제도 자체를 일몰 시켜야 한다. 아니면 평교사 장학사가 임용 되는 순간 교감 급 대우를 배제하던가 직급 상승시키면 절대로 안 된다. 평교사가 단숨에 직급 상승이 되는데 무슨 수는 안 쓸 것이며 학연 지연 등 각종 빈틈을 비집고 들어갈 것은 뻔하다. 그 후 교육청 파견교사 정도로 해서 평교사 출신 장학사 = 교감이라는 인식을 배제시킬 필요가 있다.

젊은 교사 시절 온 몸의 염록소를 뿜어 내는 5월의 활엽수처럼 교육에 정렬을 불태워야 될 나이에 가르치는 일과 직무는 뒷전으로 하고 장학사 시험만 쳐다보는 교사의 머릿속에는 공교육의 정상화는 공염불에 지나지 않는다.

일선 현장에서 평교사 장학사라는 말에는 어느덧 교직사회에서 상급관청의 장학 업무 종사자라는 인식보다 상대적 부담자라는 은유(隱喩) 가 덧씌워지고 있다.

논리의 비약 인지는 몰라도 국정의 힘든 일정을 소화하느라 입술이 부르튼 현직 대통령과 밤을 새워 댓글을 달던 전직 대통령 사이의 차이와 유사하다.

그렇지 않아도 현 정부 들어 교육청의 기능에 대해서 말이 많다. 학교에 도움을 주고 자문에 응하는 기능보다는 목에 힘 주고 감시 감독 기능이 우세하면 안 된다. 이는 현재 섬기는 정부의 정책기조와도 맞지 않을 뿐더러 교육행정의 조장적(助長的) · 봉사적 성격에도 부합하지 않는다.

연일 보도되는 교육계의 자화상은 묵묵히 교단에서 정렬을 불태우는 교사와 잔재주로 꿈을 이룬 장학사의 미추(美醜)가 칼로 그은 듯 구분됐다. 그간 설(說)로만 떠돌던 소문이 사실이 되었으니 이는 받아들이기 불편한 진실이다.

이제는 환부를 도려내는 과제만 남았다.

교육계의 부가가치 생산에는 별 도움이 안 되는 부문에 유능한 교사가 몰리면 교육계 전체의 경쟁력은 떨어지게 돼 있다.

서울시 교육청의 사례를 반면교사로 삼아 경기도 교육청은 남이 만든 길을 따라가기 보다는 내가 지나간 뒤 길이 생긴다는 신념으로 선진행정의 구현을 주문해 본다. 원래 조직은 규칙이나 내규를 통해 조직원들의 수행을 평가하고 동기부여의 도구로 삼는다. 따라서 과거 교육행정 권력의 어두운 뒷골목을 담은 낡은 필름을 또 다시 들여다 봐야 하는 것은 고통이다. 하지만 초임교사 때의 우직하고 역동적인 항심(恒心)의 교사가 기층에 있어 우리나라 교육계는 전망이 밝다.

진위를 확인할 수는 없으나 군에서 "특진한 장교는 별을 못 단다.”는 말이 있다. 그 속에 담겨진 숨은 뜻을 헤아리는 지혜가 요구 된다. 이를테면 ‘진실은 간혹 늦게 올 뿐 끝내 밝혀 진다’는 명언은 평교사 장학사의 사례에서 많은 것을 시사한다.

학교현장에서 괴롭고 쓰라린 실패여야 교훈이 있고 분발도 있음을 상기할 필요가 있다.

(경기일보, 2010. 3. 5)

경기도교육청

▲ 주민참여 예산제 토론 : "예산담당 공무원의 정서적 직무 피동성의 역기능이 예상된다."는 필자의 결론에 뜨거운 호응을 받음.

4부

공무원과 도덕성

1. 걸림돌과 디딤돌
2. 국민의 시선으로 본 공무원 노조
3. 사회 지도층의 덕목
4. 스마트 파워 리더(Smart power leader)
5. 연(緣)줄 문화
6. 정치인, 언론인, 공무원의 공통점
7. 학연(學緣) · 지연(地緣)
8. 혁신학교, 무상급식, 학생인권 조례

이천 신대리 백골송(利川 新垈里 白骨松) : 경기도 이천시 백사면 신대리 천연기념물(제253호) 소나무

걸림돌과 디딤돌

'길을 가다가 돌이 나타나면 약자는 그것을 걸림돌이라 하고 강자는 그것을 디딤돌이라고 말한다'. 토마스 카알라일의 말이다.

지도자는 세상을 살아가면서 시련과 난관에 부딪히기도 하고 이해 집단과의 갈등에 휘말리기도 하며 때로는 부하 직원의 의도적이든 그러하지 않던 범법과 실수에 여론의 질타를 받기도 한다.

요즘 김포외고의 도덕성이 마비된 한 교사로 인해 이해 당사자뿐만 아니라 온통 세상을 벌집 쑤셔 놓은 듯하다. 교육의 사회에 대한 공공성 내지는 공공재로서의 기능을 열거하지 않더라도 교육의 근간이 흔들리지 않는 범위에서 수습을 하고 재발 방지책이 나와야 함은 재론의 여지가 없다. 규범적 차원에서 보면 입시 문제를 학원가로 유출시킨 당사자의 범법 행위로서 사법적 잣대와 그 결과 교사로서 양정 규정에 따라 징계를 하면 절차적 하자는 없다.

경기도는 수도권 인구 유입으로 인한 신도시 건설과 이에 따른 학교설립(연70여개교)은 물론, 기존의 도교육청 지도 감독을 받고 있는 유 · 초중등 3,808개교, 학생수 2백여 만명, 교원수 8만 5천여 명과 지역적으로 대도시, 중소도시, 농산어촌, 접적 지역에 이르기까지 다양한 교육환경을 아우르고 있다.

가지 많은 나무 바람 잘날 없듯 하루에도 크고 작은 사건 사고가 일어나고 있다. 물론 가지가 많다는 이유만으로 감독자의 책임이 면책될 수는 없으나 정치 공학적으로 접근하면 해결에 전혀 도움이 되지 않는다. 교육적으로 접근해야 한다. 학생 학부모 행정당국은 여론에 휘말려 극단적인 조치를 지양하고 냉정을 찾아 교육적 가치에 비중을 두고 해결책을 찾아야 한다. 사법의 잣대는 마지막 보루다. 세상을 살아가면서 매 사건마다 법의 심판을 받아 의사 결정을 한다면 그 사회는 법만 있고 인간의 기본적 질서인 도덕과 윤리 상식이 통하지 않는 보편적 가치가 실종된 사회로 바람직하지도 않고 조장되어도 안 된다.

독일과 프랑스의 교육수장은 대개 정권과 임기를 같이 한다고 한다. 국민의 정부 시절 교육인적 자원부 장관이 7명이나 바뀌었고 참여정부 하에서도 임기 5년에 장관이 6명째 재임하고 있다. 평균재임기간이 8.2개월로 교육정책의 일관성과 업무파악 및 직원 장악면에서 이래서는 안 된다는 여론과 그간의 수능문제로 대학과의 갈등, 영재학교 설립 등에서 행정의 난맥과 학습

효과가 방증(傍證) 한다.

우리나라 학부모의 교육열은 세계적이며 모든 국민들이 다 교육 전문가이고 사하라 사막 한복판에 있어도 자녀를 학원에 보낸다는 우스갯소리가 있다.

그뿐만 아니라 유학생 64%가 현지에서 또 사교육을 받는다고 한다. 이 정도면 과열을 넘어 광적이라 할 수 있는데, 그 이면에는 현 교육 정책에 대한 불만과 일부 학부모의 오도된 교육열에 기인한다고 보여진다.

국민소득 70-80$ 시절 중동 건설 붐은 우리에게는 경제성장을 위한 외화벌이의 호재이기도 했고 변변한 기술 하나 없이 무모한 일이라고 경제부처에서 찬반 양론이 있었다고 한다.

당시의 일화를 소개하면 대통령 주재의 관계 장관 간담회에서 재경부 장관은 금융쪽의 해박한 지식으로, 경제기획원 장관은 우리나라 경제정책 총수로서 조정과 경제 운용의 틀에서 부당성을 말하고, 건설부 장관만 코너에 몰리는 상황이었다고 한다. 한참을 들으며 말이 없던 박대통령께서 관계 장관들은 건설부 장관의 중동 건설 진출에 적극 협조해 주라는 짤막한 지시를 하였는데 그 정책의 판단이 얼마나 옳았느냐는 오늘날 많은 경제 전문가들이 동의하고 있다.

지도자에게 전화위복이 될 수 있도록 힘을 실어 주어야 한다.

세상은 혼자서 살아갈 수는 없다. 더불어 살아가야 한다. 그러기에 인간의 궁극적인 삶의 가치는 자아실현에 있고 더 나아가

지구촌 모든 사람의 행복한 삶을 도모하는데 있다. 그래서 석가는 가비라국 왕자의 신분으로 태어나 룸비니 동산의 고행에서 중생이 지켜야 할 자비의 도를 8만 4천이나 되는 법문을 내 놓았다. 또한 베들레헴의 예수는 40일 간 광야의 금식 기도에서 온갖 세상의 유혹을 이길 수 있는 힘을 얻었으며, 소크라테스는 한 겨울 차디찬 얼음 위에 맨발로 서서 밤을 새워 사유(思惟)를 하였다고 한다.

사법의 잣대도 아니고 정치 공학적 접근은 더더욱 안 되고 순수한 교육의 잣대로 걸림돌이 아닌 디딤돌로 김포외고의 원만한 해결을 기대해 본다.

(경기일보, 2007. 11. 23)

국민의 시선으로 본 공무원 노조

전국공무원노동조합(전공노), 전국민주공무원노동조합(민공노), 법원공무원 노동조합(법원노조) 11만6천여명이 민주노총에 가입하였다. 전국교직원노동조합원(전교조) 7만7천여명과 함께 민주노총은 한껏 고무돼 있다고 한다. 비슷한 시기에 KT, 쌍용차, 영진약품 등 20여개의 산하 노조는 민노총을 탈퇴하였다. 또한 현대차는 민노총 내에서도 강성 좌파 노동운동을 주도하는 핵심 사업장이었는데 '파업은 전술이지 결코 투쟁의 목표가 될 수 없다'는 실용 노선의 후보가 당선 되었다고 한다. 강경 투쟁과 과격 정치 투쟁을 주도하는 민노총 산하로 들어간 공무원 노조를 바라보는 국민들의 시선은 어떠할까.

원래 우리나라는 풍광명미(風光明媚)한 자연의 나라에 인심은 유족 했으며 선비정신의 유장(悠長)한 전통이 흐르고 있다. 이와 같은 선조들의 정서를 배경에 안고 공무원에 대한 일반 국민들의 사회 상규와 통념의 교집합은 무엇일까.

국민의 공복(公僕)으로 높은 도덕성과 청렴성 및 준법성 더 하여 머슴으로서의 덕목을 요구하고 있다. 따라서 국민들의 공무원에 대한 암묵적 견해가 어떠한가를 헤아려 봐야 한다. 해답은 신뢰성 있는 여론 조사 기관의 결과가 말해 주고 있다. 그 결과는 본 지면에서는 생략하고 독자들의 판단에 맡긴다. 사회 지도층은 참여하는 소수보다 방관하는 다수가 더 문제일 수 있음을 깨달아야 한다. 우리나라는 압축 성장의 산업화 덕분에 국민소득 2만 불 시대의 장이 열렸다. 더불어 다른 나라의 공무원 노조는 어디까지나 참고서는 될지언정 우리의 교과서는 아니다. 우리의 토양과 정서에 맞는 공무원의 근무 자세가 요망 된다.

언제까지 이념적으로 좌파냐 우파냐 지역적으로 호남이냐 영남이냐 교육은 수월성 교육이냐 평등성 교육이냐 경제는 자본가와 노동자의 이분법(흑백) 찬가를 불러야 하나. 이성보다 감성이 지배하고 법보다 불법과 폭력이 우선하는 사회는 아무리 국민소득이 높다한들 사기꾼이 신사다운 외양만 갖춘 꼴과 무엇이 다르겠는가.

세계적 경기 침체 와중에 한국의 경제 사정이 조금 호전 되었다고 세계 유수 언론이 칭찬 좀 했다 해서 긴장의 끈을 놓으면 안 된다. 전반기 경제 정책에 상응하는 '투입'(input)이 있어야 할 것이다. 그러기 위해서는 공무원들의 결집된 역량과 혁신 마인드가 요구되는 이때 에너지를 엉뚱한 곳에 쏟을 시간이 없다.

통계학적으로 어느 조직이든 3%는 조직 발전의 발목을 잡는 불만 세력이라고 한다. 그들은 상대적 권력의 정부를 향하여 절대적 전제자인 김정일보다도 훨씬 더 심하게 공격한다. 광우병 촛불 정국이 그랬고 일부 방송 매체의 보도 행태와 자살한 전임 대통령의 조문 정국이 방증 한다. 국제 정치학 교과서에도 올라 있다는 '북한의 공갈 외교' 수법의 너울성 파도가 주변 열강들의 이해와 맞물려 우리를 혼란스럽게 하고 있다. 이 시점에서 공무원들은 어떤 자세로 근무해야 되는가는 본인들이 더 잘 알고 있을 것이다. 공직자에게 있어 국가관과 윤리 도덕은 삼손의 '머리털'과 같다. 따라서 국가 살림을 위임 받은 직업의 안정성 측면이나 사회적 지위로 볼 때 국민들의 혈세로 봉급을 받는 마당에 그들의 피부에 와 닿는 행정 서비스를 해야 함은 재론의 여지가 없다. 농작물은 농부의 발자국 소리를 들으며 자란다고 한다. 공직자는 국민의 소리를 들으며 직무를 하는데 그 소리를 못 듣는 귀머거리가 된다면 퇴출의 길밖에 더 있겠는가. 후세에 너의 조상이 누구냐고 묻거든 나의 조상은 트로이 전선에 참전한 용사였다고 일러 주라고 하던 고대 희랍 사람들의 긍지와 국가관을 공직자들부터 본받아야 할 것이다.

(경기일보, 2009. 10. 6)

사회 지도층의 덕목

우리사회 지도층과 공직자의 최대 덕목은 무엇일까?

도덕성, 청렴성 및 봉사정신과 병역의무를 필요 · 충분 조건으로 해야 한다는 바닥 민심이 거세다. 특히 고위 공직자나 사회 지도층 일수록 잣대는 더 엄격해야 국민들한테 설득력이 있고 시쳇말로 말발이 먹힌다. 지난해 가구당 월평균 소득이 363만원(통계청)이라는 사실을 배경에 안고 언행을 해야 한다. 그렇지 않으면 국민(보통시민)들은 냉골로 내몰리는데 자기들만 온돌방 붙박이로 인식하여 현란한 미사려구(美辭麗句)도 천사의 말도 립 서비스에 불과하다. 그렇게 되면 신뢰도 상생도 현 정부의 공정사회 기조도 다 공염불에 지나지 않는다. 그런데 세간의 여론은 사회 지도층을 '한국사회 럭셔리(Luxury)의 정화(精華)'보다는 그 반대의 인식이 현실이다.

사법부로 눈을 돌려보자. 이용훈 대법원장의 경우 대법관을 마친 뒤 5년 가량 변호사로 활동하면서 수임료로만 60억원을 받았다고 신고했다. 도덕성과 청렴성으로 포장된 진보판사인 박시환 대법관 역시 부장판사를 그만둔 뒤 22개월간 수임료로 22억원을 받았다. 광주의 모 향판은 며칠 전 여론의 뭇매를 맞고 판사의 도덕성에 치명타를 입고 한직으로 전보 조치 되었다. 물론 합법적인 변호비용 대가와 직무수행이다.

정치 지도자들은 어떠한가?

합법을 가장한 탈법으로 병역 면탈한 사람(여야정치인 다수), 멀쩡한 손가락을 잘라 병역 면탈한 사람, 고시출신으로 자동차회사에 위장 취업하여 노동자를 딛고 출세(?)한 사람 등 열거하기가 힘에 부칠 정도다.

요즘 경기도와 서울시 의원들의 상위법에 어긋나는 유급 보좌관제를 밀어 붙이는 꼬락서니는 뭐라 표현해야 될까 점잖은 어휘가 생각이 안 난다.

"천안함은 서해의 수심이 얕고 시계가 흐려 북한의 소행으로 볼 수 없다."는 시각의 안보관을 가진 사람이 대통령 되겠다고 떠벌리고 있는 세상이 대한민국의 현 주소다.

시민단체는 어떠한가?

환경운동 한다고 공금 유용으로 구속이 안 되나 기업을 윽박질러 돈 거둬 사무실 매입 비용을 충당하지를 않나 도대체 순수성이라고는 찾아 볼 수가 없다. 공장이나 무슨 시설물이 들어온다면 그들은 물 만난 고기처럼 움직인다. 참으로 희한하다. 순발력 있는 행동이 노벨상 감이다. 사회 상규와 보통시민의 보편적 가치의 법질서에 반하는 시민 단체에 국가 보조금은 왜 지급 되는지 우리나라 참 좋은 나라다.

하늘(극락)의 일과 땅의 일은 지향하는 바가 다르다는 종교계도 참으로 볼성 사납기는 마찬가지다.

국민의 이름으로 묻고 싶다. 서울 외곽순환도로와 경부 고속철 구간에 환경 파괴된다고 단식하던 그 스님들, 신부님들, 목사님들 지금 다 어디 계실까?

이름하여 그들을 '사회 참여 성직자'라 하던데 폴리페서(Polifessor)와 무엇이 다른가. 꼭 외제차를 타야 선교와 포교가 되고, 교회(사찰)를 사유 재산처럼 착각하는 성직자는 세속의 중생과 무엇이 다른가.

한경직 목사, 김수환 추기경, 성철스님 얼마 전 입적한 법정스님 영정 앞에서 석고대죄 할 종교 지도자들이 꽤 있는 것 같다.

사회 지도층의 공통점은 '국민을 위해 봉사와 희생할 각오가 됐다'는 대목이 압권이다. 그런 말 들으면 구토 증세와 혈압이 오른다는 사람이 주변에 부지기수다.

성 프란시스코는 '내가 별빛을 보고 감사했더니 달빛을 주시고 달빛을 보고 감사했더니 햇볕을 주셨다'고 한 말을 품에 안고 살아야 한다.

고위 공직자와 사회 지도층에게 한 점 속기(俗氣) 없이 고아

(古雅)하게 처신하라는 것은 시대적 요구다. 그들의 도덕성과 가치관이 흔들리면 선진 한국은 요원하기 때문이다. 전술한 덕목에 자신이 없으면 국민들을 위한다는 위선과 인격의 이중성으로 민초들의 정신 건강을 더 이상 해롭게 하면 안 된다. 세속적으로 조용히 사는 길이 본인과 민족의 장래를 위해서도 더 현명할 것 같다.

(경인일보, 2011. 4. 22)

스마트 파워 리더
(Smart power leader)

산업화, 민주화 과객(過客) 그간 메뚜기의 한 철 잘 먹고 잘 살았죠? 아니라면 겸손을 가장한 오만이고, 그렇다고 하면 실체적 오만인데 이길 수 없는 질문이다. 두 축은 항성이었다. 주변의 위성 그룹들이 쳐놓은 그물코는 너무 촘촘하고 질겼다. 권력(정치)의 세계에선 같은 사안을 놓고도 서해를 바라보는 구주류가 하면 감동이 없고, 동해에서 떠오르는 신주류가 하면 국민들은 환호하고 마음을 사로잡는다. 눈은 새로운 것을 좋아하고 귀는 익숙한 것을 좋아 한다. 따라서 산업화, 민주화 세대는 그간 역사의 물결에서 수명을 다 했다고 여겨진다. 그들의 공헌과 희생은 이미 모든 국민들이 다 알고 있다. 아니 산업화와 민주화를 동시에 달성한 세계 개도국의 전범(典範)이 되었다.

"나이 드니 엉덩이가 무거워진다."는 평가 또한 피해갈 수 없다. 전관예우 덕분에 5년간 60억, 22개월에 22억원의 수임료를 받았다. 그 중 한 푼이라도 불우 이웃돕기 성금 냈다는 흔적은 없다. 그들은 스스로 진보적, 양심적, 지성적, 도덕적이라는 의식의 프레임에 갇혀 있다.

지금까지 그들은 연못에 사는 고래였다. 우물 안의 국지성 시각과 내재적 시각으로는 고래도 연못 생태계도 모두 공멸하게 돼 있다.

그렇다면 스마트 파워 리더는 기성 정치인과 다른 서민성, 참신성, 봉사성이 있어야 한다. 뿐만 아니라 역사의식이 뒤틀렸거나 헌법을 초월하는 오만함과 혀는 너무 빠르고 권위를 담을 그릇이 없는 경조부박(輕佻浮薄)한 지도자는 안 된다.

정치학적으로 우파의 부패와 타락이 좌파의 구호를 정당화 시키고, 좌파의 독선과 도그마(독단적인 신념이나 학설)가 우파의 가치를 입증해 주는 법이다. 서민들에게 피눈물의 희생을 떠안긴 어느 권력 측근의 저축은행 부패의 결정판이 전자의 예라면 어린 학생에게 계급투쟁의 민중사관을 주입시키는 의식화 교육은 후자의 예이다. 정치란 서로 다른 의견 사이에서 공통분모 즉 '커먼 그라운드(Common ground)'를 찾는 중용의 미학이다. 따라서 정치인의 말은 대중의 환호와 분노 및 야유를 촉발한다. 이때 환상과 배신감은 괴물의 자양분이 된다.

"보수는 분열로 망하고 좌익은 자충수로 망한다."는 말이 있듯 서울시 곽노현 교육감의 선의에 의한 2억원은 여기에 해당하는 궤변일 뿐이다.

우리나라의 지도자는 지정학적으로 사자의 심장과 여우의 두뇌가 필요하다. 요즘 사회 현상을 보면 민주화란 미명으로 잔디를 잘못 깎으면 집값 떨어진다는 논리로 잡초가 1m까지 자라도록 내버려 두는 공권력이 아니었나 싶다. 광우병 광풍, 제주 강정마을, 한진 중공업 희망 버스 등을 두고 하는 말일 것이다.

법정에서 김일성 수령 만세"를 외쳐대도 판 · 검사는 법의 희화화(戱畵化)와 사법부에 대한 능멸을 묵인하는 지경에 이르렀다. 새 역사를 창조할 지도자는 상생하겠다는 이벤트를 언론에 홍보할게 아니라 상생의 의지를 행동으로 보여야 한다.

공직자에게 있어 건전한 가치관과 윤리 도덕은 삼손의 '머리털'과 같다. 따라서 21세기는 스마트파워의 덕목과 잔잔하지만 울림이 깊은 지도자를 원한다.

(경기일보, 20011. 11. 8)

연(緣)줄 문화

사회학자 솔라 풀(Sola Pool)은 사람이 살아가면서 중요하게 알고 지내는 사람의 숫자가 대략 3,500명 정도라 한다.

카네기 대학의 조사 결과 직장을 잃은 사람들 95% 이상이 업무능력 또는 전문성 부족이 아닌 인간관계에 기인한다고 하였다. 더불어 지적 능력과 재능이 성공에 미치는 영향은 15% 정도로 보았고 나머지 85%는 인간관계라고 하였다. 이와 같이 인간관계는 사회생활에서 아주 중요한 요소임에 틀림없다. 그러나 그 인간관계가 특정한 인맥 즉 연(緣)줄로 구성될 때 조직에 끼치는 해악이 심한 사례를 누누이 보아왔다.

우리 나라의 연(緣)줄 문화는 참으로 유별나다.

학연, 지연으로 대표되는 한국의 정(情) 문화는 우리사회 전반에 뿌리 깊게 박혀 있으면서 연줄문화의 덫에 걸려 고질적인 문제를 야기하고 있다. 학연(동창회), 지연(향우회)은 이런 연줄을 든든하게 엮어 주는 '씨줄'이며 '날줄'이다. 흔히 말해, 내 편에 속하는 사람은 '우리'라는 울타리 안에서 온갖 편의와 혜택을 누릴 수 있지만 그렇지 못한 울타리 밖의 사람은 뛰어난 능력에도 불구하고 늘 불이익을 감수 한다. 오죽했으면 어느 외국인이 "정 문화의 청산 없이는 한국의 미래는 없다."는 말을 했을까.

필자의 단견이지만 주변에서 학연, 지연 잘 찾는 사람 치고 유능한 사람 보지를 못 했다. 심리적으로 자신의 부족함을 핵우산이나 울타리에 기대어 직무를 수행한다면 그보다 더 초라한 삶이 어디 있겠는가. 설령 그 연줄이 백년, 천 년을 간다 해도 언제까지 남의 뒷꽁무니에 붙어 기생하는 인생을 살 것인가? "끈 떨어진 조롱박 신세"라는 속담이 시사하듯 자기 능력에 의지하지 않고 연줄에만 의지하여 행세하는 사람은 언제든지 그런 처량한 신세가 될 수 있다.

우리 삶을 수평, 수직으로 관통 교직(交織)하는 모든 사회적 소통 현상이 연줄에 의해 동맥경화에 걸리고 암종으로 작용한다면 국가적으로 얼마나 불행한 일인가. 연줄의 역기능은 효율을 드러내야 할 곳에서는 무능이 판치고, 연줄이 잠잠해야 할 곳에서는 꽹과리처럼 시끄러운데 있다.

문제는 이러한 연줄의 일탈행동을 소리 높여 꾸짖는 올곧은 원로 교육자가 없다는 점이다. 오히려 그 연줄에 비위를 맞추고 아부하여 개인의 출세와 잇속을 챙기려는 학문의 정도를 벗어난 곡학아세(曲學阿世)하는 무리들이 판을 치는 세상이 되었다.

따라서 무한 경쟁의 글로벌 무대에서 아류(亞流)는 통하지도 않으며 오로지 능력과 역량으로 말하는 인재가 필요할 뿐이다.

일부 시 · 도 교육청의 경우 연줄문화가 역기능의 도를 넘어 특정 이념 또는 특정 시 · 도의 자치 공화국(?)으로 착각하는 고위직 구성원이라면 특단의 대책이 요구된다. 예를 들면 특정 인맥 총량제를 신설하여 사회적 항체(抗體)로 하여금 그들만의 게토(Ghetto)로 착각하는 일이 없도록 고위직 임용제도 개선을 한 번 쯤 생각해 봐야 할 것이다.

(경기일보, 2008. 4. 19)

정치인, 언론인, 공무원의 공통점

우리나라에서 정치인, 언론인, 공무원의 공통점은 무엇일까?

정답은 국제 경쟁의 무풍지대라 한다. 다시 말해서 사활을 건 국제경쟁 없이도 직무수행 하는 데 전혀 지장이 없는 신의 직장이라는 것이다.(모그룹 부회장의 초 · 중등교장회 특강 중) 따라서 그들의 윤리 의식과 청렴성 및 국가관은 삼손의 머리털과 같아야 한다. 그런데 역린(逆鱗, 분노)을 건드리는 소리로 들릴지 모르지만 함량 미달자를 상당히 솎아내야 한다는 세간의 여론이다.

분명한 것은 지금까지 '갑'과 '을'의 관계에서 슈퍼 '갑'의 위치에서 군림한 것도 부인할 수 없다. 물론 동의하기 어려운 부분도 있을 테고 변명과 할 말도 많을 것이다. 하지만 자업자득한 부분도 없지 않으며 받아 들이기에 불편한 진실이라는 사실도 알아야 한다. 또한 냉정한 판단으로 오늘날 이 정도의 국가발전에 공헌한 부분도 간과해서는 안 된다.

전술한 집단은 국가 발전의 세 축으로 대단히 중요한 기관임에는 틀림이 없다. 아니 시너지(synergy) 원(源)으로 활용 되어야 한다. 그러나 국민의 인식이나 각종 통계는 우리를 우울하게 한다.

앨빈 토플러는『부의 미래』에서 변화의 속도를 기업이 100마일이라 했을 때 정부 관료 조직은 25마일, 학교는 10마일, 정치인은 3마일이라 했다. 또한 국민권익 위원회의 여론 선도층 510명의 부패수준 인식 실태 조사에 의하면 1위 정치인, 2위 공무원, 3위 언론인으로 인식하고 있다.

일반 시민보다 우월적 지위 내지는 시쳇말로 끗발(권한 및 권력)의 배경요인이 많다 해서 다 부패하고 나태해지는 것은 아니다. 오히려 그들을 감시 견제 감독하는 요인이 없고 위험요인이 높을 때 부정적 요인이 발생한다. 그 부정적 인식으로부터의 보호요인은 도덕성, 청렴성, 자존감 등이 착근되고 투명성이 담보될 때 신뢰 받는 집단으로 거듭날 수 있다. 인식의 전환이 필요한 사회 문제지만 사람은 누구나 선망 받는 직장 갖기를 원한다. 따라서 자기의 목표를 위해 부단히 노력하여 공정한 룰에 따라 원하는 직장에 취업한 사실을 제 삼자가 시기하거나 과소 평가해서도 안 된다. 같은 맥락에서 지난 학력의 길이나 깊이보다는 현재 능력의 넓이를 우선시 하는 풍토가 자리 잡을 때 진정한 공생의 건강사회 진입도 앞당겨 지기 마련이다. 민주주의란 이성적 다수에 의한 것이지 감정적 다수의 흥분에 기초해서는 더 더욱 안 되기 때문이다. 일부 진보 성향의 단체나 개인(진보성향 교수 포함)이 기계적 평등이라는 포퓰리즘을 등에 업고 비례적 평등을 무시하는 것도 소통과 사회발전의 암적 존재일 뿐이다.

문제는 지금까지 부정적 인식의 수준이 개선되었다고는 하나 보통 시민이 체감할 정도로 획기적이지 않으며 경제학에서 말하는 기저효과(Base effect)에 의한 착시 현상일 수도 있다.

어찌 보면 거칠었던 시대에 화상(火傷)을 입은 집단으로 매도될 수도 있으나 이제는 G20 정상회의를 개최할 정도의 위상에 걸맞는 덕목을 요구 받고 있는 현실을 직시해야 한다.

경험을 인정하고 쌓인 신뢰를 경력으로 치환해 주는 '테뉴어(Tenure 종신고용)사회'에서 자기들만의 리그로 안주해서는 안된다.

1961년 고려대생 377명의 여론 조사에서 응답자의 86%는 '서구 민주주의는 한국에 적용될 수 없다'고 응답하였다. 과연 그런가? 위대한 대한민국의 미래를 위해 당신들은 더 뛰어야 한다.

(중부일보, 2010. 11. 30)

학연(學緣)·지연(地緣)

한국 사회의 병리 현상 중 첫째를 꼽으라면 학연 지연에 의한 역기능을 들 수 있다.

DJ정부 시절 모 방송국 기자가 쓴 글을 보면 우리나라는 대통령이 바뀌면 4천 자리 정도에 자기 사람을 심는다고 한다. 미국의 클린턴 대통령도 측근 3천 여명을 주요 포스트에 기용했다 하니 대통령의 국정 철학을 구현하기 위한 순기능 측면에서는 바람직한 일이다. 뿐만 아니라 장관의 종류도 우리나라는 세계에서 가장 많은 나라로 27개, 미국 14개, 일본 11개로 장관 풍년 시대를 살아가고 있다고 한다.

관건은 인재를 등용할 때 중요한 잣대가 능력이 아니라 위인설관(爲人設官)과 학연 지연에 의하여 착시현상을 일으킨다면 그가 소속될 조직 더 나아가 국가적으로 대단히 불행한 일이 아닐 수 없다. 역사학자 이덕일 교수는 공신들의 나라(조직)는 불행하다고 하였다.

왜 그럴까? 물론 모든 공신이 사회악은 아니다. 시대정신에 자신을 바침으로써 새로운 역사를 여는데 이바지한 공신들은 역사적 정당성을 갖는다. 그러나 자기 희생의 결과로 얻게되는 사회적 존경 이상의 것을 요구할 때 공신 집단은 역사의 극복대상으로 전락한다.

정권창출에 이바지한 공신들, 민주화 공신들, 노동운동 공신들, NGO운동을 개척한 시민운동 공신들, 근대화 공신들, 선출직 단체장에 공헌한 공신들 등등 …….

공신이란 이유로 특권 및 특혜를 누리려할 때 그들은 이미 극복 대상으로 전락하는 것이다.

직장인 828명을 대상으로 파워잡(power job)이 실시한 인터넷 설문조사에 의하면 직장내에서 승진에 가장 큰 영향을 미치는 요소로 인맥이나 학벌, 경영자 등의 연줄을 꼽은 직장인이 무려 2명 중 한명 꼴로 조사됐다. 직무 역량이 부족한 자가 학연 · 지연에 의하여 공신의 탈을 쓰고 중용이 되는 순간 부터 그 조직 더 나아가 국가는 불행의 단초가 된다.

요즘 교원능력 평가에 대해 다양한 의견들이 회자되고 있다.

교육부의 진의를 믿지 못하고 왜곡되고 굴절되어 설이 난무한다. 결론부터 말하자면 원론적으로는 찬성을 하고 도입을 해야 한다. 왜냐하면 사회가 온정주의에 의한 연공서열의 패러다임이 바뀌고 있다. 바뀐 그 자리에 가치 효율성, 즉 직무적합성을 과학적으로 분석해 적자생존의 경쟁체제로 전환되고 있다. 따라서 민간부문이 선도하고 정부기관이 마지못해 뒤쫓아가는 현상으로 교직사회만 무풍지대로 막을 수도 피할 수도 없는 시대적 대세이기 때문이다.

필자는 다른 항목에 대해서는 거두절미(去頭截尾)하고 동료 평가의 역기능에 대해서만 본회의 입장에서 피력하고자 한다.

인하대 김흥규 교수는 '저질 정치문화의 오염 실태를 한탄하면서 대학교수와 대학생, 초·중등교원, 종교계, 더 나아가 학교현장에서 기성 정치인 뺨치는 저질 사례를 하루 빨리 청산해야 한다'고 말하고 있다.

초등학교의 경우 다양한 스펙트럼의 학연과 지연에 의한 인적 구성으로 특정 학교 또는 특정지역 교사가 많을 때 타지역 및 타학교 출신은 비슷한 조건에서는 좋은 평가를 받기가 현실적으로 불가능에 가깝다. 물론 극히 일부의 예외는 있을지언정 이 점은 일선 현장의 숨길 수 없는 현실이다. 투명하고 합리적인 인사제도가 뒷받침될 때 직무 만족도가 높아지고 따라서 교수-학습 효율은 배증 될 것이다.

상술하면 A교사와 B교사가 근평을 놓고 경합을 할 경우 관행적으로 수석부장인 교무부장이 상위를 받아야 하지만 B교사가 특정 학연이나 지연에 절대 우위에 있다면 평가는 해보나 마나 B교사가 이길 수밖에 없다. 이 점이 해결하고 짚고 넘어가야 할 과제다.

판자 두 개를 합치면 6배의 힘이 발생하고, 콩, 팥 등 콩과 계열(pea family)을 서로 가까이 심으면 3배 이상의 수확을 거둔다고 한다.

그러나 한국사회의 뿌리 깊은 패거리 문화 즉 학연과 지연에 의해 왜곡되는 망국적 병폐가 학교현장까지 중병이 들어 치유불능의 상태가 오지 않을까 심히 우려된다.

(경기일보, 2007. 3. 28)

혁신학교, 무상급식, 학생인권 조례

'사향노루는 바람 부는 언덕 위에 서지 않는다'는 중국 고사가 있다. 겸양지덕의 교훈을 시사한다. 정책이 좋으면 가만히 있어도 주변에서 적극적인 추천 및 구전 마케팅을 통하여 주위에 알리는 등 충성 고객이 저절로 확보 된다.

그런데 요즘 전국적으로 정치와 교육의 관계는 부엌과 화장실의 거리처럼 멀면 멀수록 좋다는 말이 실감 난다. 교육의 정치적 중립성은 헌법이 보장하고 있으나(헌법31조), 각 시 · 도 교육감이 주민 투표로 선출되기 때문에 지극히 정치적이 되었다. 따라서 투표 행위 자체가 정치성을 내포하고 있기에 법률로 강제하기에는 타당하지 않다는 여론도 있다. 이러한 현실에서 정치권이 정치적으로 이용하고 오히려 당사자가 더 정치적일 수도 있다.

오늘날 시민사회는 매우 다양한 이념적 스펙트럼과 상충되는 이해 관계를 포괄한다. 똑같은 정책을 놓고 교육의 본질보다는 그렇지 않은 일에 학생과 학부모의 이름을 들먹거린다. 그것은 언어의 유희일 뿐이라는 교육적 반론이 더 설득력이 있어 보인다.

절망의 언어가 적자라면 희망의 언어는 흑자라는 말이 있다. 포퓰리즘 정책이 희망의 언어라고 착각하면 대단한 오산이다. 전국적으로 핫 이슈가 되고 있는 혁신학교, 무상급식, 학생인권조례는 찬반 양론과 함께 뜨거운 감자다. 눈 내린 들판을 밟아갈 때에는 모름지기 그 발걸음을 어지럽히면 안 된다. 오늘 걷는 나의 발자국은 반드시 뒷사람의 이정표가 될 것이기 때문이다. 정책을 추진하는 당사자들은 뒷사람의 이정표에 하늘을 우러러 한 점 부끄럽지 않은 평가를 받을 수 있도록 교육적이고 순수성을 갖어야 할 것이다.

올해 수출의 흑자 규모가 세계 7위로 전망된다고 한다. 정말로 대단한 나라다. 여기까지 오기에는 흔들림 없는 교육의 정체성 확립과 교육 선배들의 피땀 어린 공을 결코 잊어서는 안 된다. 어느 날 갑자기 번영된 오늘이 이루진 것이 아니기 때문이다. 네델란드가 G20에 초청해 달라고 치열한 로비를 벌였다고 한다. 정말 자랑스럽지 않은가? 행여 에펠탑 효과(반복노출 효과)에 의한 다른 속셈이 있다면 교육적으로 대단히 불행한 후과(後果)를 예상해야 한다.

역사학자 이덕일 교수는 『성공한 군주 실패한 개혁』에서 공신의 나라는 망한다고 하였다. 공신은 공신의 책무로 끝을 맺어야 성공한 군주가 될 수 있다고 한다.

특별전형이나 특채형식으로 공신을 배려하고 자기 사람을 특별히 우대한다면 침묵하는 다수는 개혁의 옳고 그름을 떠나 정서적 비토 세력으로 될 수밖에 없다. 그들의 촉수가 일선 교육계에 신선한 청량감으로 작용할지 아니면 반작용으로 작용할 지는 지난 역사가 교훈하고 있다.

이럴 때 일수록 고위직의 자격에 제척사유(除斥事由)를 분명히 하여 불신을 없애야 할 것이다. 한비자는 "군주는 마음속으로 신하와 100번의 전쟁을 벌인다."고 했다. 이는 군주와 신하가 항상 대립한다는 뜻이 아니다. 군주 입장에선 선정의 방법을 찾기 위해 끊임없이 신뢰와 배제 사이의 '고독한 외줄타기'를 한다는 뜻이다.

흔히들 공무원은 영혼이 없다고 자조적으로 말한다. 이제는 영혼이 있고 소신 있는 교원을 국민들은 보고 싶어 한다. 혁신학교, 무상급식, 학생인권조례는 열하일기처럼 길 잃은 시대의 이정표일까? 아니면 교육계의 암종일까?

(경인일보, 2010. 12. 16)

경기방송

▲ 학생인권 조례 토론 : "역기능과 부작용을 떠나 조례 만능이 아니라 학교문화로 접근해야 한다는 취지로 시청자의 공감을 높이 평가 받았다."

5부

학생과 학부모

이천 도립리 반룡송(利川 道立里 蟠龍松) : 경기도 이천시 백사면 도립리 천연기념물(제381호) 소나무

1만 시간의 법칙

세상 대부분의 사람들은 평범하게 살아간다.

그런데 그 중 어느 부분의 탁월한 재능으로 영웅이 된 사람들이 있다. 그러나 재능은 성공의 필요조건이지 충분조건이 아니다.

빌 게이츠가 십대 시절 마음껏 프로그래밍 연습을 하지 못했더라면, 그는 지금의 빌 케이츠가 되지 못했을 것이다. 빌 조이도 마찬가지다. 선 마이크로시스템의 창립자가 아니라, IBM같은 기업에서 근무하는 평범한 엔지니어로 생을 마감했을 것이다. 축구스타 마라도나는 가슴 트래핑 연습만 하루 5천 번씩 하였다고 한다.

PGA 8승의 최경주 선수도 골프 유망주들에게 세계적 선수가 되려면 하루 천개 이상 드라이버 샷과 천개 이상의 퍼트 연습을 주문했다. 자신이 없다면 골프에 인생을 걸지마라 하였다.

신경과학자인 다니엘 레비틴은 어느 분야에서든 세계 수준의 전문가, 마스터가 되려면 1만 시간의 연습이 필요하다는 연구 결과를 내 놓았다.

작곡가, 야구선수, 소설가, 스케이트선수, 피아니스트, 체스선수, 숙달된 범죄자까지 그 밖의 어느 분야든 연구를 거듭하면 할수록 이 수치의 신뢰도를 확인하였다.

1만 시간은 대략 하루 세 시간, 일주일에 스무시간씩 10년 간 연습한 것과 같다. 두뇌는 진정한 숙련자의 경지에 접어들기까지 그 정도의 시간을 요구하고 있음을 알았다.

1만 시간의 고된 연습을 하려면 그 정도의 세월이 필요하다. 따라서 1만 시간은 위대함을 낳는 '매직넘버'이다.

아인슈타인의 상대성 원리를 설명하면서 '미녀와 함께 있는 시간은 1분 같고 뜨거운 난로 위의 1분은 1시간 같다"라고 설명한다.

청소년들에게 시사하는 바가 지대하다.

우리 주변에는 '위기에 빠진 천재들(The Trouble With Geniuses)'이 넘치고 있다.

첫째는 사회분위기이다.

얼마 전 국가인권위원회는 일부 학교에서 특정학교(소위 명문대학을 일컬음) 합격을 홍보하는 홍보물의 게시행위를 자제하는 것이 바람직하다는 의견 표명을 하였다(11. 28)

학생들의 과열된 경쟁과 학부모의 오도된 교육열의 역기능에 기인한다고 사료되나 뒷맛이 개운치 않다.

그렇다면 성공담이라든지 위인들의 이야기도 널리 홍보가 되면 안 된다는 논리와도 비슷한 것 같다. 인생의 화로를 쉬지 않고 끊임없이 풀무질한 결과 자기가 바라는 목표에 도달한 사례를 여러 사람 앞에 홍보하여 그렇지 않은 학생들로 하여금 동기부여의 기회로 적절히 활용하는 것이 교육적 순기능이며 더 교육적이라 판단된다.

어려운 목표에 도달한 학생 또는 그 밖의 유명인사의 언어는 생명력을 갖는다. 가치와 지향, 집단 소망을 투사(投射)하기 때문이다. 핀란드에서는 '남자가 자기가 한 말을 지키지 못 하면 집을 팔아라'는 속담을 귀담아 들어야 한다.

그 다음에는 학생들 자신의 의지력 결핍과 나약함이다.

압축 성장의 결과 물질적 풍요는 우리의 삶을 윤택하고 편리하게 하였다. 더불어 청소년 시절은 다른 사람들의 시각으로도 세상을 볼 수 있는 공감능력과 함께 다양한 아이디어를 받아들이고 실험해 보는 흡수능력을 키워야 한다. 오늘날의 교육은 '아는 지식'에 머물렀지 '실천할 수 있는 행동 양식'으로는 전이되지 않는 결함이 있다.

생각은 말이 되고 말은 행동이 되고 행동은 현실이 되어야 한다. 따라서 경쟁은 자기 발견의 절차이고 자기 발전의 동력이다. 더욱이 글로벌 인재의 육성은 경쟁과 자기와의 싸움에서 지면 얻을 수 없는 과실(果實)이다.

청소년들은 때로는 보헤미안처럼 방황을 해도 먼 장래를 볼 때 어린 시절의 치기(稚氣)로 무시하면 안 된다. 아무리 난세(亂世)요 탁류(濁流)라 해도 국가의 희망은 그들에게 있다.

실존주의 철학자 샤르트르의 말처럼 "세느 강변의 다락방에 불이 꺼지지 않는 한 프랑스는 망하지 않는다."고 하였다.

왜냐하면 역사는 언제나 진실된 스승이기 때문이다.

(경기일보, 2012. 1. 3)

2014, 새 학년을 맞으며

초 · 중 · 고등학교의 새 학년 새 학기가 시작 되었다.

아프리카 사막 한 가운데 있어도 사교육을 시킨다는 교육열, 교육 문제는 귀신이 와도 해결 못 한다는 조소(嘲笑), 인재 5% 집단에 있는 우수한 교사, IT 강국다운 뛰어난 교육 인프라 등 우리나라 교육의 명과 암이 혼재한 현 주소이다.

헌데 "한국 학생들은 하루 15시간 동안 학교와 학원에서 미래에 필요치 않은 지식과 존재하지도 않을 직업을 위해 시간을 낭비하고 있다."라고 한 미래학자 앨빈 토플러의 말을 새겨들어야 한다.

최근 연구에 의하면 현존하는 직업의 1/4은 25년 전에는 없었던 직종이며, 향후 25년 후에는 현존하는 직업의 약 1/2정도가 새로 생기거나 직무내용이 달라질 것으로 전망하고 있다. 그는 『제3물결』에서 「인류는 인체를 사전에 설계」하고 「기계를 재배」하며 「두뇌를 화학적으로 프로그램화」하고 「영양생식」을 통해 인체를 똑같이 복사하여 새로운 생명체를 창조해 낼 수 있을 것이라고 예언을 했다.

DNA재합성 방법이 발견되지 않았던 그 당시(1973 이전)에는 이러한 예측을 공상과학 소설에나 있을 내용이라 믿고 있었다.

과학 평론가 리치 캘터는 「인간이 종전에 플라스틱이나 금속을 다루던 것처럼 지금은 생명 있는 물질을 제조하고 있다」고 말하고 있다. 이와 같은 유전공학 및 생명공학의 눈부신 발전은 신의 영역까지 넘보는 시대가 도래되고 있다. 미 플로리다에 사는 에드가, 니나 오토 부부는 11년 동안 키우며 자식처럼 정들었던 렌슬럿이 지난 2009년 암으로 죽자 15만 5000달러의 거금을 들여 복제에 나서 화제가 된 바 있다. 당시 미 바이오아츠사가 내건 세계 최초의 상업적 복제견 경매를 따내 렌슬릿의 DNA는 한국으로 보내져 황우석 박사에 의해 복제 되었다.

오토부부는 이제 성견이 된 랜슬럿 앙코르가 이전 랜슬럿의 성격, 행동, 또는 짓는 표정까지 똑 같다고 흡족해 했다.

최근에는 뉴욕 타임즈가 「한국은 SF가 현실이 된다」고 하면서 한국은 공상과학 소설에 나올법한 내용이 현실이 되고 있다고 보도하였다.

스티븐 코비 박사는 '지식근로자 시대'의 '지식 기반 사회'라 하였고, MIT 대학의 앤드루 맥아피 교수는 '제2의 기계 시대(The Second Machine Age)'라 칭하였다.

그렇다면 학교는 학생 교육을 어떻게 해야 할까.

필자에게 교육 상담하는 학부모들의 대다수는 자녀들의 적성과 소질은 고려치 않고 학부모의 희망대로 성장하기를 배경에 깔고 있다.

계백 장군의 결사대(決死隊)가 황산벌로 떠나듯 아이를 학교에 보내고 오도된 교육열에 사활을 건다. 생쥐도 단 하나의 구멍에 운명을 걸지 않는다고 한다.

항용 그렇듯 상담 중 가장 빈도가 많은 말은 '애가 머리는 좋은데 노력을 안 해' 인데 그것은 재능이 아니라 잔재주로 분류해야 맞다.

재주와 재능을 혼동하지 않는 지혜가 필요하다.

인간은 누구나 자기가 하고 싶은 일을 할 때 가장 행복하고 자아 효능감 또한 극대화 된다. 아인슈타인의 상대성 원리를 설명하면서 "미녀와 함께 있는 1 시간은 1분 같고 뜨거운 난로 위의 1분은 1시간 같다."는 이치와 같다.

학생의 첫 번째 필수 과제는 독서다.

왜냐하면 독서야 말로 학생들이 가야할 길의 거울이요 봉화가 될 것이기 때문이다.

독서 다음으로 경청의 힘을 길러야 한다. 『Listen : 5분 경청의 힘』의 저자 버나드 페라리는 "귀 기울여 듣는다."는 것은 인생을 변화 시킬 수 있는 유일한 방법이라 하였다. 그 후 성공과 실패의 교육적 적응력을 길러야 한다.

『다윗과 골리앗』의 저자인 말콤 그래드 웰은 "세상은 골리앗이 아니라 상처받은 다윗에 의해 변화 한다."고 하였다. 공기 중 인체에 해로운 세균이 있다고 평생 무균실에서 살 수는 없지 않은가.

따라서 "불 사이를 지나지 않으면 금(金)이 정련(精鍊)되지 않고, 겨울이 지나야 봄이 온다."는 평범한 진리의 교육이 요구된다.

(중부일보, 2014. 3. 2)

방학(放學)이 더 고단한 학생들

초 · 중등 학교가 정도의 차이는 있지만 방학이 시작되고 있다. 초 · 중등교육법에 의하면 초등의 경우 연간 수업일수는 190일이다.

수업시수가 법으로 강제되고 있어 대략 195일 전후를 수업일수로 하여 연간 교육과정을 운영한다. 특히 겨울방학 여름방학 학년말 휴가는 학생들에게 신나는 기간이다. 필자의 어린 시절을 회상해 보면 방학에 외갓집이나 이모 고모님 댁에 가서 여러 날을 먹고 자면서 사람 사는 맛(정)을 느끼며 지냈다. 지금도 그 시절이 너무나도 그리운 건 필자만의 생각이 아닐 것이다. 그러나 오늘날의 방학은 학생들에게 오히려 고단한 시간이라고 하소연 한다. 왜냐하면 소득이 높아지고 생활문화가 바뀌다 보니 방학의 패러다임이 바뀌는 건 일정 부분 이해가 된다.

그런데 방학이면 독서와 여행 등의 낭만은 온데 간 데 없고 온통 학원의 방학특강에 맞춰 제2의 학교생활을 하다 보니 학생들은 고단할 수밖에 없다. 사교육비를 지불하고 수강하다 보니 결석을 할 수도 없다. 더불어 부모님들의 강요에 의한 학습이다 보니 더욱 더 학습동기가 유발되지 않는다. 가정경제는 궁핍해지고 학생들의 방학은 불만족스러운 악순환의 연속이다.

물론 방학의 순기능을 아주 유의미하게 보내는 학생도 많다. 그러나 대부분의 학생들은 취미와 소질에 관련된 여가 선용보다는 심화 보충학습에 할애한다.

그렇다 보니 청소년들의 건전한 성장을 위협하는 유해한 환경요인이 증가하고 있다. 학생신체능력 상위등급(1, 2등급)은 ('00)41% → ('08)33%로 감소한 반면, 최하위등급(4, 5등급)은 ('00)31% → ('08)42%로 증가하고 있다.('00~'08년 학생신체능력검사 결과보고, 교과부)뿐만 아니라 청소년 인터넷 중독 학생이 11만 8천여명(94만 중)으로 심각한 지경에 이르고 있다(한국정보화진흥원, '09)

청소년기 수면시간이 일본, 미국과 비교해 1시간 이상은 적은 실정으로 우리나라 청소년의 삶의 만족도가 OECD 국가 중 최하위 수준으로 파악되고 있다.

기초체력의 저하, 높은 스트레스 등 청소년의 신체적 · 정신적 건강이 취약함은 개인적으로나 국가의 장래를 볼 때 시급히 개선시켜야 한다.

일부 정치교사들의 이상주의적 레토릭(修辭:수사) 교육이 불신

받는 현실에서 공교육의 희망을 찾아야 한다.

철학자 베이컨은 "건강한 육체는 영혼의 거실이고 병든 육체는 영혼의 감옥"이라 하였다. 건강을 위한 즐기는 스포츠를 방학에는 맘껏 누릴 수 있도록 해야 한다.

각종 클럽 스포츠도 좋고 국토순례 대행진, 등산, 둘레(올래)길 등 학생들의 취미와 적성에 맞는 다양한 운동을 경험하는 것이 교육적 효과성이 좋다.

다음에는 동서양의 인문 고전을 탐독할 수 있도록 도와 주어야 한다.

오늘날의 학교 도서실에는 인문고전 뿐만 아니라 다양한 책이 너무나도 많이 비치되어 있다. 더 나아가 방학 중에도 냉 · 난방은 필수여건이고 사서들의 도움이 언제라도 준비되어 있다. 필자의 교직경험 상 시골이나 도시를 불문하고 책이 없고 도서실이 없어 독서를 못 한다는 것은 어불성설(語不成說)이다. 굳이 이유라면 본인들의 독서의지가 없거나 관심 밖 일뿐이다.

마지막으로 봉사활동의 경험을 쌓아야 한다.

우리나라의 고장 난 민주주의의 민낯은 봉사정신의 부재에 기인한다. 특히 청소년들의 순수한 자원봉사활동이 내신 때문에 의무봉사 활동이 되지 않도록 가정, 학교, 사회의 상시적이고 지속적인 관심이 요구된다.

(조선일보, 2012. 1. 16)

어린이 신문 읽기 교육은 꼭 필요하다

초등학생들의 건전한 언론문화는 어린이 신문 읽기에서 습관화 되는 것이 교육적으로 매우 유익하다. 그런데 가정과 학교 어디를 가도 영상매체와 SNS의 르네상스 시대이다. 이는 문명의 이기(利器)로서 신속성, 편리성, 대중 전파성이 강한 특징이 있다. 그러나 오염된 성인문화에 무방비로 노출되어 초등학생들의 비교육적인 문제가 한 두 가지가 아니다.

신문과 같은 인쇄매체는 성찰이 먼저이고 반응은 나중이지만 영상매체와 SNS는 반응이 먼저이고 성찰이 나중이다. 이렇다 보니 사색과 논리는 실종되고 나꼽수 같은 조롱이 판을 친다. 역기능이 부메랑이 되어 자신을 겨누기도 한다. 우리나라처럼 디지털 풍요를 누리고 있는 나라도 드물다. 그런데 역설적으로 그 풍요만큼 사회가 경박(輕薄)해 지고 있다. 사람들이 생각보다 직감이 앞선다.

영상과 디지털 정보가 허망한 이유는 보고나면 곧장 잊어버리는 휴발성에 있다. 이와 같은 현상은 영혼을 말하는 사람들(소설가, 성직자)까지 트위터에서 지성의 혼돈에서 헤어나지 못하고 있다.

최근에는 국가의 가장 양심세력이자 최후의 보루인 판사까지도 가세한다. 게다가 더 큰 문제는 초등학생도 어른들 흉내를 내며 따라 하는데 있다.

지구상에는 대략 6천 7백여 개의 언어와 3백여 개의 문자가 있으며 그 중 현재 인류가 사용하는 문자는 30여개라 한다. 대문호 세익스피어의 글을 분석해 보면 대략 2만 천개 정도의 단어를 사용하였다. 반면 세계 3대 고전 극작가인 라신은 2천개 정도의 어휘를 사용했다고 한다. 세익스피어는 12개 단어 당 하나 꼴로 새로운 언어를 창조했다니 천재적인 어휘력과 조어능력을 타고났다고 여겨진다. 풍부한 어휘는 언어생활의 품위를 높여주고 그 사람 지성의 수준을 나타내는 대리지표(Proxy)이다. 더불어 언어는 '사회의 거울'이기도 하다.

그렇기에 신문 읽기를 통하여 자연스럽게 어휘력과 독서습관을 신장시켜야 한다. 그 후 초등학생들의 언어생활에 품격 있는 기저(基底)문화로 체화되게 해야 함은 학교의 주요 책무성이다. 어린 시절부터 신문을 읽고 배우며 토론함으로써 자연스럽게 언론의식, 민주의식, 시민의식을 깨닫게 하여 올바른 민주시민의 소양을 갖출 수 있다. 항용 그렇듯이 모든 학문의 기초는 문자를 읽고 쓰는 데서 출발한다. 신문은 정보가 문자 위주로 담겨 있으며 그 압축정보 또한 정제되어서 신뢰도가 매우 높다.

각 학교에서는 신문 활용수업(NIE)을 통해 어린이들의 학습과 고급언어습득, 건전한 가치관 형성 등의 순기능이 지대함은 이미 여러 연구사례가 방증한다. 한데 유료 구독에 따른 부담감으로 활성화에 제약되는 측면이 많다. 그뿐만 아니라회계 감사의 경직성으로 학교장은 신문 구독을 기피하거나 소극적으로 임한다. 왜냐하면 신문구독이 부교재 성격의 청렴으로 비화되는 스캔들이 생기면 학교장은 유리창에 '쩍'하고 금이 가는 것과 같다. 일평생 일궈온 명예가 일순(一瞬)에 추락한다.

차제에 교육 당국은 건전한 어린이 언론문화 창달을 위해 특별 예산 편성을 주문해 본다. 어린이들의 학력과 체력이 아무리 좋아져도 건전한 가치관(인성)과 민주시민 의식이 성숙되지 않으면 여의주 없는 이무기에 불과하다. 공교육은 경제성보다는 교육적 공익성에 방점이 있고 어린이들의 오염된 문화의 치유보다는 예방교육이 더 경제적이다. 특히 초등학생들의 언론 문화와 같은 교육투자 비용은 단기간에 성과물이 나오지 않는 특수성이 있다.

다양성을 생명으로 하는 어린이문화에 어린이 신문 읽기는 그들의 앞길에 등대가 될 것이라 믿어 의심치 않는다.

(조선일보, 2013. 3)

영상매체(SNS)와 인쇄매체

"낮 말은 페이스 북이 듣고 밤 말은 트위터가 듣는다"고 한다. 이 말은 우리나라 청소년 생활문화의 한 단면이다.

영상매체(SNS)의 일상성, 은밀성, 강한 전파성을 시사한다.

청소년들의 힘은 '손끝의 순발력'이라는 말이 실감 난다.

프랑스의 소설가 마르셀 에메는 '생존의 시간 카드'라는 작품 속에서 부자가 빈자에게 돈을 주고 시간을 사지만, 현실에서는 삼성과 애플이 만든 스마트폰이 공짜로 우리 시간을 빼앗아 가고 있다고 소설가 김영하는 일갈(一喝)한다.

더 나아가 청소년들의 영상매체(SNS) 속 언어를 보면 은어, 속어, 비속어, 조어, 국적불명의 신조어까지 영상매체의 영향권에 있다. 그들은 음성언어와 문자언어를 비틀고 구부리고 부러트리고 언어문화를 만신창이로 만든다.

이렇다 보니 청소년들의 정신건강에 이상 징후가 보이고 예후가 좋지 않다. 역기능 의 산물인 조급성, 폭력성, 고립성은 '회복 탄성력'에 회의를 품게 한다. 특히 감수성 예민한 시기에 인쇄매체를 통하여 가치관을 건전하게 하고 정신 건강을 살 찌워야 하는 중요한 시기가 아닌가.

우리나라 대중문화가 이끄는 한류와 함께 활자와 연관된 지식 문화도 세계인의 눈길을 끌게 해야 한다. 인문학에서 유행했던 '비동시성의 동시성(contemporaneity of the uncontemporary)'은 현재 한국사회에서 일어나는 청소년 문화의 기현상이다. 이를테면 우리나라 청소년은 높은 성취도와 낮은 정의적 태도의 부조화를 보인다. 인쇄매체의 깊은 가치와 영향력이 사라지는 가운데 "선지자의 시대는 가고 약장수의 시대가 왔다"고 문학 평론가 김태환 교수는 말하고 있다.

다산 정약용은 "제대로 된 지방관이라면 한 수레 쯤의 책을 가져가 공부를 하여 백성을 다스려야 할 텐데 요즘 현령들은 달력 한 장 달랑 들고 갈 뿐"이라고 개탄하였다.

제 두레박 끈 짧은 건 탓하지 않고 남의 우물 깊은 것만 욕하는 꼴이어서는 곤란하다. 한국교육개발원이 교육과학기술부의 용역을 받아 지난 1월 제출한 초 · 중등학생의 독서 실태에 따르면 전국 초등 4년~고교 3년생을 대상으로 진행한 설문조사 결과, 고교생의 월 평균 독서량은 3.13권으로 초등학생의 15.92권의 1/5 수준인 것으로 나타났다. 중학생은 5.2권으로 고교생보다는 많았지만 초등생보다는 현저히 낮았다. 이유야 분분하겠지만 학교 교육과정에 획기적인 전환이 요구된다.

더욱 충격적인 것은 2010년 한국 교육학술정보원에 의뢰해 우리나라 대학생들의 독서량은 연평균 11.5권으로, 북미연구 도서관 협회에 가입한 세계 113개 대학의 평균인 26.5권에 비해 반도 안 된다. 전문가들은 책을 못 읽도록 만드는 대학 풍토를 시급히 개선해야 한다고 주장한다.(황금숙. 대림대 교수) 더불어 성인의 독서량을 보면 1년에 한국 14.8권, 중국 4.35권, 일본이 40권이다.

정부와 각 지자체는 시민들의 인문학적 소양을 신장시키기 위한 독서풍토 조성에 행정력을 쏟을 때가 됐다. 그 후 인문강좌, 시인의 낭송회, 독서토론회, 문학창작교실 등 우리의 영혼과 삶을 풍요롭게 하는 럭셔리한 '보이지 않는 잉크(Invisible ink)' 문화에 눈을 돌려야 한다. 왜냐하면 그 나라의 인문 교양수준은 독서량에 비례하고 독서는 삶과 정신세계의 가치사슬에서 앞부분에 자리하기 때문이다.

그러한 의미에서 부천시청의 독서 문화예술 특화사업은 시의 적절성과 시민들의 어메니티(Amenity: 인간이 생태적 · 문화적 · 역사적 가치를 지닌 환경과 접하면서 느끼는 매력 · 쾌적함 · 즐거움이나 이러한 감정을 불러일으키는 것을 말함) 측면에서 평면행정이 아닌 입체행정의 좋은 본보기라는 시민들의 평가다.

(중부일보, 2013. 1. 7)

위기의 청소년 누구의 책임인가?

가정이 건강해야 청소년들이 건강하며 그들의 건강성은 국력의 지표가 된다 해도 과언이 아니다.

청소년은 가족관계에 있어서 상당한 변화를 겪는 시기로 그들의 성장과 변화는 그동안 가족이 유지해 왔던 균형을 깨뜨리는 결과를 초래하며 적지 않은 가족 간의 갈등을 유발하기도 한다.

이러한 청소년들의 변화는 청소년 부모들이 겪는 위기와 결합되어 보다 복잡한 양상을 보이고 있다. 주로 40대인 청소년 부모들은 이른바 "중년의 위기(midlife crisis)"를 겪는 경우가 많다. 청소년들은 신체가 급속히 성장하고 2차 성징이 발달하면서 신체적 매력이 증가하는 반면 부모들은 그 반대의 현상을 겪게 된다. 청소년들은 자신의 꿈과 이상을 키워나가며 미래에 대한 희망이 증가하지만 반대로 중년의 부모들은 다양한 삶의 우여곡절을 겪으며 현실에 좌절하거나 미래에 대한 희망이 줄어드는 경험을 하게 된다. 또한 청소년들은 성장하면서 가정과 사회에서 독립심을 인정받고 책임감을 키우며 삶이 희망찬데 반해 대부분의 중년의 부모들은 이미 성취한 힘과 지위를 유지하는 것에 만족해야 하는 형편이다. 결국 한 가정에서 부모와 청소년은 서로 상반된 경험을 하고 있는 셈이다. 이와 같은 심리적 동선의 갈등뿐만 아니라 자녀들 앞에서 폭력과 폭언을 사용하는 표출적 갈등이 많을수록 초 · 중학생은 자아 존중감이 낮아진다고 한다. 고등학생의 경우는 자아 정체감이 형성되는 시기로 더욱 중요하며 부모의 갈등은 당사자만의 문제가 아니라 자녀들의 부적응 행동과도 밀접한 연관이 있음은 여러 연구가 입증하고 있다.

위기의 가정 그 뒤안길의 결과는 다음과 같다.

청소년 10만 명 당 자살 인구 265명, 게임중독 학생 29.3%(한국 청소년 상담원, 2006), 가출 학생 1만 3천명(실제 10만 명 정도로 추산), 성매매 여성의 평균 유입연령 18.9세(새움터)이며 그 중 73%가 13-19세에 유입된다고 한다. 그들은 유흥 및 단란주점(37.7%)에 이어 속칭 티켓 다방(33.33%)에서 헤어 나올 수 없는 나락의 길로 빠지고 있다(청소년 보호 위원회). 청소년 흡연률은 32.6%(91)에서 올해는 20.6%로 감소 추세에 있지만 흡연 연령이 낮아지는 데 문제의 심각성이 있다. 사회의 그늘진 곳을 숙주(宿主)로 하여 독버섯처럼 번져 향후 그들은 사회의 암종(癌腫)으로 작용할 것은 너무나도 자명하다.

이와 같은 현상은 우리나라 청소년들의 어두운 그림자이자 해결해야 할 과제다. 그들이 병든 상태로 성인이 되었을 때 국가가 감당해야 할 사회적 비용(Social Cost)은 천문학적으로 예상되기 때문이다. 그렇다면 정신적으로나 신체적으로 건강하게 자라야 할 청소년들의 부적응 행동의 원인은 어디에 있으며 치유할 처방은 무엇일까?

심리학자 프로이드에 의하면 인간의 인성은 5-6세에 80%가 형성된다고 한다. 또한 청소년의 부적응 행동은 문제의 가정에서 근원한다고 전문가들은 말하고 있다.

가정교육 기능의 중요성을 말해 주는 견해라 사료된다.

그런데 우리나라 가정의 건강성을 말해주는 단적인 예를 보자.

OECD 국가 중 이혼률을 보면 미국(51%), 스웨덴(48%)에 이어 한국(47.4%)이 3위이다.

왜 이렇게 이혼이 급증하고 있을까? 여러 견해가 있을 수 있으나 여성의 경제력과 교육수준의 향상, 문명의 현대화에 따른 전통과의 가치충돌 때문이라고 판단된다. 이혼가정은 당사자들만의 문제가 아니라 양육하여야 할 자녀들에게 씻을 수 없는 상처를 주고 그들의 정서적 공황과 후유증은 부적응 행동의 원천으로 작용할 가능성이 농후하다. 사후 약방문(死後藥方文)이 되지 않기 위해서는 건강한 가정을 매개변인으로 하여 위기의 청소년이 발생하지 않도록 가정을 지키는 일에 우선해야 한다.

미국의 네브래스카 주립대학의 스티네트 교수는 건강한 가정을 이루는 요소를 6가지로 말하고 있다. 감사, 헌신, 가족과 함께

하는 시간, 정신적 건강, 의사소통(교통), 극복이라 하였다. 이와 같은 건강 가정 요소는 부적응 행동과 일탈행동이 없는 건강한 청소년의 원천이자 근원이라고 말할 수 있다.

이제 건강한 가정에서 청소년이 건강하게 성장할 수 있도록 우리 모두 지혜를 모아야 할 것이다.

(경기일보, 2007. 10. 25)

청소년들아! 인문고전(古典)에 빠져라

수능 후 고3 학생들의 생활지도로 전국의 고등학교가 몸살을 앓고 있다. 이러한 분위기는 중학교까지 전이 되어 건전한 청소년 문화 창달에 커다란 장애요인이다. 이 같은 현상은 대학입시제도, 학생인권조례, 교사의 생활지도 한계, 학부모의 오도된 교육열, 사회의 교육 유해환경 등 복합적인 요인에 기인한다. 해방 후 대학입시 제도는 크게 13번 정도 바뀌었고 작은 정책을 포함하면 35번 정도 바뀌었다고 한다.

세계사에 유래 없는 높은 대학 진학률의 우리나라는 영국, 미국, 독일, 일본 같은 선진국보다 훨씬 더 높은 비율이다. 대부분의 고등학생들이 대학에 진학한다고 해도 과언이 아닌 수치다. 대학진학률 추이를 보면 1980년대 27.2% 2008년 83.8% 지난해는 81.9%의 대학진학률로 6년 뒤에는 대학 정원보다 고교 졸업생이 적어지게 된다. 따라서 과도한 대학 진학률은 입시교육의 역기능과 대학 교육의 부실화를 유발하고 일부 대학은 정원조차도 채우지 못하는 실정이다. 물론 높은 대학 진학률과 양질의 고등교육 인력이 오늘날의 대한민국을 있게 한 것은 부인할 수 없는 사실이다. 그러나 지금은 그 욕구가 비정상적인 사회구조를 양산했으며 분명히 시정 되어야 한다.

따라서 대학입시 제도에서 특정한 정책 한 방으로 모든 문제를 해결할 수는 없다. 그러나 우리나라만의 독특한 입시문화를 합리적으로 개선하기 위해서는 초 · 중등 교육과정과 대학입시에 동서양의 인문고전을 탐독할 수 있는 제도 개선을 제안 한다.

감수성 예민한 청소년기의 가치관 형성 및 인격 발달에 이보다 더 좋은 특효약이 없다고 필자는 믿는다. 초등학생도 독서량이 많은 어린이는 수업에 대한 이해력의 월등함과 정신세계의 건전성은 여러 연구 논문이 방증하고 있다.

세상에는 두 종류의 책이 있다. 고전과 비고전, 고전은 짧게는 100-200년 이상, 길게는 1,000-2,000년 이상 살아남은 책을 말한다. 환언하면 천재들의 저작이다. 인문고전은 인류의 역사를 새로 쓴 진정한 천재들이 자신의 모든 정수(精髓)를 담아 놓은 책이다.

미국 명문 사립 중고교의 인문고전 독서 열기는 놀랍다고 한다.

플라톤의 「국가」를 읽고 소화한다. 도서관에서 플라톤의 「국가」를 주제로 집필된 모든 책을 찾아 읽고, 「국가」를 주제로 에세

이를 쓰고 토론도 한다.

이와 같이 인문고전을 철저하게 탐독하는 것이 미국의 명문 중고교에서는 일상이다. 인문고전의 본고장인 영국은 옥스퍼드나 케임브리지에 들어가서 그리스어 및 라틴어로 진행된 인문고전 수업을 듣고 에세이를 쓰고 토론을 한다. 프랑스의 인문고전 독서교육의 전통은 영국 이상이다. 엘리트 중 엘리트만 들어가는 그랑제콜에 입학하려면 그리스어와 라틴어를 자유자재로 읽고 쓸 줄 알아야 한다. 우리나라의 중 · 고교는 어떠한가? 굳이 설명이 필요하지 않다.

체구만 커다란 정신적 발육장애 학생을 양산하는 꼴이다.

이러한 중고생들과 우리나라의 중고생들과의 가치관과 청소년 문화는 하늘과 땅 차이이다. 역발산기개세(力拔山氣蓋世)!, 젊은 나이에 1만권의 책을 다 읽어도 채워지지 않을 왕성한 탐구욕을 지닌 시기이다.

인문고전을 탐독한 후 다른 사람들의 시각으로도 세상을 볼 수 있는 공감능력과 현인(賢人)들의 궤적을 받아들이는 흡수능력도 키워야 한다. 퇴계 이황, 반계 유형원, 다산 정약용의 인문고전 독서는 '반복독서→필사→사색→황홀한 기쁨→깨달음'으로 이어져 인문고전 독서의 극치를 보여주고 있다.

일반적인 '통독→정독→필사' 패턴에 인문고전 독서의 진정한 경지인 '사색'의 세계에까지 도달해야 한다.

2030세대도 촛불시위와 '콘서트' 트위트에 빠져 있을 때가 아니다. 청소년과 젊은 층 일수록 사회의 터무니없는 소설(小說)에 공감해야 '지식인'으로 착각하는 삐뚤어진 기류가 퍼져있는 것도 현실이다.

청소년들이 인문고전 독서에 빠져 열독하는 세상이 올 때 한류의 상승 기류와 함께 세계의 청소년 문화를 선도할 것이다.

(중부일보, 2012. 11. 26)

청소년의 언어 문화

문화는 문화를 만들어 낸다는 말이 있다.

문화를 창조해 내는데 한 몫을 하는 매체는 청소년들의 언어 문화에 지대한 영향을 미치고 있다.

50년대는 축음기, 60년대는 라디오, 70년대는 흑백TV, 80년대는 컬러TV, 90년대는 컴퓨터, 2000년대는 인터넷 세대라 부른다.

따라서 통신과 교통이 발달하지 않았던 옛날에는 오직 자기가 사는 지방의 사투리 정도만 쓰고 살았다. 그러나 오늘날에는 대중 언어 매체를 통하여 하루 아침에 전국적으로 퍼져 나가는 정보의 홍수 속에 살고 있다.

라디오, 신문, 잡지, 텔레비전 등의 발달과 보급은 청소년들에게 학습, 지식, 교양,의 습득이라는 순기능이 있다. 하지만 그에 따라 은어, 비속어, 유행어 등의 전파도 초고속, 초대형으로 일어나고 있다.

청소년의 언어 습관 개선을 위한 여성가족부와 교육과학기술부 등 5개 정부부처 합동으로 국무회의에 보고한 내용에 따르면 초중고생 1,260 명 중 925명(73.4%)이 매일 한 차례 이상 욕을 한다고 응답하였다. 반면에 욕을 전혀 하지 않는다는 학생은 5.4%에 불과하였다. 그 중 47%는 습관적으로 욕설을 한다고 응답하고 있다. 청소년의 욕설 습득 경로를 보면 또래 친구가 전체의 47%로 가장 많고, 인터넷 등 대중매체도 40.9%로 높은 비중을 차지하고 있다. 대화 중 욕설의 농도가 '시소(See saw)효과'까지 가세하여 점입가경이다.

중국에서 정확한 숫자를 알 수 없는 것이 인구, 요리, 한자라 한다. 그런데 우리나라 청소년들의 욕(은어, 비속어, 유행어)도 알 수 없을 정도로 많은 것이 현실이다.

"지렁이도 용(龍)님 이라고 하면 기뻐 한다."는 말이 있다.

청소년들의 총체적 삶의 양식이라 할 수 있는 행동양식, 사고방식, 심미적 취향, 말투, 의상 등에서 해법을 찾아야 할 것이다.

청소년들의 언어문화 실태를 보면, 주로 인터넷 상에서 익명성을 무기로 진화 및 확대 재생산 되고 있다. 최고 인기 신조어를 소개하면 이뭐병-이건 뭐 병신도 아니고, 쵸재깅-cyworld를 한글로 쳤을 경우에 나오는 말이다. 글자해체 사례는 ㄱㅅ-감사, ㅂ2ㅂ2-바이바이, 줄여 쓰는 사례는 셤-시험, 듣보잡-듣도 보지도 못한 놈이다. 소리 나는 대로 적는 사례는 시러-싫어, 머시따-멋있다 등이 있다. 이모티콘은 1980년대 미국의 한 대학생이 처음 사용한 것이 효시인데 초기에는 주로 미소 짓거나 우는 얼굴의 모습에서 출발하였다. 이 때문에 영어권에서는 스마일리(smiley)라 한다.

그 밖에 변이형으로 친구-친구, 안뇽-안녕 등으로 딱딱해지기 쉬운 컴퓨터 통신이나 채팅을 훨씬 더 부드럽고 재미있는 분위기로 바꿔 주기도 한다. 신조어로 ㄷㄷㄷ과 ㅎㄷㄷ은 덜덜덜과 후덜덜의 자음초성만 표기한 예이다. 지면상 다 상술할 수는 없지만 외래어 혼용과 더불어 학교, 인터넷, 가정 등 청소년 삶의 전반에 언어폭력은 이미 위험 수위에 와 있다.

외래어 남용 실태를 보면 청소년들도 일상으로 '오버한다', '필받다', '쿨하다'등을 사용한다. 어느 연구 자료에 의하면 신조어 656개 중 56%가 외래어 혼용이고 순우리말 신조어는 3.9%뿐이라고 한다.

언어는 의사소통의 도구일 뿐만 아니라 생각의 틀이라 할 때 언어문화의 질적 수준을 가늠하는 척도가 된다. 따라서 학교에서도 학생들의 건전한 언어문화 창달에 다양한 방법이 강구되어야 할 것이다.

차제에 청소년의 언어문화에 상당한 영향을 미치고 있는 라디오와 텔레비전 등에 등장하는 막말 연예인, SNS상에 수 만명의 팔로워(Follower)를 거느린 인기 있는 몇 몇 인사들의 사회적 책무성이 그 어느 때보다 절실하다.

(김기연 점동초등학교장)

학부모회의 역할과 기능

경기도교육청의 학교 학부모회 설치 · 운영에 관한 조례(2013. 2. 27)의 제1조(목적) 는 학부모회 설치와 운영에 관한 사항을 정하여 효율적인 학부모회 운영을 도모하고, 학부모들이 교육공동체의 일원으로 교육활동에 참여하여 학교교육 발전에 이바지함을 목적으로 하였다. 동법 제5조(기능) 학부모회는 학교교육발전을 위하여 다음 각 호의 사항을 수행한다.

1. 학교 운영에 대한 의견제시 및 학교교육 모니터링
2. 학부모 자원봉사 등 학교교육 활동 참여 · 지원
3. 자녀교육 역량강화를 위한 학부모교육
4. 그 밖에 학교의 사업으로서 해당 학교 학부모회 규정으로 정하는 사업

필자의 과문한 탓인지는 몰라도 OECD 국가 중 학부모회를 조

례로 규정한 나라는 우리나라가 유일하다고 한다. 이렇다 보니 전국 17개 시 · 도 교육청 중에서 경기도 교육청이 각종 시책사업 등에서 선진화 되고 우위를 점하는 등 교육가족의 한 사람으로 가슴 뿌듯하다.

기존의 관행적으로 있던 학부모회를 조례로 규정함으로써 설립취지에 부합되는 순기능이 있는가 하면 이해 부족으로 인한 혼선과 역기능이 있음도 부인 할 수 없다.

항용 그렇듯 우리나라의 NGO와 사회단체들이 공익성을 내세워 국가 보조금 또는 협찬금 등으로 무리를 일으키고 심한 경우 구속되는 사례를 타산지석으로 삼아야 할 것이다.

원래 학부모회는 각 학교마다 구성이 되어 있는 조직으로 본질은 자발성과 봉사성을 기반으로 하였다. 그런데 연간 운영비를 50만원씩 일률적으로 지급하다 보니 시각이 바뀌었다. 예전에 듣도 보도 못 하던 운영비는 조직운영의 조기 정착을 위한 마중물 성격이라 사료된다. 헌데 학교교육경비가 모자란다고 아우성인데 학부모회 운영비까지 지급한다는 비아냥과 함께 우려의 목소리가 있음도 부인키 어렵다.

이렇다 보니 상위법에 근거한 학교운영위원회도 운영비를 지급하라는 목소리도 있다. 특히 초 · 중등교육법(97. 12. 13) 및 동법 시행령(98.2.24)에 의한 학교운영위원회의 '독점적 지위'에 대한 대립구도가 아닌 독립적 보완재로서의 기능이 요구된다. 잘못하다가는 게도 구럭도 다 잃는 학교 현장의 혼선만 주는 우

(憂)를 범할 수도 있다. 그러나 두 단체는 학교운영의 참여성, 봉사성, 주체적 교육공동체 일원이라는 추구하는 공동적 목표가 같기에 안심이 된다. 따라서 두 단체는 학교와 학부모에게 신뢰를 구축해야 한다. 그렇지 않으면 구성원의 외면으로 설립 취지를 살리지 못 하고 유명무실해질 수 있다. 왜냐하면 신뢰는 학교를 지탱하는 내구력이 강한 핵심어이기 때문이다.

리더십 이론에 의하면 남성은 목표달성에 비중을 두는 '도구적 리더'요, 여성은 구성원들의 인화 및 단결에 관심을 두는 '표현적 리더'라고 한다. 이 같은 맥락에서 신의 피조물 가운데 가장 복잡한 것이 여자의 마음이라는데 천재 과학자 호킹 박사의 대답은 시사하는 바가 지대하다.

"당신이 이해하기 가장 어려운 것이 무엇인가요?"

호킹 왈 "여자들 마음이요."

여성의 사회 참여 비율이 높아지는 현실에서 경기도교육청의 혁신학교 시즌 2를 견인하는 대립재가 아닌 보완재의 두 단체가 되기를 간절히 소망한다.

(경기일보, 2013. 6)

헬리콥터 부모와 정보의 왜곡(歪曲)

"헬리콥터 부모"라는 말은 1991년 뉴스위크지의 제만(N. Zeman)이 처음 소개한 말로 자녀의 머리 위를 빙빙 맴돌면서 감시하다가, 일만 생기면 쏜살같이 내려와 참견하는 부모를 말한다. 다시 말하면 자녀가 다 자란 뒤에도 주변을 맴돌면서 간섭을 멈추지 않는 부모를 일컫는 신조어가 헬리콥터 부모이다.

헬리콥터 부모가 생기는 이유는 핵가족으로 자녀의 수가 줄고, 부모 학력이 고학력이며, 상대적으로 생활이 부유해졌기 때문이다. 더 나아가 우리나라 부모의 교육열이 촉매제가 되어 이와 같은 현상이 일어나고 있다고 여겨진다. 풍요로움의 결과 시간과 돈을 한 두 명인 자녀에 집중하다 보니 나타나는 신세대 부모의 문화로 자리매김 되고 있다. 사실 요즘 아이들은 저마다 가정에서 왕자와 공주로 키워지고 있다. 문제는 이런 풍족한 관심(?)을 받으며 자란 아이들이 사회적으로 꼭 성공한다는 보장이 없다는데 있다.

성공한 삶의 조건으로 물질적 풍요는 필요조건은 될 수 있을지언정 충분조건은 결코 아니다. 오히려 의타심만 조장되고 독립심과 자율능력이 상실되어 결국은 자녀의 인생을 심각하게 망칠 우려가 크다.

요즘 일본에서도 엄마와 아들이 늘 세트로 다니는 캡슐모자가 사회문제로 떠오르고 있다고 한다. 요즘 세태의 문제점을 잘 드러내는 신조어이다. 우리가 마시는 공기 중에 인체에 유해한 세균이 있다 하여 일생 동안 무균실에서 지낼 수 없는 이치를 터득해야 한다.

논어의 선진편(先進篇)에 과유불급(過猶不及)이란 말이 있다. “지나침은 미치지 못함과 같다.”는 뜻으로 지나친 보살핌은 자칫 온실 속의 화초가 될 우려가 크다. 세상을 살아가는 데 따뜻한 온실만 있는 것이 아님은 누구나 다 알고 있다. 논리의 비약일 수도 있지만 군대를 다녀온 남자들은 삼년 있었던 일을 가지고 삼십년 이야기 한다고 한다. 이것은 군대라는 경험의 보편성 때문이기도 하지만 , 옛날 군대에서의 경험이 지금도 유의미하게 적용된다고 생각하기 때문일 수도 있다.

학창생활도 이와 마찬가지다. 10대 아이들을 둔 부모들은 기간은 차이가 있지만 누구나 학창 시절을 경험해 왔다. 그래서 학교에 대해서만은 누구나 한마디씩은 할 말이 있다고 생각하고, 꼼꼼히 살펴보지 않아도 아이들의 교육에 대해서만은 잘 이

해할 수 있다고 자신 한다. 그러나 학교도 변했고 그곳에 다니는 아이들도 변했고, 학교를 둘러싸고 있는 사회 환경도 변했다. 자녀들의 성장을 저해하는 종양(腫瘍)즉, 점진적 죽음의 증상들은 초기에는 신호를 보내지 않는 특징을 깨닫는 혜안이 필요하다. 따라서 교육은 카지노가 아니며 포퓰리즘의 질곡에서 벗어나 제자리를 찾아가는 교육관이 중요하다. 자녀에 대한 기대치를 학부모 눈높이에 맞추고 거창한 목표를 그리다 보면 어깨에 힘이 들어가고 무리한 스윙이 나오기 마련이다. 그러다 보니 변칙이 나오고 정신적, 도덕적, 이성적 판단 능력에 테러를 가하는 정제되지 않은 정보의 홍수에서 헤어나지 못 한다고 봐야 한다.

근대화 이전의 교육에 관한 괴담은 과학적 증거의 부재와 자유 언론의 부재에서 자양분을 얻었다면, 정보화 시대의 교육 괴담은 정보 과잉에서 오는 집단 패닉에 가깝다. 국가적 가치사슬의 앞부분에 서 있어야 할 수월성 교육이 왜곡되고 굴절되는 현실에서 학교가 신뢰를 얻고 공교육에 믿음을 가질 때 교육 수요자는 자녀 교육의 올바른 판단을 할 것이라 믿는다.

사사건건 정부정책에 대척점(對蹠點)을 설정하는 일부 이념적으로 편향된 시민단체와 경도된 교사들의 적분에는 미숙하고 미분에만 능숙한 분열상도 직시해야 한다.

그들은 세상에서 가장 행복한 순간을 맛보는 학부모들의 초발심(初發心)의 자세를 건강한 국가 성장의 동력으로부터 멀어지게 했을 때 역사는 그들에게 응분의 책임을 물을 것이다.

초등학교 학력의 촌부가 일 년간 TV를 시청하면 초급대학 나온 상식을 얻는다고 한다. 인터넷 · SNS와 더불어 텔레비전의 순기능이자 역기능으로 작용할 수 있는 연구 결과다.

요즘 연일 반복되는 원정 시위에 대한 평가는 미인 선발 대회 같아서 보는 사람마다 평가가 다를 수 있다. 한국적 민주주의의 위대한 횃불일 수도, 아니면 선동적 우중(愚衆) 정치의 재현일 수도 있다. 빛과 그림자가 극명한 이면에는 쓰나미처럼 밀려온 정보의 왜곡도 한 원인(遠因)과 원인(源因)이라 사료 된다.

(경기일보, 2008. 6. 25)

극동대학교

▲ 특수교육과, 간호학과, 중국어과 학부생 강의 : "확고한 교사 임문 동기를 강조 함."

6부

이 시대의 뒷면

문경 대하리 반송(聞慶 大下里 盤松) : 경상북도 문경시 산북면 대하리 천연기념물(제426호) 소나무

“아들이 자랑스럽다.”는 애끊는 부정(父情)

(故 남윤철 교사)

국가적 재난이자 인재(人災)인 세월호 참사에 국민은 넋을 잃었다. 참사 현장의 선장 이하 일부 선원들의 처신과 교사들이 취한 행동에서 극명한 민낯을 국민들은 다 보았다.

이준석 선장은 그 역시 인간이기에 죽음 앞에서 초연할 순 없었을 것이다. 그럼에도 그가 비난 받을 수밖에 없는 이유는 딱 하나, 그가 ‘선장’이기 때문이다. 선장은 단순히 배를 조종하는 운전자가 아니다. 각종 법령에 따른 책무성은 차치하고도 기본적인 직업의식과 사회통념과 사회상규에 반하는 행동에 분노하고 있는 것이다. 만약 그 배 안에 자기 자녀들이 있었다면 그렇게 처신할거냐고 되묻고 싶다.

구조 후 물에 젖은 지폐를 말리는 장면은 고장 난 자본주의의 자화상과 인간성을 잡아먹힌 인간의 표상을 여과 없이 보는 압권(壓卷)이었다.

그 순간 세월호의 상황은 어떠했을까?

교사들은 본능적으로 학생들의 탈출을 도우며 필사의 노력을 다 하였다. 단원고 교사인 남윤철 선생뿐만 아니라 교사라는 직업의 세계는 위기에 더 빛난다. 왜냐하면 학생들의 안위를 항상 자신보다 먼저 생각하는 책임감과 희생정신의 신념체계가 체화되어 있기 때문이다. 그래서 교사는 "명예를 먹고 사기로 근무한다."고 한다. 성직자들처럼 '상징 자본'은 없어도 교사라는 '명성 자본'이 있기에 우리나라 교육계의 기층은 탄탄하다.

고(故) 남윤철 선생은 그리스 사람들이 말하는 '아레테(Arete · 탁월함)'의 삶이나, 로마 시대 리더들이 추구한 윤리적인 '비르투스(Virtus)' 삶, 르네상스 시대의 아름다움을 추구하는 삶(美)이 바로 이런 것이다 라고 일깨워 주었다. 학생들과 유족들의 비명과 오열은 라디오 볼륨처럼 커졌고, 이제 세월호는 역사의 각인(刻印)으로 남았으며, 남교사의 살신성인 정신은 교육계의 교향곡이 되었다.

큰 나무에 병충해가 문제라면 방제를 해야지 나무를 베어 뽑아 버리면 홍수에 집이 무너질 수 있다. 헌데 망원 렌즈에 보이는 한국은 조용하다. 그러나 내시경으로 보면 암종(癌腫)이 곳곳에 있다. 대한민국호의 중심가치가 흔들리니 부속가치도 혼란스럽다. 줄기가 흔들리니 가지가 요동치는 격이다. 항용 그렇듯이 세월호 참사 주변의 환부만 도려내선 제2, 제3의 비극을 또 초래

할 수도 있다. 비극도 반복되면 희극이 되듯이 실수도 반복되면 한계가 되어 버린다.

화장실에 아무리 금, 은, 단청 칠을 한다 해도 법당은 안 되듯이 차제에 국가 시스템을 개조 할 각오로 정상화를 주문해 본다. 왜냐하면 역사는 언제나 진실된 스승이기 때문이다.

단원고 2학년 6반 담임인 남윤철 선생은 사고 당시 끝까지 세월호에 남아 학생들을 대피시킨 것으로 알려졌다. 35세의 젊은 교사로 생을 마감했지만 그는 상처 투성이인 아이들에게 산처럼 크고 바다처럼 깊은 사랑을 남기고 간 큰 바위 얼굴이었다. 필자는 마지막 가는 길에 경기도 교육청을 대표하여 직원들과 같이 장례 의식에 추모와 행 · 재정적 지원을 위해 동행하였다.

故 남윤철 교사의 장례미사에서 남 교사의 아버지는 "사랑한다. 내 아들아, 잘 가라, 장하고 훌륭한 내 자식"이라고 오열했고 장례식장은 일순간 눈물바다가 되기도 했다.

자식을 둔 같은 부모로서 남교사의 부친께 위로의 말을 전하기도 민망한 분위기였다. 공기의 흐름조차 멈춘 것 같은 몇 초의 순간이 흘렀다. 그 후 "아들이 자랑스럽습니다."라는 의연한 말씀이었지만 가슴 속의 애끓는 부정(父情)에 조문객들은 더욱 숙연하고 눈시울을 붉혔다.

"새도 죽을 때는 지저귐이 애달프고, 사람도 죽음 앞에서는 말이 착하다."(曾子)고 한다. 세월호 희생자들과 故 남윤철 교사의 명복을 빈다.

(중부일보, 2014. 4. 25)

국방 의무의 단상(斷想)

인류의 역사는 곧 전쟁사이기도 하다. 성경에도 116번의 전쟁 기록이 나온다.

6·25는 60년 전의 전쟁이면서 동시에 현재형의 휴전일 뿐이다. 북한의 핵위협은 이론이 아니라 현실이다. 최근의 연평해전, 천안함 폭침 등이 방증 한다. 따라서 군복무는 남북이 대치한 분단 상황에서 어쩔 수 없는 우리나라 젊은이들의 숙명이다. 그런데 이를 높이 평가해 주지는 못 할지언정 깎아내리고 우습게 여기는 것은 신성한 국방 의무에 대한 모독이다.

국민의 4대 의무 중 하나인 국방(병역)의 의무는 초등학교 6학년 2학기 사회과 35페이지에 나온다. 우리나라 지도층 인사들 중 일부는 이 책을 다시 한 번 읽기를 권한다.

책 읽기가 싫은 사람은 천안함 46용사의 충혼이 잠들어 있는 백령도 충혼탑에 가서 참배하기 바란다. 여건이 안 되는 사람은 연평해전 6용사의 넋을 기리는 평택 2함대 사령부라도 가서 진심으로 참배하길 소망한다.

19대 국회의원의 병역의무 통계를 보면 18.6%가 병역 면제를 받았다. 민주 26명, 새누리 18명, 선진 2, 진보 1, 합계 47명으로 수형, 질병, 장기대기, 고령 순이다.

장 · 차관 자제 17.4%가 병역 면제자이다. 기타 고위공직자 본인 혹은 자제들의 면제 비율도 20% 전후다.

물론 누가 봐도 징집 면제의 정당성이 담보되면 당당하다. 그러나 합법을 가장한 불법, 탈법, 편법이라는 지도층의 보이지 않는 손이 작용되었다면 문제는 달라진다.

전술한 통계치를 전 장병에게 공지해 보자. 그 후 "후세에 너의 조상이 누구냐고 묻거든 나의 조상은 트로이 전선에 참전한 용사였다."고 일러 주라고 하던 고대희랍 사람들의 긍지를 국군 장병들도 가져주기 바란다는 지휘서신을 보내보자. 장병들은 어떠한 반응을 표출할까?

영국 왕실의 해리 왕자(27)가 아프가니스탄 전투 부대에 파견돼 헬기 조종사 임무 수행에 나섰다고 한다. 미국의 밴프리트 장군, 워커 장군과 아이젠하워 대통령도 자기 아들을 한국전에 참전시켰다. 그 중에는 전사자도 나왔다. 국가를 지키는 데는 여야가 있을 수 없고 남녀노소, 빈부귀천이 나뉠 수 없다. 국가가 있고나서 생업도 있고 교육도 있는 것은 만고의 진리이다. 아울러

군 통수권자이자 대통령은 국정의 최우선 과제로 국토를 방위하고 국민의 생명과 재산을 지키는 데서부터 출발한다.

군복무를 안 하는 것은 어떤 경우이든 자랑일 수가 없다. 설령 정당한 사유가 있더라도 본인은 아쉬워해야 할 일이다. 미국의 케네디, 투르먼 대통령도 어릴 때 군대에 갈 수 없는 이유들이 있었지만 자원하고 부탁하여 군복무를 허락 받았다고 한다.

그런데 우리나라 전직 모 대통령은 군 복무 기간을 인생의 썩은 기간이라 하였고, 모 유력 정치인은 학사장교 그것도 특수 장교(군의관, 법무관) 출신으로 저서를 보면 '군대 생활 39개월은 나에게 커다란 공백기였다'고 인식하고 있다.

엄연한 남북의 대치와 군복무라는 현실을 슬며시 벗어나 탐미적인 몽환(夢幻) 속으로 도피하는 자들은 고위 공직자는 물론 동네 통 · 반장도 허락하면 안 된다. 요즘 같은 혼탁한 세상에서 귀티 나는 모범생을 좋아하지만 위선자는 싫어하는 것이 민초들의 표심이다. 욕심을 버려야 담백이 보이고 순수가 보이는데 이전의 모든 행적이 자기 영달을 위한 준비 작업으로 밖에 비치지 않으면 지도자로서 대단한 결격 사유다.

국제 진상 조사단도 인정한 천안함 폭침을 자작극이니 노후함정의 침몰이라는 등 궤변을 늘어 놓는 정치인과 일부 종북 세력은 과연 어느 나라 국민인가?

천안함 폭침 3주기를 맞아 46용사의 명복을 빈다.

(전7169부대 수색중대 하사)

남조선이 좋은 3가지 이유

사람이 살아가는데 이념과 체제를 떠나 북한 동포들의 탈북 동기와 관련하여 시사하는 바가 지대하다. 그들은 남한 주민들의 생활상을 보고 나서야 미인대회 수상자(북한정권)가 알고 보니 성형수술 했다는 이야기를 듣는 기분일 것이다.

2012년 현재 남한에 거주하는 탈북자는 2만 4천여 명 정도라 한다. 본 군도 탈북자가 00명으로 파악되고 있다.

어느 날 탈북자의 신원 확인과 정착에 따른 어려움을 파악하고자 J면의 모 암자에서 수행하고 있는 40대 중반의 탈북 여성을 만날 수 있었다. 그 여성에게 남한 생활에 가장 좋은 점 세 가지만 말해 보라 하였다.

북한에서 시추학을 전공했다는 그녀의 대답은 의외로 아주 단순하고 명쾌하였다.

첫째, 밥 배불리 먹어서 좋고(물질적 풍요),
둘째, 하고픈 말 다 하며 살 수 있어 좋고(언론의 자유),
셋째, 마음대로 여행 하고 이사를 자유스럽게(거주 이전의 자유)할 수 있어서 너무 좋다고 하였다.

그녀는 삼남매가 탈북 하였는데 한 분은 부산에 한 분은 안산에 정착하여 살고 있다고 귀띔해 주었다.

두 번째로 말한 내용 중에는 활자화할 수 없을 정도로 국가나 최고 권력자한테까지도 막말을 하는데 놀랐다고 하였다. 아마 그녀는 남한 정착 1년 만에 시장경제와 자유 민주주의 체제의 짜릿한 '스리쿠션'을 어렴풋이 알아 가고 있었다.

대한민국 국민이면 누구나 이와 같은 헌법적 가치를 향유할 수 있도록 하고 있다. 따라서 최상위 법인 헌법 정신을 구현할 수 있도록 자유 민주주의의 법률적 인프라가 구축 되어 있는 곳이 대한민국이라는 사실을 그녀는 몸으로 체득하며 "남조선이 너무 좋아요"를 외치고 있었다.

우리 사회가 각자의 의견이 다르다는 사실은 그 사회의 건강성을 보여 주는 징표다. 그런데 건강한 사회 통념과 보편적 가치에 반하는 이념을 가진 일부 급진 세력은 사회발전의 암적 존재가 되어 버렸다.

그들의 행동은 말과 행동이 일치하지 않는 인지 부조화(認知不調和)의 이중성을 국민들은 알아야 한다. 회원수도 불분명한 일부 시민단체가 그렇고 진보주의를 표방하면서 급진 좌파의 폭력적 시민운동은 올바른 시민운동의 가능성을 가로막은 지 오래 되었다. 그렇다 보니 국민들은 이념적으로 혼란스러울 수밖에 없고 반세기 동안 이념의 대칭점에 있던 탈북자들은 더 더욱 시장경제와 자유민주주의의 우월성에 대한 판단이 혼란스러울 수도 있다.

이와 같은 불용성(不溶性) 사회분열을 보는 탈북자들은 남한 체제를 중우(衆愚)민주주의로 착각하여 남과 북의 체제에 대한 가치판단을 흐리게 할 수도 있다. 그들의 내면에 이념과 체제의 가치갈등을 겪을 수도 있음을 간과해서는 안 된다.

북한의 경제 규모는 남한의 1/36 수준이며 삼성의 올해 투자액 416억 달러인데 북한 GDP의 3.6배에 달한다고 한다.(CIA평가) 세계에서 최하위 빈국이며 거기에 더 하여 봉건 왕조 시대보다도 더 한 세습 독재 정권에 시달리고 있는 곳이 북한의 현 주소다.

인간다운 삶을 살아가고자 목숨을 걸고 탈출에 성공한 그들에게 체제와 이념의 전환비용을 국가와 남한 동포 모두가 안아야 하는 과제도 안고 있다. 고향에 대한 기억은 세월이 흘러도 밀랍에 찍힌 도장 같이 선명하다.

언젠가 돌아가 몸을 눕혀야 할 고향의 봄은 이미 돌아갈 수 없는 '실낙원'이 되었고 고향은 마음의 홀로그램이 되어 있는 탈북동포들은 천 만 이산 가족과 함께 우리민족이 풀어야 할 최대의 숙제이다.

(중부일보, 2012. 3. 21)

안면도와 새만금을 허(許)하라

굴뚝 없는 산업, 고부가 청정산업, 21세기 고성장 산업 등 관광산업에 붙는 별칭이다.

우리나라를 찾은 관광객은 2002년 535만 명에서 금년 1,000만 명으로 전망하고 있다(한국관광공사). 관광산업은 숙박, 교통, 음식, 오락시설, 토산품 판매장 등 상부시설과 하부시설을 내포하는 복합 산업이다. 최근에는 K-팝의 한류 바람을 타고 의료 관광객이 증가하는 것은 대단히 고무적인 일이다. 관광산업은 외화 가득율이 여타 산업보다 월등하며 고용 창출과 증대에도 크게 기여한다. 따라서 지역 간의 경제적 · 사회적 격차를 좁히는 효과를 가져다 주기도 한다.

관광산업의 경쟁력은 서비스, 비용, 관광 상품의 질에 있다. 그런데 우리나라의 관광산업은 서비스 면에서는 불친절, 비용 면에서는 높은 물가수준, 관광 상품 면에서는 볼거리, 먹거리, 즐길거리의 부족으로 경쟁 국가들에 비해 경쟁력이 뒤지고 있다는 평가다. 즉 보고 즐길 거리는 적은데 높은 물가와 교통 혼잡, 불친절로 외국인들의 발길을 돌리게 하면 안 된다. 따라서 외국인 관광객들의 지갑을 열게 할 전문화 특화된 상품을 개발해야 한다.

지난해 우리나라를 찾은 관광객의 국적별 현황을 보면 1위 일본, 2위 중국, 3위 미국, 기타 중동 동남아 순이다. 여기에서 주목할 점은 13억 중국인의 눈과 귀를 사로잡아야 한다. 중국은 개혁개방 이후 관광산업이 68배(2011년)의 신장세를 보였다고 한다. 중국 내 입국관광객 뿐만 아니라 출국관광객은 1억명 전후로 추산하고 잠재적 수요층은 인구의 약 10% 정도라 한다. 그들이 세계의 관광지를 돌아다니며 명품과 카지노 등에 돈 봇다리를 푼다고 보면 된다.

그 돈 많은 중국인들을 유인하기 위해서는 안면도와 새만금을 관광 메카로 조성하자고 제안한다. 두 곳은 저녁에 왔다 아침에 출국해도 될 정도로 접근성이 용이하다. 안면도의 경우 천혜의 자원을 다 상품할 수 있는 조건을 만족하고 있다. 마카오와 라스베가스의 카지노, 싱가폴의 의료관광 등을 벤치 마킹하여 세계 부호들의 관광 천국이 되도록 국가 전략 산업으로 육성해야 한다. 왜냐하면 우리나라의 신성장 동력을 관광산업에서 찾아야 하기 때문이다.

정부는 출입국법 및 관광특구에 관한 법령으로 뒷받침하고 관광 메카의 조성은 전적으로 기업에 맡기면 된다. 생존의 더듬이가 발달된 국내의 대표기업에 맡겨 지역주민, 정부, 기업 모두가 윈윈으로 만족 할 수 있도록 한다.

교육계는 관광산업에 종사할 양질의 실용인력을 양성하여 공급하면 된다. 더불어 일반고에서 관광고등학교로 전환한 학교에 입학수요가 넘쳐난 데서 학생들의 취업경향성의 시사점을 얻어야 한다. 관광 메카 조성 사업은 '후발자(後發者)의 이득'으로서 발흥(勃興)과 쇠망(衰亡)은 사회적 합의만 이루면 우리나라 기업의 촉수가 세계적 수준임을 입증할 기회이기도하다.

이 막중한 국가 전략 산업에 사회의 목적과 기업의 목적이 정방향 정렬될 때 창출되는 부가가치는 경제적으로 환산할 수 없을 정도라 예견된다.

(경인일보, 2012. 7. 16)

연해주 아그로상생 농장 르포(Ⅰ)

즈드라 스트븨찌(안녕하세요?)? 아꾸 다븨 쁘리에 할리(어디서 왔습니까?)?

이즈 까레이 이즈 씨올라(한국의 서울에서 왔습니다), 오!! 씨올라(오!! 서울). 블라디보스톡 공항의 근무자들은 무표정과 사회주의 국가 특유의 복장에서부터 여타 공항과의 이질감이 한국의 서울에서 왔다는 말에 좀 호의적으로 바뀌면서 연해주 아그로상생 농장 르포는 이렇게 시작 되었다.

문헌에 의하면 유사 이래 우리나라는 960여 회의 외침을 받았다고 한다. 그래서 우리 민족은 슬픈 한(恨)이 서린 민족이기도 하다. 세계 각처에 살고 있는 재외동포들의 눈물겨운 이국에서의 설움을 매스컴이나 교과서 정도를 통해서 본 것이 전부였다. 그러던 중 재외동포 사회 중 140여년의 가장 오랜 이민사를 간직한 연해주는 더욱 유서 깊고 의미 있는 곳이었다. 역사적 논란은 있으나 1863년 함경도 농민 13가구가 연해주 비노그라드노예 마을에 정착한 것이 효시라 하나, 사가(史家)들은 청과 조선의 봉금정책이 19세기 초에 해체됨을 근거로 그보다 훨씬 이전에 한인들의 연해주 이주가 시작되었다고 주장하고 있기도 하다.

그 후 1937년 스탈린의 강제 이주 조치로 당시 없어진 연해주의 한인 마을은 600곳이 넘고 한인(고려인) 18만여 명이 동토(凍土)의 땅 중앙 아시아로 이주하여 눈물겨운 삶은 필설로 다 형용할 수가 없을 정도다. 정착하여 삶의 안정을 찾을 즈음 소련연방이 해체되면서 만리타향에서 무국적자로 혹은 생업을 구하지 못해 약소국 민족의 설움을 뼈에 사무치도록 당하며 살아온 것이 현실이었다.

연해주는 러시아 영토의 0.97%밖에 되지 않는 변방이지만 14세기부터 개시된 러시아의 동방진출은 1858년 청과 아이훈 조약을 체결하고 헤이룽강 북쪽과 우수리강 서쪽을 점령하면서 야망이 본격화 된다. 중국, 북한과 국경이 닿아 있고 한국 일본과 인접해 있어 연해주는 극동아시아의 전략적 요충지이기도 하다. 거슬러 올라 가보면 중국도 베이징 조약으로 연해주를 러시아에 넘긴 것은 잘못 됐다는 인식을 바탕에 깔고 동북공정에 중 · 러 변경과제를 포함시켜 연구 중이라 한다. 개인의 부(富)에 대한 욕심과 각국의 영토분쟁은 끝이 없어 보였다. 그 당시 베이징 조약은 아무 권한도 없는 청이 조선의 영토를 임의 처분한 것으로 인천대 노영돈 교수는 베이징 조약은 국제법적으로 한국에 대한 구속력이 없으므로 그 조약이 원천 무효될 때 연해주는 새로운 국면을 맞게 될 것이라 예견하고 있다. 그 때 주도권을 갖기 위해서는 남북이 통일되고 국력이 지금보다 몇 십배 신장되어야 함은 말할 필요가 없다. 러시아는 낙후된 연해주를 9개 권역으로 나눠 개발계획을 세워놓고 있다고 한다. 그리고 중국과 일본보다는 한국의 손길을 기다린다고 한다. 현지 언론에는 중국에 연해주를 빼앗긴다는 경계성 보도가 나가고 강대국 일본의 자본도 내심 내키지 않는 분위기라 한다.

그래서 한국의 민족 종교(대순 진리회) 자본을 유치하여 영농개발 프로젝트에 주정부 차원의 배려와 협조를 아끼지 않는다고 한다.(다음 주에 계속)

(경기도민일보, 2006. 10. 10)

연해주 아그로상생 농장 르포(Ⅱ)

여주군의 농경지(전, 답, 목초지 포함) 면적이 15,818ha로 평수로 환산하면 4천7백4십5만여평이다. 연해주의 아그로 상생 농장의 규모는 17개 지역에 4억평으로 매입을 추진하는 농지까지 합치면 5억평 정도가 된다고 한다. 필자와 함께 한 일행은 끝이 보이지 않는 지평선, 아스라이 보이는 곳까지 펼쳐진 대평원에서 난생 처음 접해 보는 드넓은 농경지에 감탄사가 절로 나왔다. 올해로 영농을 시작한 지 5년째가 되었는데 내년부터 흑자 전환이 예상된다고 한다. 그 곳에서 수확되는 쌀, 보리, 밀, 옥수수, 메밀 등과 소, 돼지, 사슴, 양 등의 축산물은 천혜의 청정 지역에서 웰빙 농축산물로 출시되고 있다니 뿌듯한 가슴은 이루 말할 수가 없었다. 작년에 수확한 쌀 250톤은 조건 없이 북한에 주었다고 한다. 역시 피는 물보다 진하다는 평범한 진리를 다시 깨닫게 되었다. 일본이 남미 등의 국가에서 농지를 매입하여 해외 영농산업에 뛰어든 것은 1970년대라 한다. 그간 정부와 민간 기업 차원에서 세계 유수한 지역의 타당성 검토를 하였다고 하나 민족종교인 대순진리회가 아니면 해낼 수 없었던 일화를 현지 법인장의 세세한 설명에 각종 외교적 협상력에 활용할 충분한 가치가 있다고 사료되었다. 상생의 기치 아래 주정부와 협의 과정에서 의심의 눈초리도 받았고 순수성과 엄청난 투자금에 대한 신뢰성에 의문을 제기하는 관료들도 많았다고 한다.

현재는 현지인의 일자리 창출은 물론 한국인의 생활문화와 정신적 산업 영토의 확장이라는 점에서 새삼 국력의 신장을 읽을 수 있었다.

뿐만 아니라 대순농장의 농축산물은 먼 훗날 FTA 타결로 식량 자원을 무기화 했을 때와 멀지 않은 장래에 중국도 쌀 수입국가로 바뀔 때 그 가치가 더욱 진가를 발휘하게 될 것이라고 종단 관계자는 귀띔을 해 주었다. 그리고 몇 년 후 북한 - 연해주 - 시베리아로 연결 철로가 운행될 때 연해주의 아그로 상생 농장이 종단과 국가에 정치적, 경제적, 민간 외교적 기여도는 돈으로 환산할 수 없는 엄청난 가치가 내포 되었음을 알 수 있었다. 사업 추진과정에서 가장 어려웠던 일은 자본주의에 대한 관념이 부족하여 일급을 주면 돈이 다 떨어질 때까지 일하지 않으려는 생활습관을 주급과 월급의 개념으로 의식을 심어주기까지 6개월의 기간이 걸렸다고 한다. 지금은 월급 20만원 정도의 경비인에게 우리 돈 2만원 만 더 주면 해고당하지 않으려고 밤새 잠 안자고 성실히 일을 한다고 한다. 역시 인간에겐 이념을 떠나 돈이 역사 발전과 행복의 필요 충분 조건임을 알 수 있었다.

지평선은 좌우로 37Km(74Km)의 길이로 땅 끝이 안 보이는 곳을 말한다. 그 광활한 농경지에 한국의 기계화된 첨단 영농법과 무공해 농산물 중 콩은 우리에게 주목 받기에 충분하였다. 콩을 미세 분말로 1차 가공하여 비지를 포함하는 전두부를 한국의 발해 농원이 세계최초로 제조 특허권을 확보하여 웰빙형 식품으로 국내 시판을 앞두고 있으며 현지 농장에서 제조된 메주는 이미 인기 있는 식품으로 자리매김 되고 있다고 한다. 그리고 돼지고기는 러시아인이 좋아하는 육류 중 하나인데 젖소 목장과 더불어 선진화된 양돈도 대단한 비전이 있다고 하였다.

탐방 삼일째는 야생 곰이 출몰한다는 지역의 사슴농장을 가 보았다. 수십 마리의 사슴 떼가 일행을 보고 놀라 숲속으로 사라졌다 다시 방목장으로 왔다 갔다를 반복하고 있었다. 피곤한 여정에서 현지인 농장장은 슬라브 민족 특유의 말 타고 총 쏘는 솜씨가 대단하였다. 귀한 손님이 왔다고 즉석에서 사슴을 사냥하여 몸에 좋다는 녹혈과 간을 시식할 기회를 주었고 고기는 육회로 이국에서의 보드카와 어우러져 탐방의 즐거움이 배가 되었다.(다음 주에 계속)

(경기도민일보, 2006. 10. 11)

연해주 아그로상생 농장 르포(Ⅲ)

광활한 연해주에 농축산업을 투자하는 목적은 우리나라의 선진 농업경영과의 접목의 타당성 여부와 발해(연해주, 간도)를 축으로 하는 우리의 옛영토에 대한 역사의 재인식 그리고 항일독립 투쟁의 요람이었던 역사성과 아직도 무국적 고려인 1만 여명이 유랑생활을 하고 있는 그들의 실태를 파악하여 상생의 길을 모색하는데 있다고 한다.

동행한 여주군 농정관계자에 의하면 전통적인 농.축산업은 한계에 도달했다고 한다. 값싼 동남아산 농산물과 광활한 영토에서 수확한 저렴하고 양질의 비교우위에 있는 농축산물이 FTA 협상 결과로 쓰나미처럼 밀려 올 때를 대비하지 않으면 우리 농업은 고사(枯死)할 수밖에 없는 것이 현실이다.

그렇다면 타 분야에서 선전하는 우리나라 산업을 살펴보자.

세계 1등 한국산 품목은 조선, 초극세사 정밀 기술, 핸드폰,

PDP, LCD, MP3, 온라인 게임 세계최초 개발, DMB용 위성 세계 최초 발사 등 71개(2003기준) 품목이 있다. 뿐만 아니라 "삼성 VIP 센터는 한국의 NASA" 미국 Fortune 경제지의 커버스토리 제목이다. LG 전자 가전사업 영업 이익률 "세계 최고" 시쳇말로 기분 좋은 뉴스다.

우리 농업도 이와 같이 양질의 일류가 아니면 설 땅이 없어진다.

얼마전 양평군에서 생산된 청정미가 한 가마에 100만원에 판매된 후 친환경 농업특구로 지정하여 최고를 지향하는 농산물만 생산할 예정이라 한다.

접목 선인장 시장의 60%가 한국산이 공급한다는 블루 오션 전략(blue ocean strategy), 관광호텔용 최고급 쇠고기는 국내산으로는 질이 낮아 공급이 불가하다고 한다. 국민소득이 높아지면서 웰빙식품과 유기농의 최고급 농축산물의 수요 증가는 폭발적이나 공급이 못 따라 가는 것이 현실이다. 우리농업은 여기에 포커스를 맞추고 각계 전문가 및 생산자, 소비자 단체가 머리를 맞대고 대책을 마련해야 한다. 지금 빗장 잠그자고 시위한다고 해결될 일도 아니고 그렇다고 가만히 앉아 있다간 세계사의 후진국가로 전락될 수밖에 없다.

중국의 동북공정 전략에 대해서도 학술적 연구와 현실적 외교력을 통하여 후세에 선조들이 넓혀놨던 제 영토도 지키지 못한 못난 세대가 되지 않도록 대처해야 한다. 이 문제는 간단히 넘어갈 사안이 아니며 치밀한 전략과 민 · 관 및 종교계와 재외 동포까지 태스크포스 팀을 구성하여 음흉한 그들의 전략을 능가해야 한다. 같은 맥락에서 슬프고 한(恨) 많은 유랑하는 1만 여명의 고려인 그들도 우리의 후손이요 한 핏줄이다.

나라 살림이 어렵던 시절에는 보살피지 못했다 하더라도 세계 경제 규모 10위의 위상에 걸맞는 대책이 요망된다. 정부가 전면에 나서고 외교적 마찰이 우려되면 지금과 같이 종교계라도 우회적으로 보살펴 줘야 도리가 아니겠는가?

마지막으로 항일독립 투쟁의 요람이었던 연해주 간도 일대를 역사의 장으로 후손에게 일깨워 줘야 한다. 조국의 독립을 위해 목숨을 바치고 가족친지가 다 풍비박살이 난 그분들의 혼령이라도 위로해야 도리가 아닌가?

발해의 옛토성이 바라보이는 수이푼 강변에 아주 외롭게 쓸쓸히 서 있는 도제 이상설 유허비(遺墟碑)에 헌화와 묵념을 하면서 넋을 위로하고 고마움을 표했으나 일행은 주변청소와 잡초를 제거하면서 무거운 침묵만 있었다.

민족종교인 대순진리회의 연해주 아그로 상생 농장의 거대한 프로잭트는 종파와 이념을 떠나 상생의 구현을 실천하고 있었다. 더 나아가 종단의 3대 주요사업인 구호자선사업, 사회복지사업, 교육사업으로 영역을 확대할 계획이라 한다. 4박 5일 동안 빡빡한 일정에서도 23명 일행 누구도 불평 없이 이 사업이 성공하기를 간절히 소망하며 일상으로 돌아왔다.

(경기도민일보, 2006. 10. 12)

영면(永眠) 못하는 호국영령(護國英靈)

세계 경제규모 15위의 경제볼륨을 자랑하던 우리나라가 세월호 참사 이후 국가 복원력(復原力)이 시험대에 올랐다. 사회적 평형수의 고갈로 인한 균형추와 방향타가 중심을 잃으니 분노 표적의 임계점을 넘어서고 있다. 이 비극에 자신 있게 돌을 던질 수 있는 사람이 몇 명이나 될까? 누구 탓 할 것 없이 참사의 전 과정이 기성세대와 대한민국의 한계 실력이요 자화상이다.

심리학에서 '주의 끌기(Attention ignoring)'라는 말이 있다. 물 만난 고기떼처럼 설레발을 쳐대는 일부 정치인과 시민단체는 혹시 자신의 정치적 입지나 소속 단체의 이목을 집중시키기 위한 언행이라면 양심의 이중성이요, 국민의 탈을 쓴 간계(奸計)일 뿐이다. 사람들은 혼탁한 세상에서 귀티 나는 모범생을 좋아하지만 위선자는 싫어한다. 왜냐하면 세속과 욕심을 버려야 담백이 보이고 순수가 보이기 때문이다.

이시영 시인은 '나라 없는 나라'의 모순된 시어(詩語)에서 현실의 부조리와 모순, 폭력성을 고발하며 유토피아 같은 나라의 모습을 상상하며 시를 썼다고 한다.

요즘 시중의 언어가 필설로 표현하기 거북할 정도로 막말의 역치(閾値)가 높아지고 거칠어졌다. 서산대사는 임종게(臨終偈)에서 천 가지 계획과 만 가지 생각이 모두 '붉은 화로에 한 점 흰 눈(紅爐一點雪)'이더라 하였다.

현충일이 다가 오는데 호국영령들 영면을 못 하는 듯하다.

왜냐하면 모 전직 대통령은 군복무 기간을 인생의 썩은 기간이라 하였고, 모 정치인의 저서를 보면 '군대생활 39 개월은 나에게 커다란 공백기였다'고 인식하고 있다.

2009년 미국의 대통령은 해외파병 전사 장병 유해가 내려지는 수송기를 향해 최고의 예우를 갖춰 거수 경례를 하였는데, 2002. 6. 29. 서해 북방 한계선을 지키던 해군장병 6명이 북한 경비정의 기습을 받아 전사하는 연평해전 다음 날 우리나라 대통령은 한일 월드컵 참관을 위해 출국하였다. 1982년 마거릿 대처 영국 총리는 여름 휴가를 반납하고 포클랜드 전쟁에서 숨진 영국군 유족 255명에게 밤새워 위로 편지를 썼다고 한다. 2011년 8월 초 오바마 대통령도 모든 일정 다 취소하고 델리웨이 주 도버 공군기지에 도착하여 아프카니스탄에서 탈레반의 습격을 받아 숨진 미군 전사자 귀환식에 참석하였다. 연평해전 기념식에 2011년 9차례까지

대통령, 국방장관, 합참의장이 불참하였고, 10주기부터 천안함 폭침과 연평도 포격 이후부터 참석하였다. 국군 장병들에게 "후세에 너의 조상이 누구냐고 묻거든 나의 조상은 트로이 전선에 참전한 용사였다고 일러 주라고 하던 고대 희랍 사람들의 긍지를 가져야 할 것이다."라고 지휘 서신을 보내면 어떠한 반응을 할까.

단재 신채호 선생은 "역사를 잊은 민족에게 미래는 없다."고 하였다. 하인리히 하이네는 투병 중 루브르 박물관 앞에 쓰러져 동상을 끌어 안으며 '나를 어떻게 해 달라, 더 강력한 신은 없느냐'고 울부짖었다고 한다. 생로병사(生老病死)는 누구도 피할 수 없다. 피안(彼岸)을 향하는 수행자도, 천국으로 안내하는 성직자도, 극락행을 비는 스님도 마찬가지다.

하물며 천수(天壽)를 다 하지 못 하고 국가와 민족을 위해 목숨을 바친 영령들의 희생정신을 결코 헛되게 하면 안 된다.

정부는 참전용사, 원호가족, 독립유공자 자녀들에게 민주화 보상 심의 위원회가 심의한 민주화 유공자에 준하는 사회·경제적 예우를 하여야 한다. 국가를 위해 목숨을 바친 분들의 보상을 돈으로 환산한다는 것이 예(禮)는 아니나 형평성과 역차별을 받아서야 되겠는가.

그래야만 보름달이 한산섬 장복산 위로 두둥실 떠 오를 때 충무공이 지키고 손원일과 백선엽이 키운 국군을 석해균 선장이 지키고 한주호 준위와 서정하 하사가 지킬 것이 아닌가?

(중부일보, 2014. 6. 4)

“제 아들은 어느 나라를 위해 죽었나요?”

우리 민족은 유사 이래 960회 정도의 외침을 받았다고 한다. 그 많은 전쟁의 역사 중 6·25 전쟁이야말로 잊을 수도 잊어서도 안될 역사의 교훈으로 전후 세대에게 가르쳐야 할 책무를 우리 기성 세대가 안고 있다

몇 년전 ‘태극기 휘날리며’란 영화가 극장가를 뜨겁게 달군적이 있었다. 6. 25 전쟁을 담은 이야기로 이 영화를 제작한 감독은 6. 25에 대하여 알리고 싶다고 했다.

중요한 것은 6·25 전쟁은 동족상잔의 피비린내 나는 그야말로 처절한 전쟁이라는 것이다. 우리 동족들 간에 서로를 원수로 규정하고 증오하고 상대방을 저주하며 죽고 죽였다. 그 전쟁에서 사상자 수가 중공군 1백만 명, 미군 14만 명, 유엔군이 1만 6천 명, 한국군이 22만 명, 북한군이 60여만 명, 그래서 사상 당한 군인들의 수가 자그만치 2백여 만명이 넘는다는 통계가 브리타니

카 백과사전에 기록되어 있다. 여기에 남한 50만 명과 북한 3백만 명의 민간인이 전쟁으로 사망한 것으로 되어 있고 이들을 모두 합치면 6백만 명의 피가 한반도에 뿌려졌다. 이것은 통계로 본 6. 25의 참상이다.

이 외에도 300만 명의 북한 동포들이 집과 가족을 잃고 남으로 내려와 피난민의 신세로 고생을 하며 살아오고 있다. 물론 지금은 대부분 풍요를 누리고 살지만 분단으로 생겨난 이산가족이 1천만 명에 달한다고 한다.

학자들 가운데는 이산가족의 수가 1천만 명까지는 되지 않을 것이라고 말하기도 하지만 하여간 잠시만 헤어질 줄 알았던 이산가족들이 반세기를 넘기고 이제 혈육을 보지 못한 채 한 사람씩 한 사람씩 죽어 가고 있다. 그나마 이산가족 상봉이라는 계기로 하여 극히 일부의 이산가족들만이 북한의 각본에 연출되고 있을 뿐이다.

호국 보훈의 달을 맞아 우리 민족사에서 가장 수치스러운 동족상잔의 전쟁이었던 6·25 가 어떤 전쟁이었던가를 똑바로 알아야 한다.

누가 우리를 갈라 놓았으며 누가 그 전쟁을 부추겼고 우리는 그때 올바른 민족적인 선택을 했는가? 그 결과는 우리 삶의 오늘과 내일을 어떻게 규정하고 있는가? 등의 문제를 진지하게 생각해 보는 기회가 되어야 한다.

우리 민족은 외세의 부당한 조치로 분단된 지 반세기를 넘게 살면서 미사일과 최첨단 무기로 무장한 포신을 지금도 서로의 가슴을 향하여 겨누고 있다. 그 뿐만 아니라 작년에는 핵무기를 개발해 놨다고 큰 소리 치며 세계 정치사에서 용도 폐기되고 있는 사회주의를 고수하고 있다. 한 술 더 떠 세습 왕조처럼 신정 정치와 유훈(遺訓)통치를 하며 국민들의 굶주림에는 아랑곳 하지 않고 있다.

분명한 것은 남한과 북한의 GNP는 1/25 수준이고 대외 무역은 23억9천만 달러로 남한의 0.6% 수준이며 1인당 국민 소득은 남한의 1/18 수준으로 북한의 전체 경제 규모가 삼성전자의 1/2에도 못 미치는 수준에 있다는 사실이다.

이제 6·25 전쟁의 의미와 남과 북의 사상적 이념적 실상에 대해 국민들의 통합된 인식을 가질 필요가 절실하다. 전쟁을 겪은 세대보다는 전후에 태어난 세대가 더 많은 현실에서 6·25 동란의 의미는 점점 우리 민족 반만년 역사 속의 한 점으로 희미해져 가고, 또 시대가 바뀜에 따라 이 전쟁에 대한 인식도 변화 되어 가고 있는 것이 안타까울 뿐이다. 당장 누가 정권을 잡았는가에 따라 6·25 동란을 기리는 행사의 규모가 달라지고, 어느 언론이 사회의 여론을 주도하는가에 따라 기사의 성격이나 크기가 달라지는 것이 우리의 현실이다.

2002년 6월 29일 서해상에서 남북 해군간에 무력 충돌이 일어났을 때 6명이 전사하고 19명이 중경상을 입었다. 고 황도현 중사의 아버지 황은택씨는 2주기 추도식에서 “제 아들은 어느 나라를 위해 죽었나요?" 라며 오열한 장면은 조국을 위해 목숨을 바친 영령들에 대해 국가가 예우한 사례의 현주소다.

국가와 민족의 부름을 받아 자유 민주주의를 수호하기 위해 적과 싸우다 죽은 것이야말로 인간의 가장 숭엄한 최후라고 말할 수 있다. 그런데 그 적이 같은 민족일 때 전쟁이 끝난 뒤 수많은 가슴 아픈 역사가 전개될 것은 불을 보듯 뻔하다.

정치색 짙은 광화문의 촛불 집회가 아닌 우리 모두 마음의 촛불을 하나씩 밝히자고 제안한다.

57년 전 젊은 청춘을 던져 이 나라를 지켜준 선배들의 영혼이 그 촛불과 함께 우리의 가슴을 환하게 밝혀주는 진한 감동을 다 같이 느껴야 할 것이다.

(경기일보, 2007. 5. 23)

제헌절과 국경일

제헌절은 1948년 7월 17일에 헌법을 제정하여 공포한 국가의 경축일이다. 4대 국경일의 하나로 매년 공휴일로 지정되었으나 2008년부터 국경일로서의 품위만 유지하고 공휴일에서는 제외되었다.그 이유는 당시 열린 우리당과 행정자치부가 협의를 갖고 주5일 근무제로 휴일 수가 크게 늘어남에 따라 휴일 개편작업에 따른 축소 시행의 일환으로 제헌절을 공휴일에서 제외하기로 의결하고 지금까지 유지해오고 있다. 또한 이 날은 조선왕조 건국일로서 이에 맞춰 제헌절을 공포한 의미도 담고 있다.

정부는 자유민주주의를 기본으로 한 헌법의 제정을 경축하고, 헌법수호 의지를 다짐하는 기념행사를 거행한다. 분위기를 띄우고 국민들의 동참을 유도하기 위해 국가 기관과 가정에서는 국기를 게양하여 이 날의 뜻을 높이고 있다. 특히 삼일절, 광복절,

개천절 같은 국경일이 일제 강점기의 사건이나 독립운동과 직접 연관이 있는 반면 제헌절은 식민지 시기가 아닌 대한민국에 기원을 둔 유일한 국경일이다.

따라서 이 날의 국가 행사는 생존하는 제헌 국회의원과 3부 요인을 비롯한 각계 대표가 모여 자유민주주의의 법치의 초석을 공포한 날을 기념하고 경축한다.

국경일, 기념일 계기교육 강화해야

이에 발맞춰 각 학교에서는 계기교육의 일환으로 의식가인 제헌절 노래를 가르치고 의미와 유래 등 학생 발단단계에 맞게 교육을 한다. 학교마다 글짓기, 그리기, 각종 토론수업, 명사초청 특강 등 다양한 형태로 이루어지고 있다.

헌데 이와 같은 국경일 및 기념일의 계기 교육이 소홀해 지고 있다는 일선학교의 분위기이다.

좌파정부 10년에 군사문화 및 햇볕정책의 명분으로 행사의 격(格)과 급(級)의 비중을 가볍게 한 측면과 무관치 않다. 이는 과거 정부의 국가주의적 정치 · 이념적 도구화, 종속화, 수단화의 시각으로 본 데서 기인한다고 사료된다.

물론 당시의 정치권력에 의해 본질이 왜곡된 일정 부분도 없지는 않다.

그렇지만 국경일과 6·25를 비롯한 국가의 정체성과 관계된 각종 기념일에 올바른 역사관을 교육시켜야 함은 교직자의 중요한 책무성이다.

형식 속에 실질이 있듯 국경일 및 기념일 행사를 계기로 국론을 모으고 본래의 교육적 순기능을 살려야 한다.

역사발전의 과정에서 후사경만 보는 우(愚)를 피해야

하지만 근·현대사의 질곡에서 자학(自虐)의 붓에 증오의 먹물을 써 내려간 이데올로기 역사관, 대한민국의 건국과 발전상을 헐뜯는 역사 왜곡의 풀무질 앞에 청소년들이 벌거숭이처럼 노출돼 있다. 따라서 역사 인식의 오류는 국가 정체성의 혼란으로 이어지고, 편향되고 경도된 가치관은 미성숙한 그들에게 '글로벌 시민'의 상식에 반하는 역사의 간지(奸智)로 성장하는데 문제의 심각성이 있다.

역사 발전의 과정에서 후사경(後寫鏡)으로 뒤만 보다가는 자칫 앞의 도랑에 빠질 수 있는 우(愚)를 범하게 된다. 아무리 숫자가 많다고 해서, 집단으로 말한다고 해서 진실이 되는 것은 아니다. 한 사람이 외치더라도 진실은 진실이다.

필자의 과문한 탓인지는 모르지만 현재 우리사회에는 '이익공동체'는 넘쳐나지만 '생활공동체'는 보이지 않는다.

백성은 물이지만, 때로는 배도 전복시킨다

기초질서 위반 비율이 일본의 44배이고, 교통사고 입원 환자 비율도 18배라는데 시사하는 바가 지대하다.

법은 만인 앞에 공평하고 평등해야 법치가 실현된다. 그런데 우리 사회에는 아직도 유전무죄(有錢無罪) 무전유죄(無錢有罪)라는 말이 유령처럼 떠돌고 있다. 실체는 있는 것 같은데 보이지 않는다. 참으로 해괴하다.

백성은 물이지만 때로는 배도 전복시킨다. 이 세상에서 물보다 더 부드럽고 약한 것은 없다. 그러나 굳고 강한 것을 이기는 데 물보다 더 나은 것 또한 없다. 약한 것이 강한 것을 이기고 부드러운 것이 굳센 것을 이긴다.

어느 사회든 악한(惡漢) 만큼 의인(義人)도 꼭 있게 마련이다. 사회를 지배하는 섭리는 묘하게도 균형을 찾는다. 그게 세상의 이치요 오늘을 살아가야 할 이유이기도 하다.

(경인일보, 2013. 7. 16)

진정한 에스페란토(Esperanto)

"지렁이도 용(龍)님 이라고 하면 기뻐한다."는 말이 있다.

그런데 요즘 시중에서 오가는 대화의 색깔과 농도가 나날이 달라지고 있다고 한다.

미국 발 금융위기로 촉발된 경기침체, 파산, 실업 공포, 감원 등 악성 바이러스가 전 세계를 떠돌며 사람들의 정서를 감염 시키니 그럴 만도 하다. 특히 혈기 왕성한 청년 실업과 비정규직은 사회문제를 넘어서 정치지형까지 바꿀 정도로 심각한 상황이 현실이다.

이와 같은 바이러스에 병약한 체질의 우리나라는 민심이 흉흉할 수밖에 없다. SNS를 통해 퍼지는 온갖 루머와 괴담들은 리스먼의 '고독한 군중'을 상기시킨다. 개개인의 자아는 어디론가 실종되고 커뮤니티만 존재하는 세상, 개인의 이름 대신 익명성 뒤에 숨은 군중만이 존재하는 세상, 괴담은 이런 세상에서 기승을 부리게 마련이다. 그렇다고 인류가 개발하는 신기술이 으레 그렇듯이 SNS의 역기능이 아무리 심각하다고 해도 인류의 역사가 SNS 이전 시대로 역행할 것 같지는 않다. 그렇다고 무인도에 가서 세상시름 다 잊고 살 수도 없는 노릇인데 이는 시끄러운 디스코텍에서 혼자 카세트 녹음기로 명곡을 감상하는 것과 같다.

세계 경제사에서 보면 97년 IMF 환란 당시 미국과 유럽은 한국을 포함한 아시아의 고통을 단물 삼아 호시절을 누렸다. 월가의 금융 CEO들은 메뚜기 한 철을 어떻게 신명나게 즐겼는지 적나라하게 드러나고 있다. 오늘의 비참한 이런 후과(後果)를 꿈엔들 생각했겠는가.

그 후 국내의 정치 지형은 좌편향으로 그토록 청렴성과 도덕성을 목청껏 외치더니 이제 봉하 마을의 장원(莊園)은 진보주의 모순의 표상이 되어 버렸다.

권불십년이요 화무 십일홍이라는 학습효과 때문일까.

개천에서 난 '용'이 가장 경계해야 할게 바로 그 '개천'이라는 속설은 경험상 진리다. 그런데 현 정부의 인재 풀은 자신이 자란 실개천을 못 벗어나고 있다고 한다. 모두 다 추상(秋霜) 같은 정의의 법정에서 민초들의 심판을 받아야 할 사안이다.

왜 이렇게 서로가 서로를 못 믿고 험상궂은 말과 으르렁대는 소리만 들릴까. 아마도 그것은 정글의 법칙이 지배하는 경쟁과 승자 독식의 구조에 근원이 있다고 사료된다.

인간의 삶 속에서 의식주 해결은 누구도 피해갈 수 없는 필수불가결의 요소다. 피안(彼岸)을 향하는 수행자도 천국으로 안내하는 성직자도 극락행(極樂行)을 비는 스님도 마찬가지다. 그렇다면 지난 IMF보다 더 혹독한 시련과 고통이 예상 된다는데 난국 돌파와 사회통합의 동력은 어디에서 찾아야 될까. 먼저 불용성(不溶性) 사회 분열과 편집증(偏執症)을 치유하는데서 찾아야 한다. 구체적으로 말하면 우리나라는 남 · 북한, 동서, 세대, 학맥, 인맥, 계층, 종교, 노사 간 골이 너무 깊게 패여 있다. 골이 깊다 보니 메우기도 여간 힘든 게 아니다. 특효약은 생명공학으로 얻을 수 있는 고가의 신약도 아니고 우리의 일상에서 남을 배려하려는 내재적 동기와 행동으로 옮기는 실천의지만 있으면 된다.

그것은 돈 한 푼 들이지 않고 효과를 계량화 할 수 없을 정도로 좋은 처방인데 '칭찬과 웃음(배려)'이야 말로 진정한 에스페란토라고 김찬삼은 말하고 있다.

미국 월간지 리더스 다이제스트는 최근 전 세계 35개국 주요도시 시민들의 친절도를 조사하였더니 1위 뉴욕, 2위 취리히(스위스), 15위 런던, 32위 서울로 집계 되었다. 그 뿐만 아니라 영국의 라이세스터 대학 조사에 의하면 세계 179개국의 '행복감' 조사에서 1위 덴마크, 8위 부탄(국민소득 1천 200달러), 103위 한국으로 나왔다. 미인대회 수상자(국민소득 2만$, 경제규모 세계 13위)가 알고 보니 성형수술 했다는 이야기를 듣는 기분이다.

원래 우리나라는 가난했지만 남을 배려하는 예의범절을 최고의 가치로 여겼으며 지금은 세강속말(世降俗末)이 되었지만 한 때는 동방예의지국이라는 평판을 듣기도 하였다. 국민소득 조금 높아졌다고 다시 말해 그럴듯한 모자를 썼다 해서 아랫도리까지 따뜻해지고 품위가 올라가는 것은 아니다.

거창한 목표를 그리다 보면 어깨에 힘이 들어가고 무리한 스윙이 나오기 마련이다. 더 나아가 의욕이 너무 지나치다 보면 눈멀고, 귀 먹고 목소리만 커지는 똥오줌 못 가리는 일이 발생한다.

우리가 그리는 세상은 유토피아의 무릉도원도 아니고 젖과 꿀이 넘쳐흐르는 에덴 동산도 아니다.

그저 일상에서 상대에게 웃음과 칭찬을 다 같이 실천하여 각박한 세상을 따뜻한 가슴과 아름다운 눈길로 물들이는데 있다.

(경기일보, 2008. 12. 3)

창조경제와 대한민국 호(號)

인류문명의 흐름이 동양에서 유럽으로, 유럽에서 아메리카로 흘러 지금은 바야흐로 환태평양 시대에 접어들고 있다.

이 시대의 주역 대한민국, 세계 속의 선진 한국, 그것은 희망이 아니라 확신이며 우리에게는 무한한 가능성의 세계이다.

왜냐하면 1945년 이후 독립한 140여 개 국가 중 산업화와 민주화를 동시에 달성한 개도국의 롤 모델이요 전범(典範)이 한국이다. 이는 세계의 석학들도 다 인정하고 있다. 산업화와 민주화 세력 중 어느 세력도 사회적 공로의 배타적 독점권을 주장할 수는 없다. 계속 심리적 '확증편향(Confirmations bias)'의 주장은 파손된 균형 감각이 낳은 오만일 뿐이다. 가위로 종이를 자를 때 위 날이 역할을 했느냐 아래 날이 역할을 했느냐를 따지는 것은 부질없는 논란이다. 이러한 역사적 성공의 기저(基底)와 동력(動力)이었던 새마을 운동을 배우고 연구하고

자 133여 국가에서 다녀갔다고 한다. 이처럼 정신혁명과 잘 살아보자는 집념은 6·25사변 후 모잠비크, 방글라데시보다도 더 가난하던 나라에서 무역규모 세계 7위를 달성하는 위업을 낳았다. 잔잔한 호수에서 돛단배를 띄우는 항해술(航海術)로는 폭풍우 몰아치는 바다를 건널 수 없는 것이 세계 문명사의 현실이다. 따라서 미래사회는 창조성이 강한 인재를 요구하고 있다.

필자는 건전한 창조경제 생태계 착근과 확산을 위해 다음과 같은 제언을 한다.

첫째, 우리나라의 고급인력(대졸, 석 · 박사)의 비중이 OECD국가 중 제일 높은 것은 순기능과 역기능의 양가적(兩價的) 측면이 있다. 문제는 인재풀이 건강한 가치사슬(Value chain)을 구축하여 산업 생태계 전체를 아우르는 융합의 시각을 가져야 한다. 한데 다행히 우리나라는 다양한 전 · 후방 산업을 보유하고 있다.

독일의 중 · 소 중견 기업의 경쟁력은 기술자들의 장인(匠人)정신과 도제(徒弟)제도 같은 독일 특유의 문화에 기인 한다. 우리나라도 전통적으로 산업의 각 분야에서 전술한 선조들의 DNA가 흐르고 있다. 예컨대 박대통령의 스위스 순방에서 얻은 강소기업의 환경은 벤치마킹 할 사례다.

우리나라는 일 년에 80만개의 창업과 68만개가 소멸을 하며, 노키아에서 떨어져 나온 사람들이 창업한 신생 기업이 3천 여개가 넘는 선례에 해답이 있다.

'다윗과 골리앗'의 저자 맬컴 그래드 웰은 "세상은 거대한 골리앗이 아니라 상처 받은 다윗에 의해 발전한다."고 하였다.

동 저자가 주장한 '1만 시간의 법칙'(하루 3시간 일주일에 20시간씩 10년 간 1만 시간의 시간을 투자하면 그 분야에 최고의 달인이 된다 함)을 젊은 청소년들은 귀담아 들을 대목이다.

둘째, 창조경제의 구현을 위한 OECD수준의 기반 조성이 요구된다. 이를테면 법령 및 규제 정비, 공직사회와 공기업 혁신의 과감한 수술을 하여야 함은 이 시대의 옵션이 아니라 숙명으로 받아 들려야 한다. 그 후 경제학에서 말하는 '시장의 보이지 않는 손(Invisible hand)'과 '정부의 보이는 주먹(Visible fist)'이 잘 조화를 이루며 선순환 구도로 이끌어야 한다.

앨빈 토플러는『부의 미래』에서 부의 미래를 형성할 심층기반은 시간, 공간, 지식의 3가지를 꼽았다. 그는 경제 발전의 속도를 높여가는 나라의 주요 제도들이 뒤처져 있다면 부를 창출할 수 있는 잠재력이 제한될 수밖에 없다고 보았으며 이를 '적합성의 법칙(Law congruence)'이라 하였다.

그는 고속도로를 질주하는 자동차에 비유하여 기업이 100마일, NGO 90마일, 노동조합 30마일, 행정관료 조직 25마일, 교육계 10마일, 정치권 3마일로 진단하였다.

창조경제의 나아갈 길에 꼭 귀담아 들어야 할 대목이다.

"영감(Inspiration)은 우연히 누구에게나 주어지는 것이 아니라 문제의식을 가진 사람에게만 주어진다."고 하였다. 박근혜 정부의 창조경제가 순항하기를 빈다.

현충일과 구천(九泉)의 통곡(痛哭) 소리

해방 이후 친일파의 자손들은 친일의 덕택으로 높은 교육을 받아 순조로운 생을 살아갈 수 있었다. 그러나 항일 독립 운동가의 후손들은 감시와 탄압과 차별대우로 제대로 된 학교 한 번 다니지 못했다. 따라서 독립운동가 후손들은 능력과 실력을 강조하는 현대사회에서는 자연히 도태될 수 밖에 없었다. 중국 본토와 시베리아에서 항일투쟁을 했던 한 애국지사는 후손들에게 앞으로 국가가 위기에 처했을 때 조국과 민족을 위하여 절대로 나서지 말라는 한 맺힌 유언하였다고 하니 우리의 마음을 더욱 슬프게 한다.(박환: 수원대교수)

6·25전쟁 중 한국군 22만명, 북한군 60만명, 미군 14만명, 유엔군 1만6천명, 중국군 100만명 등 사상자가 200만명이 넘는다고 기록돼 있다.(브리태니카 백과사전)

여기에 남한 50만명과 북한 300만명의 민간인이 사망하였고,

이 외에도 300만명의 북한 동포들이 남한으로 내려왔고 후유증으로 1천만 이산가족이라는 민족의 비극이 시작되었다.

우리민족은 유사 이래 960여회의 외침을 받았다고 한다. 그 많은 전쟁의 역사 중 6·25 전쟁이야말로 잊을 수도 잊어서도 안 될 역사의 교훈으로 전후 세대에 가르쳐야 할 책무성이 우리 기성세대에 있다.

우리의 주적은 미국?

그 중에서도 대통령의 언어는 생명력을 갖는다. 왜냐하면 가치와 지향, 집단소망을 투사(投射)하기 때문이다. 언어는 어떻게 구사하느냐에 따라 흉기가 되기도 하고 사람을 구하는 구명대가 되기도 한다. 그런데 좌파정권 10년에 상대적 억압자였던 박정희를 절대적 전제자인 김일성보다 훨씬 더 심하게 공격했다. 지난 세대를 폄하하기 바쁜 외박이 눈길의 정치인들과 일부 정치교수들의 그 기막힌 자기모순, 도덕적 자만심은 거의 신성 불가침이었다. 그 결과 육사입교 생도 250명의 설문 결과 우리의 주적은 34%가 미국, 33%가 북한이라고 응답하였다.(김충배 육사교장, 2004)

우리나라 엘리트 집단으로 온갖 혜택은 다 누리는 법조계는 어떠한가. 조국(祖國)의 미래를 염려하는 젊은 판사, 북한(北韓)의 해방을 고민하는 청년 검사, 국가 정체성을 파괴하는 자들에 분노하는 변호사를 거의 보질 못했다.

요즘 법조계의 좌경화는 보편적 사회상규와 통념을 넘어 국가 정체성이 위협 받는 수준에 와 있다는 세간의 평가다.

최근 젊은 법관들의 튀는 판결의 역사적 기원에는 전교조 교육과 상당한 관련성이 있다고 한다. 학교 현장에서 전교조 교육이 영향력을 확대해가던 시기에 교육 받았던 학생들이(70년대 출생 90년대 대학) 사회 각계로 진출해 영향력을 키우면서 생기는 현상이라는 것이다.(동아일보 황호택)

김정일 집단의 나팔수 노릇하는 일부 종북 언론의 보도 행태 또한 국민을 현혹 시키기는 마찬가지다.

교육의 이념 편향성 심각

교육계의 이념 편향은 더욱 심각하여 반미(反美)가 애국(愛國)이고, 친북(親北)이 애족(愛族)이라는 「똑똑한 광인(狂人)」의 학생을 계속 길러내고 있다.

청소년의 가치관 형성에 처음 입력된 정보가 정신적 닻으로 작용되는 '닻 내리기 효과(Anchoring effect)' 와 초기 정보가 후기 정보보다 훨씬 중요하게 작용되는 '초두효과(Primacy effect)'의 현상이 현실로 나타나고 있다.

거짓말도 세 사람이 똑같이 하면 믿게 된다고 한다.

한데 '수월성 교육은 악이고 평등성 교육은 선'이라는 발상은 인권적 · 종교적 차원에서 교조화 되기도 하고 민주주의라는 명분으로 세력화되기도 한다.

사이비 교육 행정가(교원)들이 '교활한 정치서커스'의 진수를 교육계에 오염시키고 있다. 천안함의 '붉은 멍게' 주장이 엉터리라는 건 장삼이사(張三李四)도 안다. 그런데 젊은 층일수록 이런 터무니 없는 소설에 공감해야 '지식인'으로 대접받는 비뚤어진 기류가 판을 치는 세상이다.

항용 그렇듯 오만함 지수(AQ · 자만심 ÷ 본인의 실력)가 높은 사람이 고위직 혹은 권력을 잡았을 때 보살(菩薩)처럼 보이지만 곧바로 야차(夜叉)가 되어 일을 그르치거나 조직에 오물을 덮어쓰게 한다.

난감한 퍼즐보다 더 난해한 우리나라의 근현대사에서 분명한 진실은 국가와 민족을 위해 목숨을 바친 용사들이 있기에 오늘날 자유민주주의의 번영을 만끽하고 있다.

호국영령들의 넋을 위로하고 그들의 희생이 헛되지 않게 하여야 함은 우리 국민 모두의 한결같은 뜻이다. 용사들이여! 편히 쉬소서!

(중부일보, 2013. 6. 6)

경기도 율곡연수원

▲ 공모교장의 리더십 강의 : “차별화된 학교경영”을 주문함.

7부

경기교육의 현주소

1. 21세기형 소프트파워와 경기교육
2. 2014 고위 공직자에 고함
3. 경기교육의 모멘텀
4. 경기도교육청의 「맞춤교육」
5. 경기도교육청의 조례 만능과 학교문화
6. 언론의 자유와 경기교육
7. '하인리히' 법칙과 창조교육
8. 혁신의 맹아(萌芽)와 신바레이션(Synbaration) 문화
9. 혁신학급(년)과 교사연수

고창 선운사 도솔암 장사송(高敞 禪雲寺 長沙松) : 전라북도 고창군 아산면 삼인리 천연기념물(제354호) 소나무

21세기형 소프트파워와 경기교육

21세기형 소프트파워의 가치는 서로 다른 전문지식과 상상력이 만나는 융합과 컨버전스(convergence)가 새로운 시대를 창조하는 시대다.

지난 세기까지 강대국은 하드파워의 강대국이었다. 그 밑바탕에는 자본력, 군사력 등이 하드파워를 대변하였다. 이에 반해 지식정보 사회에서는 국력의 비중이 지식력, 정보력, 문화력, 기술력, 품격 등 소프트파워에 있다.

소프트파워에는 두 가지 범주가 있는데 하나는 자유 민주주의와 시장 경제를 기본 체제로 하는 근대 산업사회의 힘이다. 두 번째는 지식력과 문화력(J · Nye 교수)이다. 따라서 21세기의 새로운 시대의 진검 승부처인 소프트파워를 키워 나가야 하는 과제를 안고 있다. 한 발 빠르면 호랑이 등에 올라 탈수 있고 한 발 늦으면 코끼리 발에 밟힐 수 있음을 알아야 한다.

'교육계의 전봇대'는 멀리 있지 않다.

국민의 정신적, 도덕적, 이성적 판단 능력에 정신적 테러를 가하는 편식(偏食)된 역사관과 좌파적 교육의 포퓰리즘은 다시 한 번 생각해 봐야 한다. 그렇다면 새로운 시대의 소프트파워의 핵심 요소는 논리적, 이성(logos)적 기반 위에서 형성되는 지식력과 감성(pathos)적 기반 위에 형성되는 문화 콘텐츠와 이미지라고 말할 수 있다. 다가오는 미래는 이성(high logic)과 감성(high touch)이 조화를 이루고 더하여 기술(high tech)이 뒷받침될 때 비로소 제 빛을 발하는 Tri - 소프트파워가 필요한 시대다.

2008년 역동적인 경기교육의 키워드는 Tri - Softpower를 통해 소프트파워 국가로 거듭날 수 있도록 포커스를 맞춰야 한다. 이성과 감성을 현실로 가능케 하는 하이테크 교육이 요구된다. 이성은 다가올 변화를 예측하고 그 변화에 대한 적응 수준을 넘어 새로운 변화를 창조하는 지식력이다. 기존의 모방 중심의 지식획득에서 지식 창출형 혁신으로 거듭날 때 그 저력은 배증될 것이다. 감성은 창조와 상상이 그 핵심으로 문화 콘텐츠와 디자인 역량과 관련성이 매우 지대하다.

뉴욕타임스는 세계 최고 수준이라고 아낌없는 찬사를 받은 우리나라의 B - boy는 새로운 물결의 중심으로 등장하고 있다고 평가한 바 있다.

두바이는 기발한 상상력을 기반으로 도시, 해양, 환경, 인적 인프라까지 새롭게 디자인하여 중동의 무역중심, 금융중심, 관광

중심의 도시를 일궈냈다.

이제 정부조직 개편에 따라 초 · 중등 업무가 시 · 도 교육청으로 완전 이관된다고 한다. 그 동안 물방앗간만 넘겨주었는데 이제는 물방아를 움직이는 개울물 사용 권리도 함께 줬다고 봐야 한다. 교육 수요자는 현실과 국민정서 측면에서 어떤 무지개를 띄울지 아니면 소나기를 뿌릴 지를 지켜보고 있다.

경제학에서 말하는 생존경제에서 경험경제로 이제는 환상경제(fantasy economy)까지 아우르는 안목을 가진 전문성이 뛰어난 교육 행정가가 요구된다.

과거 도서벽지에 근무하였다고 무조건 관리직(교감 교장)으로 승진되는 지름길 구조도 개선되어야 한다. 그리고 능력과 무관하게 경력관리 차원에서 교육 전문직(장학직)을 과객(過客)으로 거친 사람들을 무조건 중용해서도 안 되고 할 수도 없게 해야 할 것이다.

관료적 관성이 몸에 익숙한 사람들은 현 정부의 실용주의 기조와도 맞지 않을 뿐만 아니라 그들의 촉수(觸手)는 21세기형 지도자로서 흠결이 없는지 역량은 되는지 짚고 넘어가야 한다.

루비이통은 모든 기업들의 로망이다.

경기도 교육청 산하의 모든 교직원은 우리나라 초 · 중등 교육의 로망이 될 수 있도록 모두 분발해야 할 것이다.

(경기일보, 2008. 3. 14)

2014 고위 공직자에 고함

우리는 뭔가를 참을 때마다 엄청난 정신적 에너지가 소모된다. 그 에너지는 한계가 있어서 너무 자주 참게 되면 버틸 힘이 없어진다.

심리학에서 말하는 '자아고갈(Ego depletion)' 상태가 된다.

아무리 단단한 돌도 계속해서 정으로 내려치면 깨지는 이치와 같다. 마찬가지로 한 번씩 참고 견딜 때마다, 단단했던 마음도 조금씩 부서져서 더 이상 버틸 힘이 없어 무너지게 된다. 그 후 진짜 무서운 건 한번 무너지게 되면 더 이상 참으려 들지 않는 속성이 있다. 이것을 '어차피 이렇게 된 것(What the hell) 효과'라고 한다.

『거짓말하는 착한 사람들』의 저자 댄 앨리얼리는 거짓말의 전염현상으로 설명한다.

정치인의 백년하청(百年河淸)이야 그렇다 치자. 고위 공직자의 심리적 왜곡인 '확증편향(Confirmations bias)'이 심각한 지경에 이르고 있다는 세간의 여론이다.

이는 자신의 신념(거짓말 포함)을 유지하거나 공고히 할 수 있도록 증거(사실)를 비틀거나 왜곡, 기각, 비판이 유행병처럼 번지는데 심각성이 있다. 그들의 거짓말은 민초들에게 무력감을 주고, 양심의 기준을 저잣거리 수준으로 끌어 내린다. 그래서 고위직의 거짓말은 사회에 치명적이다. 뿐만 아니라 고위직의 거짓말은 주변 사람에게 '감정의 얼룩'을 남긴다. 그것도 진한 얼룩이다. 더구나 사회 지도층이라 할 수 있는 성직자, 원로, 교수 등까지 지위를 '확성기' 삼아 사회상규와 통념에 반하는 자신의 이념, 주관적 의견을 확산시키는데 일조하고 있다.

한 동안 '선의(善意)'라는 금전적 매수가 유행하더니 혼외자와 관련된 팩트를 전혀 모르는 일이라고 시치미를 떼고 일부 진보그룹의 북한 사회의 '내재적 접근법'이라는 괴상한 논리가 유행병처럼 회자되었다. 최근에는 신뢰의 상징이 되어야할 법관까지도 '동방예의지국' 운운하며 무죄를 선고하고 있다. 그들은 종교계 광신도 집단이나 일부 망상가(妄想家)들과는 달리 현실적 균형 감각을 가져야 한다.

형용모순에 언어적 유희와 사법기교(司法技巧)까지 민초들을 혼란스럽게 만들고 있다. 이는 특정 이념과 정파에 기운 편파성을 은닉하는 언어적 분칠일 뿐이고 인용 오류이다. 그들은 민초들이 바라 보기엔 너무 높은 '나무'다. 이렇다 보니 한국인이 처음 말한 사자성어가 중국사전에 기록된 것이 '유전무죄, 무전유죄라' 한다.

학력 좋고 사회 · 경제적 부러울 것 없는 이들의 이기적이며 이타적인 양가감정(兩價感情)은 윤리의식과 도덕성을 점점 무디게 만들고 있다. 정신과와 심리학 용어로 '우월적 착각(illusions of superiority)'인데 그 늪에 빠져서 헤어나지 못하기 때문이다. 교원의 시각으로 보면 콜버그의 도덕성 발달 6단계 중 1단계 수준도 못 된다고 봐야 한다. 이렇다 보니 우리의 삶에는 과거를 보면 아쉽고, 현재는 불만투성이 이고, 미래는 두렵게 느끼고 있다. 민초들도 감정이 있다 보니 차분한 토론 대신 적의(敵意)와 막말의 돌팔매질이 난무 한다. 일반 시민들이 공유하는 가치체계에 균열이 생겼다는 시그널이 아닐까.

하지만 교육계가 청량해야 국가의 미래가 밝아 온다.

왜냐하면 "교육은 단기적 시장 상품이 아니고 장기적 공공재"이기 때문이다. 매스컴에 알량한 지식을 창고 세일하는 일부 학자들의 태도는 오만 방자한 아카데미즘의 표본(상) 이상도 이하도 아니다.

메인 뉴스와 신문 톱뉴스를 장식하는 재승박덕(才勝薄德)한 일부 고위직의 부침을 보면서 홍수에 쓰레기들이 떠내려 오듯 오만 가지 생각이 밀려 온 한 해였다. 덧붙여 우리나라의 여야는 서로 못난 모습을 비추는 상대의 거울이라고 보면 된다.

다행히 사회는 악한(惡漢)만큼 의인(義人)이 꼭 있다. 따라서 사회를 지배하는 섭리는 묘하게 균형을 찾는다. 그게 세상의 이치요 오늘을 살아가야 할 이유도 된다.

이제 갑오년 새해가 밝았다.

성서에 기쁜 소식만 전해 준다는 가브리엘 같은 천사의 역할을 경기도교육청의 '혁신교육 시즌2'가 선도해야 할 것이다.

(중부일보, 2014. 1. 2)

경기교육의 모멘텀

뉴욕의 심장부 맨해튼, 뉴요커들이 우리나라에서는 서민적이고 저렴한 먹거리인 떡볶이를 먹는 풍경도 그리 낯설지 않다. 소호, 헬스치킨 등 23곳의 음식점에서 최고 20달러 정도에 판매되고 있다고 한다. 뿐만 아니라 맵기로 유명한 신라면은 중국에서만 연간 5천만 달러어치가 팔리고 해찬들 고추장과 된장은 미국, 일본, 캐나다 등 전 세계 60여 개국의 소비자들의 입맛을 사로잡고 있다.

필자가 지난해 연해주 블라디보스톡에 방문 할 기회가 있었는데 그 곳의 백화점 매장에 삼성의 애니콜, LG의 싸이언이 고가에 거래되고, 대형 슈퍼마켓의 오리온 초코파이와 오뚜기 마요네즈 또한 러시아 국민들의 입맛을 사로 잡은지 이미 오래 되었다고 한다.

뉴욕타임스의 유명한 칼럼니스트인 토마스 프리드만은 그의 저서 〈세계는 평평하다〉에서 "평평한 세계"란 디지털 혁명으로 전 세계 사람들의 동시적 비즈니스 수행이 가능해졌음을 의미한다고 말하고 있다. 중국, 인도와 같은 국가들이 지식 업무를 수행할 때 미국을 포함한 전 세계와 동시 경쟁 상황을 일컫는다. 따라서 국경을 넘나드는 활발한 교류가 이루어지고 돈과 사람과 재화와 정보 등이 교환되는 속도와 범위는 기하급수적으로 증대한다. 인도와 중국은 무서운 속도로 우리의 뒤를 바짝 쫓아오고 선진국은 저 멀리 달아나고 불경에 나오는 안수정등(岸樹井藤)의 기로에 서 있다면 기우(杞憂)일까? 이와 같은 글로벌 환경에 적응하기 위해서는 교육 정책이 새로운 패러다임의 가치 계획의 모멘텀(momentum)이 절실하다.

2008학년도 경기도 교육청이 추구하는 "세계 인류를 지향하는 글로벌 인재 육성" 전략은 상당한 시의 적절성과 현장 적합성이 있다는 세간의 평가다.

따라서 논의의 본질은 전략의 타당성, 시급성, 합리성을 만족시키느냐에 있다.

그런데 젯밥에 더 마음이 가 있는 포리페서(polifessor), 지식생태계를 뿌리 채 흔드는 좌파 지식인, 좌편향 시민단체, 국민의 공익보다는 조직화된 이익집단의 뒷다리 걸기를 어떻게 극복하느냐에 따라 성패가 달려 있다.

그간 인성교육과 학생들의 인권 운운하며 평등교육이란 듣기 좋은 개념을 동원해서 집권자의 의도를 실현할 수 있는 여러 통제 기제를 합법화하지는 않았나 뒤돌아 봐야 한다.

이제는 거창한 담론 주위만 맴돌기에는 시간이 너무 촉박하다.

전술한 전략을 구현하기 위해서는 경기도 교육청 산하 교직원의 자세가 어떠해야 하는가를 〈허준〉에서 교훈 받고자 한다.

몇 년 전 시청률 국내 최고 기록, 드라마 부문 세계 7위의 대기록을 달성한 드라마 〈허준〉은 현대를 살아가는 우리에게 진정한 프로의 면모와 의인의 풍모를 여실히 보여 주었다

그렇다면 그에게서 구체적으로 무슨 교훈과 시사점이 있을까?

허준은 어느 누구도 흉내 낼 수 없는 의술과 통찰력의 핵심역량(core competency)을 갖춘 인물이었다. 여기에서 말하는 핵심역량은 '경쟁력 있는 인재'를 말한다.

또한 그는 지위보다 역할에 충실하였다.

자기 분야에서 존경받는 대가(大家)가 되려면 지위에 목숨을 거는 사람(status-orie nted person)이 아니라 역할에 충실한 사람(role-oriented person)이 되어야 함을 일깨워 주었다.

마지막으로 허준은 끊임없이 배웠으며 자신의 연찬 의지의 고삐를 늦추지 않았다.

그는 스승 유의태의 문하로 들어가기 전까지 의술은 물론 약초에도 문외한이었다. 그러나 의술의 경지에 이른 후에도 배움을 향한 열정은 용광로 같았으며 그러한 열정은 마침내 〈동의보감〉이라는 찬란한 업적으로 이어졌다.

순수성이 결여된 시민운동가 혹은 노동운동가들이 어떤 지위

를 얻기 위해 투쟁을 하는 이중적 태도를 갖는 사람들은 귀담아 들어야 한다.

따라서 교육의 트라이앵글(교육관련 시민단체, 학부모, 교직원) 측면에서 자발적 승복(承服)의 총량이 커질수록 경기교육은 건강하다고 말할 수 있을 것이다.

경기도 교육청의 특목고 확대, 영어 교육 강화, 영재교육 등 글로벌 인재 양성 전략을 흔들림 없이 추진하는 경기교육 수장(首長)의 화룡점정(畵龍點睛)과 후속타를 기대해 본다.

(경기일보, 2008. 3. 25)

경기도 교육청의 「맞춤교육」

경제를 살리는 '속성효과'를 내는 데는 토목이 효과적이라고 한다. 그렇다면 교육의 속성효과와 더불어 지효성(遲效性)을 만족 시키는 전략과 전술에는 무엇이 있을까. 해답은 다양화 · 특성화 · 자율화의 토대 위에 '맞춤교육'이라 판단 된다.

맞춤교육의 핵심은 "잘 하는 아이는 더 잘하게, 영재는 세계적인 영재로, 학력이 보통인 학생은 보통 이상으로, 뒤처지는 학생은 끌어 올리는(No Child Left Behind)" 교육을 말한다.

교수학습 이론의 교과서적인 정책이라 말 할 수 있다.

따라서 공교육 정상화의 객체가 아닌 주체가 될 수 있고, 교육이라는 거대 시장에서 손님이 아닌 주인이 될 수 있는 기회다. 이는 학생들의 학력의 고하, 각 각의 개성, 가정환경의 호 불호 등을 모두 아우르는 가장 효과적인 접근 방법이라 사료 된다. 그런 의미에서 경기도 교육청의 '맞춤교육'은 현장 적합성과 시의 적절성이 있다는 일선 교사들과 학부모들의 평가다.

같은 맥락에서 교육의 공급자와 소비자 입장에서 정책 체감지수가 높다는 것은 정책의 보편 타당성과 신뢰성을 확실히 보장받게 되므로 일관성 있게 추진만 하면 된다.

그 동안 경기교육은 서울 언저리 교육에 머물러 있었던 것도 사실이다. 그런데 지금은 명실 공히 수도권 교육의 정체성을 확립하고 있다.

경기도내 고교 졸업생들의 미국 하버드 대학을 비롯한 아이비리그에 다수 합격하는 성과를 거두고 있다. 전국 100대 교육과정 공모에서 4년 연속 최우수 입상하는 등 지면상 다 열거할 수 없지만 각종 교육성과와 지표가 이를 방증 한다.

경기도의 교육 여건은 학교 수가 유 · 초 · 중등 합쳐서 4000여 개교 학생 수 200여 만명 9만 천여 명의 교원이 있다. 지역적으로는 대도시 중소도시 산간 · 도서벽지와 접적지역에 이르기까지 한국교육의 축소지형이라 할 수 있다. 지극히 이질적인 교육환경을 포괄할 수 있는 교육 정책의 수립은 쉽지 않은 것도 사실이다.

그런데 오바마 미국 대통령도 찬사를 보낸 우리나라 교육 정책의 한 축을 경기도 교육청이 짊어지고 있다 해도 과언이 아니다. 이렇듯 공교육 현장이 우수함에도 학부모들은 단편적인 사교육에 호응을 한다. 현실적으로 정부의 대학 입시 정책 기조가 외생변수라면 국가적 가치사슬의 앞부분에 있는 초 · 중등 교육

즉 공교육은 내생변수로서 상당한 인과 관계를 갖고 있다. 따라서 '맞춤교육'의 스펙(Spec)은 평면교육이 아닌 입체교육으로 구현해야 한다.

우리 모두 진솔하게 자문해 보자. 나 자신은 경기교육의 자산일까 부담일까? 자고로 교직자는 화분의 꽃이 되기보다는 밑거름이 되겠다는 심정으로 정렬을 쏟아야 한다. 헌신적인 직무내용이 타 직종보다 비교 우위에 서 있을 때 학부모의 신뢰를 얻을 수 있고 이를 바탕으로 공교육 정상화를 착근 시킬 수 있을 것이다.

전후 일본의 판검사들은 점심을 도시락으로 해결하였고, 오일쇼크 이후 대만의 장성들은 자전거로 출퇴근 한다는 유명한 일화를 타산지석으로 삼아야 한다.

이제는 모든 학교들이 'Only One, World First의 프로그램'으로 한 명의 낙오자도 없이 글로벌 인재로 양성되는 신바람 나는 교육현장이 정착될 때까지 바꾸고(Change), 도전하고(Challenge), 창조(Creativity)해야 할 것이다.

(경기일보, 2008)

경기도교육청의 조례 만능과 학교문화

인간이 사회(군집)생활을 하기 위해서는 최소한의 질서 유지를 위한 법(Rule)이 필요하다. 그래서 법의 정의는 약속이다.

성경의 십계명도 종교적 측면의 해석은 하나님이 모세라는 선지자(지도자)로 하여금 출애급한 수십만 명의 백성들을 통치하기 위한 계명을 게시 받았다. 그러나 사회학적 측면의 해석은 견해를 달리 한다. 출애급한 수십만의 군중이 광야에 있다 보니 서로 싸우고 강간하고 도둑질 하는 등 질서 유지가 안 되고 아수라장이었을 것이다. 이렇다 보니 질서 유지를 위한 최소한의 법규가 요구 되었으며 인류 최초 법의 효시인 셈이다. 고조선 시대의 8조 금법도 전술한 예와 유사하다고 볼 수 있다.

그렇다고 인간 행위의 모든 것을 법으로 강제하는 것은 현실적으로 할 수도 없고 해서도 안 된다. 왜냐하면 사회질서를 위한 법은 최소화하고 윤리와 도덕성을 포괄하는 문화로 접근해야 한다. 국가마다 그 사회의 고유한 미풍양속과 특수한 문화가 자리하기 때문이다. 그러한 사회가 건강한 선진사회라 말 할 수 있다.

이래서 법은 다수의 집단과 개개인에게 적용되어야 하기 때문에 입법기술상 추상적인 언어가 사용되는 경우가 많다. 또 행정법 분야에서는 법의 요건상 "필요한 경우에는 일정한 처분을 할 수 있다."라는 식의 불확정적 · 추상적 규정을 두는 경우가 많은데 이때는 무엇을 기준으로 어떻게 해석해야 할 것인가가 문제가 된다. 그 외에 법규에는 공공복리(公共福利 · 헌법제37조), 신의성실(信義誠實 · 민법제2조1항), 공서양속(公序良俗 · 민법 제103조)등과 같이 법이념의 일반적 · 추상적 내용을 표현한 일반조항이 많지만 그 의미의 확정은 역시 사회 상규적 판단보다는 사법부의 판단을 통해야 한다.이렇듯 법 해석의 포괄성 때문에 양형 기준이 나오고 일반 국민들이 갖는 법 감정은 그리 호의적이지 않다.

헌법과 법률의 하위 법인 조례의 사전적 정의는 "지방 자치 단체가 어떤 사무에 관하여 법령의 범위 내에서 지방 의회의 의결을 거쳐 제정한 법"을 말한다. 이 때 조례 제정권자들은 선진국의 입법 선례와 우리나라의 문화를 참고하여 신중을 기해야 할 필요가 있다.

경기도 교육청의 다양한 분야의 조례에 대하여 최소한의 안전망이라는 시선과 조례만능 교육청이라는 두 가치의 양론이 첨

예하게 대립하고 있다. 예를 들면 학생인권조례의 경우 학생 인권과 교육적 생활지도는 비화되어 인권 운동가와 교원들의 대리전 양상으로 치닫고 있다. 학부모 조례 역시 예산까지 주면서 학부모회를 강제한다는 시선과 학부모의 자발성과 자치성을 침해한다는 두 가치가 충돌하고 있다.

사학조례는 사학의 자율성 침해라는 헌법적 가치와 지방교육행정청의 감독권 강화라는 두 시선이 있는데 충돌 직전의 마주보는 열차처럼 아슬아슬하다.

상식밖의 경제학에 보면 "공짜가 제일 비싸다."고 한다.

조례 제정의 타당성 당위성을 떠나 필자의 견해로는 학교문화로 접근하는 것이 경제적 편익과 교육적 효과성이 월등하다고 판단 된다.

선박왕 오나시스와 케네디 전 대통령의 미망인 재클린 여사의 결혼 계약서는 A4용지 700장 분량이었다고 한다. 결국은 파경을 맞았는데 계약서보다는 결혼문화와 애정이라는 문화로 접근했다면 어떠했을까.

교육은 어디까지나 법 이전에 건전한 사회상규와 사회적 통념을 포괄하는 교육문화로 접근하는 것이 더 교육적인 것은 동서고금을 막론하고 진리이다.

(중앙일보, 2013. 4. 6)

언론의 자유와 경기교육

대통령(권력자)이 누구를 만나자 하면 대부분 「무슨 말을 해서 대통령을 즐겁게 해 드릴까?」하는 생각이 80-90%라 한다. 10~20% 정도는 직언을 해야겠다고 결심한다. 그러니까 대통령 입장에서는 90% 좋은 이야기만 듣고 나머지 10%는 그냥 흘려버린다고 한다(노태우 회고록).

작금의 현실은 감각적 충동과 무절제가 합리적 이성을 짓밟고, 이기적 개인주의가 국가적 공동체 의식을 파괴하고 있다. 또한 기회주의가 원칙을 비웃고 괴담과 거짓말이 정론사회를 뒤흔들고, 세속(世俗)이 종교와 교육계를 걱정하는 지경에 이르렀다.

일부 몰지각한 네티즌들은 SNS를 통해 근거 없는 괴담과 선동으로 악성 댓글의 종합상자이자 혹세무민(惑世誣民)한다. 여기에 알량한 인기를 바탕으로 극소수 문인, 교수, 의사, 연예인, 종교인, 사이비 시민운동가까지 가세하여 폭민중우정치(Mobocracy)를 부추킨다.

지도자는 다른 사람들의 시각으로도 세상을 볼 수 있는 공감 능력과 함께 다양한 아이디어를 받아들이고 실험해 보는 흡수 능력을 키워야 한다.

더불어 항상 사물을 볼 때 스쳐보는 게 아니고 예각과 사각지대도 들여다 봐야한다. 이러한 집사광익(集思廣益)의 기능을 조장하는 곳이 언론이고 참모이다.

리더의 집무실이 쓸쓸한 외딴섬으로 변하고 '갈라파고스의 성' 소리가 들리면 이들의 삼중주(三重奏) 속에서 집단은 추락의 이별곡을 들어야 한다. 그런데 완장을 차자 칼춤을 추는 치기(稚氣) 수준의 참모라면 본인과 경기교육을 위해서도 주요 보직에 있으면 득 될 것이 없다.

대명천지 백주대낮에 상급관청의 우월적 지위를 이용하여 언론에 의사 표현한 사람의 신상 털기를 한다면 되겠는가. 그 용기(?)가 놀랍고 그 막무가내가 놀라울 뿐이다. 성서를 읽는다는 명목 아래 촛불을 훔치는 행위가 정당화될 수 없는 이치와 같다.

경기교육이 혁신의 공고화 단계로 진입하려면 아직도 넘어야 할 산이 많음을 절감한다. 그렇게 기고자의 입에 재갈을 물리어 우리가 얻을 수 있는 당장의 이익과 우리가 잃을 수 있는 가치의 무게를 저울질 해 볼 필요가 있다.

따라서 교육 발전보다는 입신출세를 위해 권력지향적인 참모들은 이 기회에 교육계를 어지럽힐 것이 아니라 본인과 경기교육을 위해서도 정치판으로 뛰어드는 것이 더 현명할 것이다.

그런 사람들의 신상을 알아 보면 역량으로 발탁되었다는 평판보다는 대개가 정치권 누구를 등에 업었다는 설의 당사자다.

석가모니나 예수님 사촌만 모여 사는 곳이 아닌 한 국민 모두가 금욕의 수도자가 될 이유는 없다. 왜냐하면 욕망은 성취동기 유발 기제로 삶의 원동력이기 때문이다. 그런데 능력으로 승부를 걸어야지 주요 보직만 받아도 금세 어미(語尾)가 달라지는 양은냄비 같은 천격(賤格)의 기교로 인사권자에 발탁되기를 기대한다면 오산이다.

전문가 집단일수록 자기가 전공한 전문서적 이외의 책을 3-4배를 읽어야 사고가 편협하지 않다고 한다. "제대로 된 지방관이라면 한 수레쯤의 책을 가져가 공부를 하여 백성을 다스려야 할 텐데 요즘 현령들은 달력 한 장 달랑 들고 갈 뿐"이라고 다산은 개탄하였다. 식견을 넓히고 혁신 행정을 구현하기 위한 일은 뒷전이고 권력의 달콤한 맛에 젖어 있으면 안 된다.

요즘 인사철을 맞아 일부 정치인 빰치는 수준의 아첨배들, 손과 발이 진흙 투성이인데 얼굴에 진흙이 없다고 깨끗함을 주장하는 사람들이 부지기수라 한다.

새 학기에는 선비정신의 유장한 전통을 이을 수 있는 감탄과 감동되는 인사를 기대해 본다.

(중부일보, 2012. 2. 13)

'하인리히' 법칙과 창조교육

하인리히 법칙이란?

1920년대 미국 여행보험사의 손실통제 부서 직원인 H.하인리히가 수많은 산업재해 통계를 분석하다가 흥미로운 통계법칙 하나를 발견하였다.

산업재해가 발생하는 과정에서 큰 재해가 한 번 있었다면 그 전에 같은 원인으로 발생한 작은 사고가 29번 있었고, 또 운 좋게 사고는 피했지만 같은 원인으로 부상당한 사례가 300번 정도 있었다는 사실을 알아냈다.

이 법칙은 산업재해뿐 아니라 훗날 실패와 성공의 징후를 포착하기 위해 노력하는 사람들에게 중요한 길잡이의 역할을 하고 있다. 따라서 하인리히 법칙은 실패를 예고하는 300번의 징후를 놓침으로써 돌이킬 수 없는 결과를 낳은 실패 사례들을 역으로 300개의 성공씨앗을 얻을 수 있는 시사점을 준다.

교육의 전조 현상을 보면 답이 나와

이와 같은 법칙을 교육현장에 적용해 보면 전조(前兆)현상이 보인다.

그 예를 들면 학생자살에는 왕따, 학생폭력, 학교생활 부적응, 교사의 무관심 및 방기(放棄) 등이 있고, 학습지도 면에서는 학습 분위기 저해 행동, 학습기피, 자퇴, 사교육 기승, 공교육 불신 등으로 이어진다. 행정면에서는 무사안일, 근무태만, 각종비리, 징계자 증가 등이 있고, 제도 면에서는 법령괴리, 예산낭비, 비효율, 매너리즘, 관료화 등으로 굳어진다.

이렇듯 소 잃고 외양간 고치는 우(愚)를 범하지 말고 손톱 밑 가시부터 제거하면 그것이 창조교육이다. 숲속에 있으면 숲이 안보이나 '상자 밖에서의 사고(out-of-box-thinking)'는 교육계의 전조현상을 가장 정확하게 볼 수 있는 현미경이자 광각경이고 전망대다. 따라서 이러한 직무형태는 수비형 교사가 아닌 득점형 교사가 된다.

항용 그렇듯 어깨 너머로 배운 장기처럼 주마간산(走馬看山)격 현장 적합성 없는 진단으로 핵심을 꿰뚫기에는 역부족이다.

교육행정의 중추적 역할을 하는 정책 입안자들의 공통된 답변은, 예산이 없다 → 인력이 부족하다 → 연구 검토해 보겠다는 점층법을 구사하며 교육자의 양심보다는 본인의 입신양명에 온통 혈안이 되어있다.

삼성이 해외에 공장을 지을 때 매뉴얼이 500여 개 항목을 체크한다고 한다. 또한 우리나라는 1년에 자영업 80만개가 창업되고 68만개가 소멸된다고 한다. 두 사례는 정책 입안자들과 교원사회가 꼭 귀담아 들어야 한다.

첨단 과학의 시대에 과학 PD가 자갈밭을 맨손으로 일궈야 하는 수준의 정책으로는 소멸하는 68만 개의 자영업 신세로 전락할 수밖에 없다.

무릇 시민단체와 닮은 형해(形骸)화한 정책, 현장 적합도 없는 헛발정책은 창조교육의 적이다. 이는 손맛을 최고로 치는 음식보다 획일화된 공식으로 만든 음식 즉 사료와 같은 이치다.

창조교육의 마당을 열어야

이제는 창조교육 융합 에너지를 한껏 풀어 놓아 류현진의 피칭과 싸이의 신곡보다 더 열광하는 수준의 교육정책이 요망된다.

지금까지 노래를 잘 부르려는 생각은 안 하고 관객만 많이 왔으면 하는 정책 담당자들은 한 발 뒤에서 조용히 지내는 것도 본인과 경기교육을 위해서 바람직한 일이다.

단색문화보다 다양성을 생명으로 하는 학교문화에서 특정정책의 호각 소리를 시작으로 혁신교육이 완성되는 줄 알면 착각도 이만저만이 아니다.

아전인수식 과장법과 미화법의 금자탑보다 양적으로 다양하고 질적으로 우수한 콘텐츠 교육생태계를 구축하는 기층이 단단한 교사들이 있기에 경기교육은 희망적이다.

각설하고 창조교육의 본질적 속성은 자율성, 창의성, 모험성에 있다.

헌데 정치에 짙게 물들은 현재의 교육부 수장은 IMF 당시 정년단축 밑그림을 그린 고위 관료였으며 모 실장은 무자격 교장 입법에 직·간접 책임자로 그들은 진실의 낙오자다. 진실의 바위에서 이렇게 미끄러지는 사람들이 교육부에 앉아 있는 한 창조교육은 비오는 달밤을 기다리는 것과 같다는 교육계의 공통된 여론이다.

(중부일보, 2013. 5. 29)

혁신의 맹아(萌芽)와 신바레이션(Synbaration) 문화

하버드대학 교수인 메이오와 뢰슬리스버거는 시카고 교외에 있는 서부전기회사의 호손공장에서 8년간의 실험 연구를 진행하였다.

이 연구는 작업장의 조명수준, 휴식시간, 노동시간, 급료 등과 같은 물리적 요인과 조직 내의 인간적 요인에 변화를 주면 생산성에 어떤 효과가 나타나는가를 규명하는 연구였다.

그들은 이상과 같은 일련의 실험을 통해서 물리적 직무 조건보다 사회 · 심리적 조건이 노동자의 생산성을 증가하는데 기여하고 있음을 발견하였다.

더불어 노동자의 동기와 직무만족이 생산성의 증가와 밀접한 관계가 있음을 밝혀냈다. 전술한 내용을 교직사회에 접목시켜보면 시사하는 바가 지대하다.

왜냐하면 교사는 명예를 먹고 사기로 근무하는 직종이기 때문이다.

이를테면 우리나라 사람들은 신바람 나게 일을 잘 한다. 한 번 신명이 났다하면 자신의 능력을 100%, 아니 200% 발휘한다. 하지만 신바람만으로 학교를 경영하다 보면 원칙이 흐려지거나 무질서해서 실패하기 십상이다. 때문에 '신바람(Synbaram)'과 '서구의 합리성(Rational)'을 접목해서 '신바레이션(Synbaration)'문화를 만들어야 한다.

그 토대 위에 경기도 교육청의 혁신교육 시즌 2의 확산과 일반화 전략을 수립하면 효율성이 배증 될 것이다.

'코이'라는 잉어는 작은 수족관에 넣어두면 3인치밖에 자라지 않지만 조금 더 큰 수족관이나 연못에 넣어 두면 10인치까지 자라고, 깊고 넓은 강 속에서는 48인치까지 자란다고 한다.

이처럼 학생들의 잠재능력은 무한하다. 여기에는 교사의 열정과 상당한 인과 관계가 있다. 이 때문에 새로운 학교문화의 창조를 위해 우리가 머물러야 할 곳은 언제나 '상자 밖의 사고(Out-of-box-think)'이다.

민주는 공동체를 지탱하는 핵심 가치이듯이 혁신 또한 조직 발전의 핵심 가치이자 본질이다. 관행적으로 반복된 일을 하다 보면 매너리즘과 고정관념에 빠져 흡사 시멘트에 물 섞은 것처럼 꽁꽁 굳은 콘크리트처럼 될 수도 있다.

"장강후랑추전랑(長江後浪推前浪: 장강의 뒷 물결은 앞 물결을 밀어 낸다)"이라는 중국 속담이 있다.

경험은 최대의 학문이고 경륜이 익숙할 수는 있으나 창조성(혁신성)을 놓칠 수가 있는 것 또한 현실이다.

고사에서 일컫는 앞 물결은 물리적 공간 일 수도 있지만 사회학적으로 진화하는 가치관과 정체된 정신세계를 말하고 있다.

컴퓨터 단층 촬영과 같은 연대기적 분석이 필요하다.

이래서 혁신은 혁명보다 더 어렵다고 한다.

어찌되었던 우리나라 교육의 현실은 공교육이든 사교육이든 기울어 가는 사탑(斜塔)이라고 우려하고 있다.

눈은 혁신을 향해도 눈동자는 무사안일에 있었는지도 생각해 봐야 한다. 교원사회의 정서적 직무 피동성으로 속은 아닌데 겉으로는 열정이 넘쳐나고 고매한 것처럼 할리우드 액션을 취해선 교직자의 직업의식과 도덕성에 관한 문제가 된다. 따라서 교원사회의 자발성을 이끌어 낼 수 있는 지도성과 정신혁명이 요구 된다.

조선시대 집현전과 규장각의 선비들은 지식과 아이디어가 마르지 않는 샘물 역할을 하였듯이 교육계를 향한 전문성과 소명의식에 귀담아 들을 대목이다.

우리나라의 교육은 경제학에서 말하는 '시장의 보이지 않는 손(Invisible hand)'과 정부의 '보이는 주먹(Visible fist)'이 함께 교육을 이끌어 가는 구조다.

이제 공교육의 혁신은 '언덕 위의 구름'이 아니라 구름을 타고 날아야 한다.

잔잔한 호수에서 돛단배를 띄우는 항해술(航海術)로는 폭풍우 몰아치는 바다를 건널 수 없는 것이 세계 문명사의 현실이다.

'다윗과 골리앗'의 저자 맬컴 그래드 웰은 "세상은 거대한 골리앗이 아니라 상처 받은 다윗에 의해 발전 한다."고 하였다.

경기도 교육청의 혁신교육 시즌2의 맹아(萌芽)는 신바레이션 문화와 함께 조기 착근을 기원 한다.

(중부일보, 2014. 2. 3)

혁신학급(년)과 교사연수

"교장선생님! 10년 20년 전에 비하면 학교 교육경비가 엄청나게 많이 지원 되는데 학부모의 여론이나 언론은 교실 붕괴다 공교육의 실종이다 하는데 그 원인이 어디에 있다고 생각하시나요?" 필자가 시골 모 초등학교장으로 재직 당시 교육청 관리과장 한테 받은 질문이다.

선생님들의 지적 수준은 교대와 사대 입학과 졸업 후 임용고시에서 이미 검증되었다. 대한민국 5% 이내에 드는 인재 그룹이다.

석 · 박사 학위 소지자 또한 여타 직종보다 높다.

최근에는 전문성 신장을 위한 NTTP 교과 연수년 연수(교사1인당 60-70만원 소요), NTTP교원 연구년 교사로 선발되면 1년 간 쉬면서 자유스럽게 연구에 몰입한다. 그 공백을 대체하는데 드는 비용 또한 만만치 않다. 기간제 교사 인건비는 1년에 대략 4

천만원 정도와 연구년 교사 연구비 5백만원 계 4천 5백만원 정도 소요된다. 이 때 기간제 교사 인건비는 14호봉 기준으로 성과급과 가족수당이 제외된 금액이다. 이 뿐만 아니라 교원 장기해외 유학의 경우 본인 부담 경비를 제외하고 교사 1인당 1년에 29,616$(미국) 정도의 비용과 기간제 교사 인건비를 포함하면 대략 8천 만원 정도의 예산이 들어간다. 기타 교원대를 포함한 각 대학에 파견교사의 경우도 대체 인력으로 연간 4천 만원 정도의 경비가 소요 된다.

이와 같은 연수 목적은 경기도교육청의 역점 사업인 창의지성교육의 확산과 착근에 있다. 초 · 중등 교사에게 이 정도의 연구풍토 조성은 OECD국가와 견주어도 손색이 없다. 예산이 허락한다면 원하는 모든 교사에게 기회를 주고 심화 발전 시켜야 한다. 한데 모든 교육정책이 그러하듯 투입 대비 산출 효과를 과학적으로 분석하여 개선해 나가는 것이 현대 교육행정의 조류(潮流)이다.

2014학년도 NTTP교원 연구년 교사는 4백명 정도 선발 예정이라 한다. 이렇게 막대한 예산을 투입하여 야심차게 추진하는 역점 사업이다 보니 일선 교원사회 뿐만 아니라 학부모들까지 지대한 관심을 갖고 지켜보고 있다.

본회는 경기도 교육청의 교사 연수 프로그램의 교육적 효과성과 효율성에 대하여 정책위원들을 중심으로 사업 내용을 구체적으로 검증해 보았다.

NTTP교원 연구년의 경우 1년 간의 연구 내용은 비용 대비 편익이 아주 미미한 수준이었다.

따라서 대안으로 교사 한 명에게 4천 5백 만원의 예산 지원보다는 그 예산을 10명의 교사에게 혁신 학급 운영비로 지급하는 것이 혁신교육의 확산과 착근에 더 효율적이고 경제적이라는 것이 일선 현장의 여론이다. 물론 혁신 학급(년)은 반드시 공모를 통하여 선정함을 전제 하였다.

산술적으로도 4백 명의 교사가 일년 간 연구한 연구물을 일반화시키기는 것보다 4천명의 교사가 풀뿌리 혁신 교육을 구현하는 것이 더 효율적이고 경제적이다.

경기도의 무상급식을 포함한 보편적 교육복지는 전국적 아젠다가 되어 국가사업으로 교육복지의 종갓집 역할을 톡톡히 하고 있다. 그런데 혁신교육의 일반화는 아직 찬반 양론이 존재하는 것이 현실이다. 노키아에서 떨어져 나온 사람들이 창업한 신생기업이 3백 개가 넘는다고 한다. 곰곰히 음미해 볼 대목이다.

교사가 갖는 심리적 자본이 '열정'이라는 유의미한 상태일 때 수치화할 수 없는 긍정적 에너지를 발산 한다. 왜냐하면 교사는 명예를 먹고 사기로 근무하는 특수한 직업이기 때문이다.

막연할 때 커지는 게 불안이다. 학부모의 불안 심리를 잠재울 수 있는 원천은 4천여 교사가 혁신의 전도사가 되어 단위 학급에서 성과로 증명하면 된다. 그 후 혁신의 홀씨는 옆 학급(년)으로 더 나아가 학교 전체로 전이되어 혁신학교로 탈바꿈되는 것은 시간 문제이다. 혁신의 70%는 내부 구성원을 설득해야 성공할 수 있다고 한다. 받아들이기 불편한 진실이다.

(중부일보, 2013. 10. 2)

성남여자고등학교

▲ 전교직원 연수 : "교육공무원의 가치관 교육" 연수
"인문계 고등학교 교사의 역할과 책무성" 강의

8부

지역교육청의 역동성

1. 경기 교육 민선 3기의 출발
2. 교육감 선거와 헌법정신
3. 두 단체장의 밀월?
4. 루체비스타 설치와 여주군의 체감 행정
5. 세종문화 큰 잔치
6. 여주 교육청의 한글 사랑
7. 자유학기제, 교육의 패러다임을 바꾼다

영월 청령포 관음송(寧越 淸泠浦 觀音松) : 강원도 영월군 남면 광천리 천연기념물(제349호) 소나무

경기 교육 민선 3기의 출발

희망찬 민선 2기 교육감 시대가 열렸다.

"단 한 명의 아이도 포기하지 않겠습니다."라는 캐치프레이즈와 8대 비전 31개 정책약속은 도민들의 공감을 얻기에 충분하다.

그러나 정책추진을 위한 예산, 상위법과의 상충, 국가정책과 엇박자 등 해결해야 할 과제도 만만치 않다. 중요한 흐름은 국가주도 교육정책에서 지방 교육자치로 이행되는 시대정신을 잘 담았다는 평가다.

하지만 한국의 교육문제는 귀신이 와도 해결 못한다는 우스갯소리가 있을 정도로 난마(亂麻)처럼 얽혀 있다. 경기도의 경우 전국 17개 시 · 도 중 규모가 가장 크다. 이렇다 보니 우리나라 교육정책의 리트머스 시험지라 해도 과언이 아니다. 그런데 5년간 추진한 혁신교육 정책을 이어가겠다고 공약했지만 36.5%의 득표율은 혁신교육에 대한 도민들의 생각이 예사롭지 않다. 환언하면 유권자의 63.5%는 공약을 모르거나 아니면 혁신교육에 동의하지 않는 것으로 해석된다. 몰랐다면 홍보가 필요하고 동의하지 않는다면 이해와 설득이 필요하다. 그간 혁신교육의 역기능과 시행착오를 면밀히 분석하여 추동력 점화를 위한 집사광익(集思廣益)의 대책이 요구된다. 그렇지 않으면 걸림돌로 작용할 수 있다.

헌데 교육 수요자는 현실과 국민 정서에 부딪혀 어떤 무지개를 띄울지 아니면 소나기를 뿌릴지를 지켜보고 있다. 경제학에서 말하는 생존경제에서 경험경제로 이제는 환상경제(Fantasy economy) 같은 교육정책을 요구한다.

현 교육감의 평소 행정에 대한 항심(恒心)은 언론과 지인들을 통해서 알려진 대로 사심(私心)이 없다고 한다. 특히 인사 문제만큼은 특정 학연과 지연에 '기울어진 운동장'과는 거리가 멀다고 알려졌다. 이렇다 보니 산하 직원들의 신경은 온통 일반직 전문직 인사에 촉각을 곤두세우고 있다.

그간 역량과 무관하게 특별한 씨줄 날줄의 연줄 문화에 의한 동아줄에 의존했던 분들은 본인과 경기교육을 위해서 조용히 원적으로 복귀하는 것이 공직자의 태도다.

주인이 두 명인 돼지는 양쪽 주인에게 먹이를 받아 두 배를 먹게 되는 게 아니라 어느 주인도 챙겨주지 않아 굶어 죽기 십상인 이치와 같다.

"회장님! 세상이 바뀌었습니다."

이 말은 DJ정부 시절 대우의 상무 출신 모 기획재정부 장관이 김우중 회장에게 한 말이다. 세상이 바뀌었다. 그간의 정책은 학생인권과 보편적 복지를 등에 업고 혁신학교로 실체화되고 있다.

진보, 보수를 넘나들며 메뚜기 한 철 신명나게 즐겼는데 지금은 남이 알아주지도 않는 재고털이 상품이 된 헌 동아줄에 미련을 갖으면 더욱 안 된다.

경기교육 엘리트들의 동선(動線)이 바뀌고 있다.

여기에는 특정 인맥의 정치적 유전자와 혁신이라는 진영논리가 화학 반응하여 상승작용을 한다. 따라서 교원사회의 직무문화도 바뀌어야 할 것이다. 우리나라는 아직도 모든 것을 타협이 아니라 투쟁을 통해 관철하려는 관성이 강하게 남아 있다.

유대인은 둘인데 의견은 '셋'이라는 말이 있을 정도로 이스라엘에선 토론 문화가 성숙하다는 데 부럽기만 하다.

이제부터 혁신교육은 범용재(Commodity)가 아닌 학교문화의 패러다임을 바꾸는 교육사의 새 지평을 열고 있다. 하지만 신기묘산(神機妙算)의 정책도 교원들의 자발성을 이끌어내지 못하면 실패 한다.

이를테면 콩, 팥 등 콩계열(Pea family)을 서로 가까이 심으면 3배 이상의 수확을 거두고, 판자 2개를 합치면 6배의 힘이 발생한다는 이치를 깨닫는 지혜가 필요하다.

선출직은 "주민 직선에 의해 높은 곳으로 행가래쳐 주는 건

유권자였지만 안전하게 착지하는 건 본인의 몫이다."라는 말이 있다.

경기교육이 학연과 지연 등 각종 색목으로 갈리고 이념 지형도 화성과 금성에서 온 사람들처럼 처신하면 전도는 불을 보듯 뻔하다.

민선 3기의 앞날이 진보와 보수의 가치를 융화시켜 민주적 보편적 가치의 '등대교육'으로 주조(鑄造)되어 우리나라 교육의 선도자가 되기를 기원 한다.

(중부일보, 2014. 7. 2)

교육감 선거와 헌법정신

6.4 지방 선거 후 17개 시 · 도 교육감의 선거 결과에 대하여 교육계뿐만 아니라 학부모들 사이에도 기대와 우려가 혼재하고 있다.

현 구도 상 선거 결과는 어느 정도 예측 된대로 선출되었다는 것이 중론이다. 요해(了解)해 보면 진영 선거에서 1 : 다자(多者) 구도이다 보니 진보 압승 보수 필패는 당연하다는 관전평이다.

이런 결과에 대하여 정치권의 반응은 직선제 폐해를 명분으로 폐지 주장을, 한 쪽에서는 교육의 자치권을 훼손하는 반민주적 발상이라 반발하고 있다. 두 진영 모두 '기본적 귀인 오류(Fundanental attribution error)'를 범하는 상황인식이다. 헌데 우리나라는 헌법31조 4항에 교육의 정치적 중립성을 보장하고 있다.

이유는 간단하다. 미성숙한 청소년을 대상으로 하는 초 · 중등 교육의 성격 상 가치 중립적이어야 한다. 다양한 기초 소양을 섭

렵할 시기에 특정 이념이나 정치적 편향성은 그들의 인지 과정에 심대한 혼란과 경도된 가치관이 굳어질 수 있다.

심리학에서 말하는 청소년 시기에 '초두효과(Primary Effect)'와 '닻 내리기 효과(Anchoring effect)'의 역기능을 우려하기 때문이다.

하지만 헌법정신에 따른 현 교육감 선거제도의 법리적 모순을 놔두고 직선제의 당위성과 폐해를 논하는 것은 근원적 처방이 아니다. 두 진영 모두 치킨게임을 하다 보면 피해는 결국 학생들에게 돌아간다. 이는 일의적(一義的) 가치를 잃는 우(愚)를 범할 뿐이다.

해법은 헌법 정신에 따라 정치적인 직선제를 폐지하던가 아니면 헌법을 개정하여 교육의 중립성 조항을 삭제하여 논란을 원천 차단하여야 한다.

현실적으로 교육감 선거에 정치권의 자장권에서 리모콘 조정과 교감은 부인할 수 없는 현실이다. 아니라면 겸손을 가장한 오만이고, 그렇다고 하면 실체적 오만이다.

누구를 위한 보수이고 진보인가.

교육의 본질성 추구에 여야, 진보 보수가 어디 있나. 그간 진보와 보수가 걸었던 '기회의 상실'을 반복해서는 안 된다.

이념이 정책의 품질을 보장하지 않듯 철학교수처럼 현학적(衒學的)인 수사가 교육의 정도일 수는 없다. 그간 지식인들의 알량한 지식과 권력을 등가교환한다는 우려가 현실화 되지 않기를 바랄 뿐이다. 항용 그렇듯 시선은 교육을 외치면서 눈동자는 교육 권력에 있다면 이는 진정한 교육자의 자세도 아니고 인지부조화의 전형이며 국민에 대한 간계(奸計)이다. 이렇게 소모적인 논쟁을 하는 동안 지구촌의 지식 생태계는 빠른 속도로 진화하고 있는데 우리나라 교육 경쟁력은 조락(凋落)으로 치달아야 되겠는가.

어떠한 교육이념과 정책도 학부모 마음을 100% 들게 할 수는 없다. 왜냐하면 그들의 입장과 추구하는 가치관이 모두 상이하기 때문이다.

17개 시 · 도 교육감 인수위원들은 계백장군의 결사대(決死隊)가 황산벌 전장에 나가듯 서슬 퍼런 독수리 5형제처럼 전임 교육감 정책을 뒤집을 태세라는 언론 보도다. 이는 교육 행정 질서를 난행(亂行)하는 것이다. 이래서야 되겠는가.

이렇다 보니 정책의 연속성은 실종되고 당선자와 씨줄 날줄의 연이 닿지 않는 중핵적 위치에 있는 고위직(장학관, 사무관)은 불확실한 장래에 좌불안석이라 한다.

역사학자 이덕일 교수는 "공신의 나라는 망한다."고 하였다. 역량이 뒷받침되지 않는 직 · 간접 선거 공신의 부채에 초연해야 한다.

이를테면 총구가 전봇대를 한 바퀴 돌아 자신의 머리를 겨누는 반전 포스터처럼 어느 순간 잘못된 인사가 자신의 심장을 겨누게 될 수 있는 것이 세상의 이치다.

정치권은 헌법 정신에 따른 교육감 선출 방식의 제도 개선을 촉구한다.

교육은 실험실 몰모트가 아니기 때문이다.

(중부일보, 2014. 6. 27)

두 단체장의 밀월?

본회는 작년에 시 · 도 교육위원회를 시 · 도 의회의 상임위원회에 귀속시키는 지방자치법의 개정 법률안에 강하게 반대를 해왔다. 이유는 헌법 31조 4항에 보장된『교육의 자주성. 전문성, 정치적 독립성』에 반하기 때문이었다. 그러나 선진국의 입법 선례와 지방자치 단체의 교육경비 지원에 관한 입법취지 등으로 볼 때 그간의 절름발이 교육자치는 차라리 일반자치에 통합되어 OECD 국가 수준에 걸맞는 획기적인 교육 여건을 개선한다면 교육 수요자 입장에서는 찬성 여론도 있었음을 인정한다. 필자는 개정된 지방자치법의 순기능이나 역기능을 논하자는 것이 아님을 먼저 밝힌다.

요지는 선출직 기초 단체장의 교육 마인드와 임명직 교육장이 협조와 조화를 이룰 때 어떠한 결과를 낳는지 눈여겨 볼만한 사례가 있어 일반화시키고자 한다. 화제의 사례는 여주군과 교육청인데 협력행정의 결과가 교직원 및 군민들에게 절대적 지지를 받고 있다. 왜냐하면 여주군의 재정자립도는 37.5%로 경기도 31개 시 · 군 중 24위에 속하는 아주 열악한 조건에 있다. 그러한 조건 속에서도 '06년 3억원의 예산을 지원하여 교육부 지원금(4억 5천) 포함하여 7억 5천만원의 예산으로 저소득층 자녀 3천500여명을 특기적성과 방과 후 학교 교육을 받을 수 있도록 하였다. '07년에는 4억원을 지원하여 교육부(6억 5천)의 대응 투자로 총 10억 5천만원을 확보하여 방과 후 학교 시범군으로 지정 받아 5천 여명에게 양질의 교육기회가 안정적으로 보장받을 수 있도록 하였다.

방과 후 학교란 정규수업 시간 이외에 이루어지는 모든 교육 활동을 총칭하며 작년도 대통령께서 예산이 모자라면 국채라도 발행하여 추진할 사업으로 교육부는 여기에 올인하고 시 · 군 교육청에서는 예산확보에 난항을 겪고 있다.

여주군의 경우 경제적으로 뒷받침이 되는 일부 학부모들은 열악한 교육 여건을 탓하며 서울 등 외지로 유학을 떠나고, 저소득층 자녀들은 사교육의 소외 계층으로 양극화의 주범으로 자리잡는 가슴 아픈 현실을 두 기관장은 목도하고 있었다. 이와 같은 현실은 정부의 지역균형 발전 취지에도 어긋나고 열악한 예산 타령만 하며 강 건너 불구경하기엔 자존심에 관한 문제였으리라 짐작된다. 시 · 군은 종합행정 기관으로 예산 수요가 남아서 교육청에 지원해 주는 것이 아니다. 이와 같은 배경요인에는 여주군수의 교육에 대한 남다른 열정에 기인(基因)한다.

경기도청의 문화관광국장 재직 시부터 교육지원 조례를 제정하고 도교육청과 교육협력 사업을 진두지휘한 분으로 알고 있다. 뿐만 아니라 여주군 장학기금 100억 조성 사업도 지역유지, 경제인과 출향인사 등 전 군민의 동참 아래 교육청과 협조하여 곧 가시적인 성과가 예상된다고 한다. 또한 군수 취임식장의 아름다운 모습은 입소문을 타고 경기도 교육계는 다 알려진 사실이 있다.

그 내용은 취임식장에 중학교 시절 고령의 은사와 같이 자리를 배치하고 오늘이 있게 한 노스승께 감사하는 내용을 전할 때 하객들은 가슴이 뭉클하고 콧등이 저려 오는 진한 감동을 받는 청출어람(青出於藍)그 자체였다. 그 광경은 군민들에게 두고두고 회자되고 있으며 지금도 우리 모두에게 교훈하고 있다. '행정은 예술'이라 하였다. 제도권 내에서 운영의 묘를 살리고 상대를 설득할 논리 개발은 하지 않고 가만히 앉아서 예산을 요청하면 기초 단체장이 예산을 듬뿍 편성해 주기를 기대한다.

일상 덕담 중에 '형님 먼저 아우 먼저'라는 말과 '이심전심(以心傳心)'이라는 말의 공통점은 상대와 가치관이 비슷하고 지향하는 신념체계가 같을 때 쓰는 말이다. 그런 의미에서 여주군의 두 단체장은 국가발전에 성장동력의 자양분인 교육의 중요성을 공유하고 행정의 우선 순위를 교육부문에 집중하는 공통점이 있다.

그러한 분들을 심리학적으로 분석해 보면 다음과 같다. 사람은 특정 행동이 반복되어 굳어지면 습관이 되고 습관이 지속되면 문화가 된다. 그 후 문화화(化) 과정을 거치면 전통이 되고 전통은 가치관이 된다. 행동만 그러한 것이 아니라 특정 이념이나 생각도 전술한 과정을 거치면 신념체계가 되어 그 사람의 의식이 된다.

위와 같은 과정의 학습효과로 대표되는 분이 세종대왕이다. 그러하기에 교육의 후천적 요인과 환경적 요인을 중시한다. 아마 여주군의 두 단체장의 교육에 대한 애정과 교육 마인드는 전술한 행동과 의식이 바탕에 깔려 있다고 사료된다. 이와 같은 공무 담당 수장(首長)들의 인식의 결과는 먼 훗날 돈으로 환산할 수 없는 어마어마한 국부(國富)로 돌아올 것이라 확신한다. 또한 그분들은 우리 주변에 보기 드문 행정가로 여주군의 몇 안 되는 귀중한 인적자산(資産)이다.

오늘도 정규 수업 시간 후 도전리 산간 벽지부터 금당의 너른 들녘까지 바이올린의 선율이 울려 퍼지고 원어민의 지도 아래 영어와 중국어가 낯설지 않게 들려오고 있다. 그것은 두 단체장이 머리를 맞대고 예산집행의 경중(輕重)과 완급(緩急)을 공유한 협력행정의 모범사례라 믿어 의심치 않는다.

(경인일보, 2007. 4. 18)

루체비스타 설치와 여주군의 체감 행정

루체비스타(Lucevista)란 루체(Luce · 빛)라는 이탈리아어와 비스타(Vista · 풍경)라는 영어가 합쳐진 '빛의 풍경'이란 뜻이다.

16세기부터 이탈리아에서 시작되어 루미나리에(빛의 축제)라 불렸으나, 일본이 이를 상표 등록하는 바람에 작년부터 루체비스타로 바꿔 부르고 있다. 전구를 이용한 조명으로 건축물의 모형을 만들거나 치장하는 축제를 말한다.

루체비스타는 여주의 빛으로 거듭나는 여주 상권의 동맥인 중앙로 상점가가 쇼핑의 메카로 자리매김 되기 위한 프로젝트이다. 상술하면 중앙로 풍경을 비전으로 군비 3억 5천만원을 들여 여주읍 중앙로 상점가(175개 점포)를 재래시장의 기능을 살리면서 현대화하는 사업이다.

의미론적으로는 그간 재래시장의 침체된 환경을 역동성과 생동감 있는 활력소로 작용할 수 있도록 주민 접근성이 뛰어난 친환경적 공간으로 구성함을 말한다.

중앙로 상점가는 여주군 상권의 심장부이자 경제활동의 중심지이며 대표성을 갖는 최대시장이다. 그러나 최근 들어 전문화 대형화되는 유통매장의 입점으로 인하여 상대적으로 재래시장의 영세 상인은 생존권을 위협받는 지경에 이르렀다.

장강(長江)의 앞 물결은 뒤 물결에 밀려나게 되는 현실을 보고만 있을 수도 긴 탄식만 늘어놓을 수도 없는 처지가 아닌가? 그렇다고 자본주의와 시장경제를 근간으로 하는 우리나라에서 대형 유통매장의 설립을 물리력이나 주민의 배타성으로 해결할 수는 없는 일이다.

선진화 전문화된 유통기법을 갖춘 대형 매장이 할 수 없는 재래시장 고유의 노하우와 고객 감동 경영으로 소비자의 발길을 끌어들이고 마음을 사로잡아야 한다. 물론 루체비스타 같은 기반 시설은 정부 예산으로 할 부분이지만 그 후의 생존전략은 영세상이든 노점상이든 본인의 노력과 시장경제 원리에 따라야 한다.

얼마 전 보도에 의하면 선진화된 대형 유통업체들의 등장으로 전국의 슈퍼마켓 4만 곳 이상이 폐업했다고 한다. 하루 빨리 타산지석으로 삼아야 했다.

그런데 상권 내 대부분의 점주들은 인맥과 기득권으로 땅 짚고 헤엄쳐도 될 자기네 "실내풀장"을 갖고 있는 사람들이다. 따라서 시장 기능의 패러다임이 바뀌는 순간에도 변화에 무디고 경제적 객사(客死)를 할 수도 있다는 막연한 두려움에 무기력함으로 일관하며 손을 놓고 있는 상태였다. 지금 한 발 빠르면 호랑이 등에 올라 탈 수 있고 한 발 늦으면 코끼리 발에 밟힐 수 있는 순간이다.

이와 같은 시점에 중앙로 상권 살리기 추진 위원회가 조직되고 군청의 담당 공무원과 머리를 맞대고 전략을 수립하길 수도 없이 반복하였다. 성공한 타.시군의 답사와 선례를 벤치마킹하였으며 예산 확보가 되어 오늘에 이르게 되었다.

동 사업이 일사천리로 잘 진행 되었던 이면에는 현 군수의 강력한 의지에 힘입은 바 크다. 중앙로 상점가의 현대화 사업은 얽히고 설킨 이해관계를 최대한 조정하고 최소 비용으로 최대의 효과를 얻고자 하였음을 밝힌다. 그간 역대 군수들의 관심사였지만 실행에 옮기지를 못 한 이면에는 실천의지의 부족과 주민생업과 거리가 먼 전시행정에 예산의 우선순위를 둔 결과라 사료된다.

민초들은 오르는 기름 값과 어수선한 사회 분위기와 맞물려 요즘 세상 살기가 어렵다고 아우성이다.

"가난은 나라님도 어쩔 수 없다."는 수 백 년 묵은 구휼(救恤) 철학으로 서민경제를 외면하는 사회 지도층이나 정부의 각급 단체장은 지도자로서 자격이 없다고 봐야 한다.

군청은 종합행정 기관으로서 12만 군민의 살림을 하면서 예산 집행의 효율성과 타당성이 만족될 때 다시 말하면 군민들로부터 피부에 와 닿는 체감행정이 바탕이 될 때 신뢰와 행정의 추진 동력을 얻는다는 평범한 진리를 말하고 싶다.

그런 의미에서 전술한 중앙로 상점가의 루체비스타 설치로 인한 경제적 효과와 군행정의 신뢰도는 돈으로 환산할 수 없는 소득이며 자산이다.

이제부터 중앙로 상권이 소비자와 공급자가 만족하면서 윈-윈 할 수 있도록 발전하는 데는 전적으로 상권의 주체인 공급자의 자기 혁신이 전제 되어야 함은 재론의 여지가 없다.

그 후 자기 발전을 위한 성장통(成長痛)은 여주군 더 나아가 우리나라의 건강한 경제 주체로서 보답해야 할 것이다.

이와 같은 주민 체감행정 사례가 정착될 때 전국의 234개의 기초 단체 중 주민들과 가장 호흡이 잘 맞는 군으로 우뚝 설 것이다.

(경기일보, 2008. 7. 1)

세종문화 큰 잔치

우리나라의 각종 축제는 1000-1200개(한국관광공사) 정도 된다고 한다. 넓게는 지구촌을 상대로 한 축제로부터 한적한 시골의 마을 축제에 이르기까지 다양한 주제로 축제가 열리고 있다.

그 많은 축제 중 얼마 전 여주 교육청에서 개최한 세종문화 축제는 내용과 군민의 참여도에서 전국적인 축제에 비교해도 손색이 없을 정도로 대성공을 거두었다는 평가다. 따라서 올해의 성과를 바탕으로 세계적인 축제로 발전시킬 수 있는 가능성이 충분하다고 사료된다. 우선 세종문화 축제는 상징성에서 세종대왕의 얼을 배경으로 하였다.

미국의 J. 다이아몬드 교수는 한글이 세계 문자 가운데 가장 훌륭한 글자여서 한국에는 문맹자가 거의 없다는 논문을 디스커버리지에 발표한 바 있다. 뿐만 아니라 유네스코에 등재된 한국의 세계 기록유산은 훈민정음, 조선왕조실록, 승정원일기, 직지심체요절이다. 그 중에서 훈민정음을 창제한 세종의 유택(幽宅)이 여주에 있고 그분의 재위 중 꽃피운 치적을 현대적 감각에 맞게 재구성하여 역사적 상징성과 학술적 가치의 재발견, 관람자의 참여도가 어우러져 성황을 이루었다.

첫째 날 초 · 중학생들의 한글사랑 실천 사례 발표와 우리말 겨루기 대회는 관람객인 성인들로 하여금 한글의 과학적 우수성을 다시금 깨닫게 하는 계기가 되었다.

둘째 날의 세종과학 싹잔치는 과학탐구 체험활동, 시연 및 이벤트, 과학경연, 과학전시회 등의 4개 영역으로 나눠 호기심과 신기함으로 관람하는 학생이나 일반인들에게 발길을 돌리지 못할 정도였다,

셋째 날의 여주 관내 유치원 한마당 잔치와 각 학교의 특기, 적성 발표회는 난타부터 락밴드, 사물놀이, 음악 줄넘기 등 수준급의 다양한 종목이 선 보였다. 여주교육 사랑이란 주제의 음악 발표회는 학생과 음악선생님들의 어울림 마당으로 평소 접하기 힘든 클래식 음악의 진수를 맛보는 계기가 되었다.

필자는 본 축제가 스페인의 토마토 축제, 일본의 오마가리 불꽃 축제, 프랑스의 망통 레몬 축제, 오스트리아의 뮤직 필름 페스티발에 비견되는 축제로 발전시킬 수 있다고 확신한다.

그 이유는 삼성 애니콜은 훈민정음 창제 원리인 천지인(天地人)의 모음을 단순화하였고, LG 사이언은 자음을 단순화시킨 것이 정보통신기술(IT)과 접목되어 한글의 과학성과 수월성(秀越

性)이 어우러져 세계적인 일등 상품이 되고 있다.

이 때 주제를 '휴대폰과 훈민정음(가칭) 축제'라 하여 세계인을 상대로 하자고 제안한다. 따라서 세계적인 축제로 성공하기 위한 태스크포스 팀을 기업, 민간전문가, 관계 공무원의 긴밀한 협조로 하드웨어와 소프트웨어를 개발해야 할 것이다.

우리의 관광 상품이 단순하여 찾아오는 외국인이 매년 둔화되는 추세에 있다고 한다. 앉아서 우리 문화를 빛낼 수 있고 외화 가득률이 높은 이 프로젝트에 귀 기울이는 관계자들의 모습을 기대해 본다.

(경인일보, 2006. 11. 16)

여주 교육청의 한글 사랑

오늘날 지구상에는 191개 나라 60억 명 정도의 인구가 살고 있다. 그들이 사용하는 언어는 대략 6700개 정도 이고 300여개의 문자를 갖고 있으며 그 중 현재 인류가 사용하는 문자언어는 대략 30여 개 정도 된다고 한다.

언어학계에서 세계 최고의 권위를 자랑하는 영국의 옥스퍼드 언어대학(1990)이 30여 개의 문자언어를 대상으로 합리성, 과학성, 독창성을 기준으로 하였을 때 한글을 세계의 문자 1위에 올려 놓았다고 한다.

그 뿐만 아니라 미국의 J. 다이아몬드 교수는 한글이 세계 문자 가운데 가장 훌륭한 글자여서 한국에는 문맹자가 거의 없다는 논문을 디스커버리지에 발표한 바 있다. 또한 각국의 언어학자들을 중심으로 한국어를 세계 공통어로 쓰면 좋겠다는 토론을 한 바 도 있다.

이처럼 한글의 우수성은 세계에 널리 알려져 있다.

이와 같은 배경 요인을 안고 수출 효자 상품인 휴대폰의 경우 189억$(2005)을 수출하였다. 삼성 애니콜이 훈민정음 창제 원리인 천지인(天地人)의 모음을 단순화 하였고, LG 사이언은 자음을 단순화시킨 것이 정보통신 기술(IT)과 접목되어 한글의 과학성과 수월성(秀越性)이 어우러져 세계적인 일등 상품으로 자리매김 되고 있다.

또한 유네스코에 등재된 59개국 120건의 세계 기록 유산 중 우리나라는 훈민정음, 조선왕조 실록, 승정원 일기, 직지심체 요절, 조선왕조 의궤, 고려대장경판 등 6건이 있다. 그 중에서 훈민정음을 세계의 기록 문화 유산으로 보존하고 우수성을 확산시키기 위한 일련의 작은 일들이 한적한 시골의 여주교육청에서 진행되고 있어 학부모와 관심 있는 분들의 격려와 성원을 한 몸에 받고 있다. 내막은 이러하다.

첫째, 명품 국어 애호 교육의 운영이다.

요즘 청소년들을 N세대 혹은 i세대라 한다. 그들은 컴퓨터 매개 의사소통(computer mediated communication)의 익명성과 비언어적 요소의 특수성에 따라 우리말을 만신창이로 만들고 있다. 따라서 국어과 연구 동아리 회원을 중심으로 창작교실 운영, 문집 『글누리』 발간, 국어문화 학교 운영, 논술 지도팀 구성, 학교별 『한글 텃밭』 가꾸기 등을 하고 있다.

둘째, 교육과정과 연계한 『한글 사랑 길라잡이』 발간 및 지도

자료를 개발하여 보급하고 있다.

셋째, 우리말 사랑 카페운영은 함께하는 공간, 국어 애호 자료실, 좋은 수업 나누미 혁신방, 공동 작업실 등으로 구성되어 있다.

넷째, 『바른 생각, 바른 표현, 바른 실천』을 위한 국어 캠프를 개최 하고 있다.

다섯째, 『세종문화 큰 잔치』를 통하여 세종의 얼을 계승하고 백일장 대회 시낭송 더 나아가 세종과학 싹 잔치, 음악 발표회, 과학, 예술 등에 이르기까지 3일 간의 축제로 운영하고 있다. 연말에는 한글 사랑 왕중왕 선발 대회가 예고되어 있어 각 학교에서는 그 준비도 착실히 하고 있다.

이와 같은 한글 사랑 교육이 지역교육청과 학교의 몫이라면 이제부터는 세계화 전략이 필요하다.

먼저 세계적인 문자언어(한글) 발상지로서 학술대회와 세종의 유택(幽宅)이 있는 상징성을 살려 세계적인 관광지로 조성하여 관광자원화해야 한다.

중국의 공자 묘에 일년간 다녀가는 관광객수가 5백만명에 이르고 이집트의 고대문자와 피라미드를 보려고 8백만명의 관광객이 다녀가며 미국의 웰링턴 국립 묘지의 Jhon. F 케네디 대통령 묘비의 참배객이 일년에 4백만명에 이른다고 한다.

거기에 비하면 세계적인 문자언어 발상지이며 한글을 창제한 유택이 있는 여주는 한글창제의 발원지(發源地)로서 관광자원화 했을 때 미증유(未曾有)의 천문학적인 학문적 가치와 경제성을 경험할 것이라 확신한다.

이를 위해서는 매머드급 국제학술대회 개최와 세종 교육 박물관의 건립이 절실하다. 거기에 덧붙여서 현대적 감각에 맞게 한글과 휴대폰(IT기술)을 접목시킨 가칭 '휴대폰 축제'를 개최하여 세계의 N세대들이 저절로 찾아올 수 있도록 해야할 것이다. 이념과 사상의 편집증(偏執症)의 잣대를 초월하여 국제적 안목을 가진 정책 입안자들이 정말 없는 것일까?

(경기일보, 2012. 6. 20)

자유학기제, 교육의 패러다임을 바꾼다

PISA(국제 학업 성취도 평가, 2013)는 총 65개국(OECD 34개국, 비회원국 31개국)에서 약 51만 명을 대상으로 시행되었으며, 우리나라는 비례층화 표집방법에 의해 표집된 총 5,201명(고등학교 140개교, 중학교 16개교)이 참여하였다.

여기에서 우리나라는 최상위 수준의 성취를 보였다.

OECD 34개국 중에서 수학 1위, 읽기 1~2위, 과학 2~4위, OECD 회원국을 포함한 전체 65개국 중에서 수학 3~5위, 읽기 3~5위, 과학 5~8위로 최상위 성취를 보였다. 반면에 학습시간은 전술한 국가 청소년들보다 일주일 평균 15시간 이상 더 공부하고, 사교육은 하루 평균 2시간으로 매우 길다.

수면 시간은 전술한 국가 청소년들보다 7시간 30분으로 가장 짧고, 운동 시간 역시 하루 13분으로 비교 대상 국가 중 최하위를 기록하고 있다.

학습투자의 비효율성과 함께 가히 학습노동 수준이다.

요약하면 소총 싸움에서는 이길지 몰라도 전쟁에서는 지는 교육이다. 오죽했으면 미래학자 앨빈 토플러는 2012년에 내한하여 "한국이 더 발전하려면 교육제도를 전면 개편해야 한다."고 말하였다. 우리나라에서 자녀의 교육문제는 성우(聖牛 · Sacred cow)가 된지 오래다. 이렇다 보니 청소년 우울증과 자살률이 가장 높고, 특히 인터넷 중독과 운동량의 부족은 심각한 문제를 야기하고 있다.

역발산기개세(力拔山氣蓋世)! 젊은 나이에는 1만 권의 책을 다 읽어도 채워지지 않을 왕성한 탐구욕을 지닌 시기이다. 음악으로 말하면 스타카토 같이 튀며 구김살 없이 상상과 사색의 정신세계를 살찌워야 하는데 학습노동이라는 신속 정확한 셋잇단음표로 살기에는 숨 막히는 생활이다. 생쥐도 단 하나의 구멍에 운명을 걸지 않는다고 한다. 하물며 앞길 창창한 청소년들이 오직 명문대 진학을 위한 국어, 영어, 수학에 인생의 명운을 건다는 것은 너무 어리석지 않은가.

옥스퍼드 영어 사전에 등재된 한류(K-POP)는 청소년들의 가능성을 웅변한다. 그들은 학습노동에 주눅 들고 정신적 공황 장애와 보헤미안처럼 방황하는데 이 같은 청소년의 문제를 못의 문제로만 보는 것은 망치든 사람의 인식 오류이다.

이와 같은 위기의 변곡점에서 자유학기제의 도입은 시의 적절성과 현장 적합성 더 나아가 획기적인 교육과정의 합목적성을 만족시킨다는 학부모와 일선 교사들의 공통된 여론이다.

자유학기제란? '중학교 교육과정 중 한 학기 동안 학생들이 중간 · 기말고사 등 시험 부담에서 벗어나 꿈과 끼를 찾을 수 있도록 수업 운영을 토론, 실습 등 학생 참여형으로 개선하고 진로 탐색활동 등 다양한 체험 활동이 가능하도록 교육과정을 유연하게 운영하는 제도'를 말한다. 기본 방향은 초등학교(진로인식) - 중학교(진로탐색) - 고등학교(진로설계)로 이어지는 진로활성화 교육이다.

이 시기의 청소년들은 다른 사람들의 시각으로도 세상을 볼 수 있는 공감능력과 함께 다양한 아이디어를 받아들이고 실험해 보는 흡수 능력을 키워야 한다. 하지만 청소년의 교육적 역기능의 임계질량(Critical mass)은 폭발 일보 직전으로 자유학기제가 대안이 될 수 있다. 따라서 동 제도의 착근과 일반화 전략을 약술하면 다음과 같다.

첫째, 지역사회 인적 · 물적 자원에 대하여 데이터 베이스화하고 허브 기능을 하는 곳이 필요하다. 그 후 서울시의 '하자센터' 같은 지자체 내에 '청소년 진로지원센터'를 구축하여 컨트롤타워 역할을 하게 한다.

둘째, 자유학기제에 대한 교육과정 편성과 운영에 대하여 학교 구성원의 비전 공유와 경기도교육청의 '전문적 학습공동체'와 같은 자생적 집단지성을 이끌어내야 한다.

셋째, 자유학기제 시행에 따른 교사의 업무 피로도를 감소시켜야 한다.

넷째, 학생들의 능력, 적성 등 내부적인 장점을 끌어내어 꿈과 끼를 발현할 수 있도록 교사와 학부모의 소통이 매우 중요하다.

결론적으로 자유학기제는 이상주의적 레토릭(修辭 : 수사)이 아니라 시대 정신에 부합되고 교육 선진국에서 일반화된 정책이라는 인식의 지평을 넓히는 일은 교육계뿐만 아니라 기성세대 모두의 책무이다.

(중부일보, 2014. 4. 2)

남한 중학교

▲ 전교직원 연수 : "교사의 책무성과 자율성" 강의

9부

교사의 공감 마인드

1. 교육의 트라이 앵글
2. 비커 속 개구리
3. 사도(師道)와 사도(邪道)
4. 상자 밖에서의 사고(out-of-box thinking)
5. 스승의 날, 스승이 없다
6. 올곧은 교육자가 필요하다
7. 전교조, 누구를 위한 조퇴 투쟁인가?

장수 장수리 의암송(長水 長水里 義巖松) : 전라북도 장수군 장수읍 장수리 천연기념물(제397호) 소나무

교육의 트라이 앵글

2부제 수업이 해소된 것이 불과 7-8년 전의 일이고 학급당 학생수 60명에서 40여명으로 낮아진 것 또한 엊그제며 등사용 철판과 원지가 자취를 감춘 것도 80년대 후반이다. 그 뿐이랴! 숙직비 140원도 월말에 받으면 뿌듯해하던 시절이 그리워지는 것은 필자만의 향수일까? 안타깝게도 학원 교사 체벌은 눈감으면서 학교 교사의 체벌은 두 눈을 부릅뜬다. 학생의 종아리를 때려도 사랑의 매에 감사해 하던 시절로 회귀하고 싶다.

가정방문의 향응(?)으로 막걸리와 닭 한 마리 잡는 것은 부잣집이나 할 수 있었으며 동동주에 취해서 비틀거려도 70년대에는 애정 어린 가십(gossip) 수준이었다.

길거리의 불량 청소년을 꾸짖어도 어른 된 도리로 수용이 되었으나 요즘은 창피 당하기 십상이다.

신문지상에 스승을 인간 쓰레기로 능멸해도 다 내 탓이라며 스승은 제자를 원망하지 않는다. 앞전의 재상은 나의 지적성장은 감옥에서 독학한 결과라고 독기를 뿜는다. '세상은 거꾸로'라는 헷세의 싯귀처럼 역설이지만 분명 세상은 거꾸로 가고 있다. 원로 교사 한 명을 퇴출시키면 세 명의 젊고 유능한 교사를 채울 수 있다고 관제 확성기로 열변을 토해낼 때 그들은 변명 한마디 안 하고 무능으로 매도당하며 조용히 퇴출의 쓴잔을 마신 것도 엊그제다.

보릿고개를 지나 통일벼 쌀밥도 맛이 없다더니 경기미의 질 높은 입맛에 미국의 칼로스도 외면 당하는 세상이 됐으니 40이 넘은 세대는 격세지감에 필설로 다 형용하겠는가?

해방 후 압축 성장의 결과로 이 정도 물질적 풍요를 누리며 살 수 있도록 성장동력의 인재를 길러낸 스승은 가슴 뿌듯함으로 5월을 맞는다.

하버드 대학 메이요와 뢰슬리스버거 교수는 시카고 교외에 있는 호손 전기회사의 생산성 실험연구에서 작업장의 조명수준, 휴식시간, 노동시간, 급료 등과 같은 물리적 요인과 조직내의 인간적 요인에 변화를 주었을 때 어떤 효과가 있는가를 연구하여 발표하였다.

그 내용은 물리적 조건보다 사회·심리적 조건이 생산성을 증가 시켰으며 노동자의 동기와 직무만족이 생산성의 증가와 밀접한 관계가 있음을 밝혀 냈다.

위 연구에서 교육력은 환경 조건보다 우선하여 교사의 사회·심리적 만족감이 충족 될 때 효율성이 제고됨을 시사하고 있다.

이와 유사한 연구로 학생사회도 그 속에는 참과 거짓, 착한 것과 악한 것, 아름다운 것과 더러운 것이 혼재해 있다. 그들은 학교생활을 하는 동안에 이 모든 것을 경험한다. 따라서 학교 교육의 역기능을 분석하고 순기능을 확대 강화하려는 잠재적 교육과정이 학생들의 정서적 측면에서 학업성취도에 중요한 요소로 자리매김 되고 있다. 따라서 교수력과 학업성취도 및 생산성은 '정서교감'이 잘 이루어질 때 극대화 될 수 있으며 교육은 물리적 요인도 중요하지만 인간적 요인이 더 중요함을 말하고 있다. 흔히 교육의 삼박자를 학생, 학부모, 교사라 할 때 이들의 정서교감과 연결 고리가 튼튼하고 건강할 때 교육력은 역동성이 배증된다.

그 연결고리에 중병이 걸린 시점은 아마 99년 국민의 정부로 거슬러 올라가고 교육계의 갈등비용(사회적비용)을 수치상으로 산출할 수는 없지만 슈퍼 컴퓨터가 해낸다면 천문학적인 비용을 지불하였을 것이다.

온정주의와 농경문화의 훈훈한 인정으로 살던 패러다임이 바뀌고 있다. 대신 그 자리에 가치 효율성 즉 직무 적합성을 과학적으로 분석하여 적자생존의 경쟁 체제로 시대가 바뀌었으니 적응력을 길러야 한다.

호주에는 날지 못하는 새가 다섯 종이나 되며 독이 없는 독사도 있다고 한다.

경쟁이 없는 조직은 퇴출 될 수밖에 없고 변화와 혁신의 무한 경쟁 시대에 교직사회만 예외가 되어 무풍지대가 되어서도 안 되고 될 수도 없다.

'다가오는 선진한국을 실현할 모집단은 교사다'라는 명제를 가슴에 안고 교육의 트라이앵글이 은은히 울려 퍼지기를 기대해 본다.

(경기일보, 2006. 5. 30)

비커 속 개구리

미국의 어느 대학 실험실에서 있었던 일이다.

연구자는 램프를 설치하고 큰 비커에 물을 2/3쯤 붓고 그 안에 개구리 한 마리를 넣었다. 잠시 후 램프에 불을 붙여 놓고 아주 느린 속도로 가열하면서 개구리의 반응을 살폈다.

처음에 찬물 속으로 들어간 개구리는 잠시 주변을 두리번거리더니 안심이 된 듯 헤엄치며 잘 움직이기 시작했다. 점점 따뜻해지는 수온을 오히려 즐기면서 개구리에게 동요하는 기색은 전혀 발견할 수 없었다. 그렇게 한참 시간이 흐른 후 잘 놀던 개구리가 어느 순간 갑자기 뭔가 이상한 느낌을 받았는지 몸 동작이 빨라지기 시작했다.

그 후 비커를 빠져나가려고 안간힘을 썼다. 그러나 이미 때는 늦은 상태로 개구리가 빠져 나오기에는 비커 안의 물이 너무 뜨거워져 있었다.

결국 그 개구리는 자기 주변의 물이 서서히 뜨거워지고 있다는 사실을 전혀 눈치 채지 못하고 노는 일에만 팔려 있다가 밖으로 탈출을 못하고 비커 안에서 삶아진 채로 죽고 말았다.

유명한 '삶아진 개구리 증후군(Boiled Frog Syndrome)'의 이야기다. 요즘 교직사회의 현실이 전술한 이야기와 같이 될까봐 심히 우려된다.

'삼성 VIP(value innovation program) 센터는 한국의 NASA' 미국의 포춘지 작년 9월 5일자 커버 스토리의 전문이다. 제품의 기획 초기 단계부터 혁신활동으로 연간 5조원의 원가절감을 달성했다고 한다. 그 결과 경영실적을 평가하여 목표치를 초과달성한 계열사는 초과이익분배금(ps)을 신입사원 천만원부터 부장급은 대략 3-4000만원 정도 받았다고 한다.

민간기업의 사례를 하나 더 들어 보자.

LG전자 가전사업 영업 이익률 '세계 최고' 지속적인 혁신과 R&D 투자 주효, 우리나라의 기분 좋은 뉴스 중 하나다. 대비되는 교육계의 우울한 통계를 들어보면 평준화란 핵우산 밑에 안주하다 사교육(연간 14조원 추정)에 경쟁력을 다 빼앗기고 순기능도 있지만 유학경비(금년도 3조 4천억 정도)가 천문학적으로 증가하는 현실을 뭐라 설명할 것인가?

당장 2008학년도부터 초등학교 전학년 영어교육 실시, 장기적으로 교원평가에 의한 부적격 교사 퇴출, 성과급 차등 폭 대폭 확대 예정, 공모에 의한 교장 임용 방식개선(무자격 포함), 특목고 확대, 부분적이지만 교육시장 개방 등 교육 소비자의 요구대로 개혁과 변화의 바람이 불어오고 있다.

눈을 밖으로 돌려보면 싱가폴과 인도의 영재교육, 스웨덴과 영국의 '스쿨 초이스(school choice)'에 의한 공교육 혁명, 일본의 '양(量)의 교육으로부터 질(質)의 교육으로'라는 교육개혁 운동, 미국의 차터 학교 운동은 공교육에 자율성과 책무성, 다양성과 선택, 시장과 경쟁의 원리를 도입하려는 교육개혁 운동이 일고 있다.

어느 조직이나 변화와 혁신의 자율능력을 상실한 집단은 타율에 의한 비참한 꼴을 당할 수밖에 없는 것이 현실이다.

이젠 교육도 일등이 아니면 세계 속에서 이류 삼류의 변방에 머무를 수밖에 없으며 알아서 대비하지 않으면 퇴출의 쓴잔을 마실 수밖에 없다. 그 때 지난날 교단에 애정을 갖고 열심히 했다고 변명을 늘어놔 봤자 들어 줄 사람 아무도 없다.

따라서 교원의 본분은 부단한 자기 연찬과 청렴성 도덕성 전문성과 함께 고매한 인격이 뒷받침 될 때 교육의 효과성은 배증(倍增) 되고 교육 수요자의 신뢰를 얻을 것이다.

지금 이 순간에도 비커 속의 물이 서서히 가열되고 있음을 아는 지혜가 절실한 시점이다.

(경기일보, 2006. 2. 17)

사도(師道)와 사도(邪道)

교사의 유형과 임무는 두 가지가 있다. 하나는 선생이고, 또 하나는 스승이다.

지식만 가르치는 일(선생)과 도덕과 윤리를 함께 가르치는 일(스승)이다. 따라서 지(智)와 덕(德)을 지식과 함께 사람을 가르치면 그것이 바로 스승이다.

사람을 심고 가꾸는 일, 곧 사랑으로 가르치고 존경으로 배우는 사제간의 사랑을 교육이라 하는데, 교사가 학생을 가르침에 있어서 가장 소중한 것은 학생을 사랑하는 마음이다. 교사의 사랑은 태양 빛과 같이 항상 골고루 비추어야 한다. 편애는 금물이다.

모든 교육활동과 사제간의 인격적 만남은 서로의 눈을 통해서 이루어진다. 그래서 교사의 눈은 항상 따사롭고 밝고, 빛나야 하며, 교사의 눈금은 정교하고, 차원이 높고 깊어야 한다.

교사의 본분은 제자들에게 사람의 도리를 가르쳐 주는 일이고, 그 방법을 몸소 '본보기'가 되는데 그 길이 바로 사도(師道)다.

한나라의 교육의 질은 그 나라 교사의 질에 달려있다. 따라서 오늘날과 같이 세계화, 정보화 사회에 새로운 지식의 습득을 위해 꾸준한 연구와 연수를 게을리 하지 말아야 하며 인접 학문까지 섭렵하지 않으면 학생을 가르칠 수 없다.

더불어 교사의 윤리의식과 도덕성은 누구보다 뛰어나야 한다. 일반적으로 윤리란 '인간행동의 옳고 그름에 대한 표준규범'을 말하는 것으로 공동체 생활을 하는 사람들이 무엇을 어떤 기준에 의해 행할 것인가에 대한 원리의 체계화 및 준거를 의미한다.

이와 같은 배경을 바탕으로 교직이란 개인의 능력과 자질, 도덕적 품성을 형성하는 자신은 물론, 국가와 사회의 미래에 중대한 영향을 미치는 전문직이며 사회적 자본(social capital)에 해당한다. 따라서 다른 어떤 직종보다도 높은 도덕성과 표준적 윤리관을 소유하고 있어야 한다. 교직 행동의 적절성에 대한 판정은 외적, 강제적, 형식적 통제인 법률적 규정만으로 강제하기에는 한계가 있다. 오히려 내면적, 자발적, 잠재적 규제와 규율이 요구된다. 인간형성이라는 교직의 직무는 정형화되어 있는 것이 아니고 다양하며, 자유재량의 폭이 매우 넓다. 그러므로 교사의 내적, 심리적, 잠재적 동기와 자발적, 능동적 규율이 더 중요하다. 따라서 교직은 교사의 법규 준수 그 자체보다도 교사 행동에 대한 도덕성과 윤리성의 내재적 동기와 자발적 의지가 더욱 중요시되는 것이다.

교육애는 교육을 성립시키기 위한 전제이며 교육의 질을 좌우하는 척도다.

그래서 교육애는 보상을 전제로 하지 않고 종교적인 절대적 차원의 사랑을 바탕으로 하는 아가페와 가깝다. 아가페적 교육애를 실현하려면 교사 자신이 고차적인 것을 사랑하는 에로스적 사랑을 가져야 하고, 학생이 보다 높은 것을 사랑하고, 자발적 학습의욕과 자기 향상의 의지를 불러일으키는 에로스를 깨우치게 해야 한다. 또한 교사와 학생은 평등한 인격으로서 만나고 서로 사랑하는 필리어(philia)적 우애를 교환해야 한다.

독일의 철학자인 헤겔은 "남을 움직이려면 내가 먼저 움직여야 한다. 남을 감격시키려거든 내가 먼저 감격해야 한다. 나의 정성은 학생들의 정성을 불러일으키고 나의 정열도 학생의 정열에 전파된다. 교육은 인격과 인격의 부딪힘이다."라고 설파하였다.

요즘 일부 교사들 중 사회상규를 벗어난 일탈행동과 가십(gossip)수준 이상의 문제를 야기하고, 특정이념과 편향된 사상을 숙주(宿主)로 하여 전술한 사도(師道)의 영역을 벗어나는 사례가 종종 있다. 그렇다면 그들은 사도(師道)와 사도(邪道) 중 어느 길일까?

(경기일보, 2007. 3. 7)

상자 밖에서의 사고
(out-of-box thinking)

2007년 10월 일본 게이오 대학 연구팀은 뇌파를 통해 가상 현실게임 '세컨드 라이프'의 캐릭터를 움직이는 데 성공했다. 실험 당사자가 마음속으로 내린 명령이 뇌파를 발생시키고 이를 감지한 컴퓨터 작동으로 캐릭터를 움직인 것이다.

이제는 생각만으로 게임도 하고, 작곡도 하며 글을 쓸 수 있게 되었다. 참으로 생각할수록 즐겁고 신기한 세상이다. 불과 몇 년 전 설마 했던 일들이 오늘날 현실이 되는 것을 보면서 지금 '말도 안 되는 상상'이 몇 년 후엔 '별것 아닌 일상'이 되는 세상이 되었다.

참고로 일본제 TV 애니메이션의 대미 수출이 철강제품 수출액의 3배에 달한다고 한다. 또한 평가는 엇갈리고 있지만 황우석 박사(전 서울대 교수)가 세계 최초로 애완견의 상업 복제에 성공했다고 얼마 전 뉴욕타임스가 보도하였다.

미국 바이오아츠(BioArts)사의 의뢰를 받아 오리온 그룹 회장인 존 스펄링 박사의 애완견 미씨(Missy)의 세포를 복제해 4마리가 현재 건강하게 자라고 있다고 밝혔다.

이 복제견은 죽은 애완견의 냉동세포를 복제한 것으로 '미라', '친구', '사랑'은 이미 미국에 인도돼 5월 21일 오후 9시(한국시각) 미국 ABC방송의 생방송 뉴스프로그램 '굿모닝 아메리카'에 출연했다. 지난 10년 간 미국에서 이루지 못했던 미씨(Missy) 복제를 한국의 수암생명공학 연구소가 해낸 것이다.

인류의 염원인 세계 난치병, 불치병 치료 연구와 환자 맞춤형 배아줄기 세포의 원천기술이 시장에 나올 경우 특허료는 대략 360조원 정도라 한다.

눈을 생활문화 상품으로 돌려 보자. 인구 150만 명의 요르단 수도 암만은 구약성서에서도 언급되는 고대 도시다. 시내 중심가에 위치한 로마식 원형극장에는 문화공연이 펼쳐지는 역사와 전통이 살아 숨 쉬는 곳이다. 이 곳의 대졸 월급은 30만원 정도에 불과하지만 3,000-4,000원에 커피를 파는 스타벅스가 그 곳 중상류층의 문화공간으로 자리잡고 있다. 스타벅스 문화가 고대 역사 도시인 암만에 뿌리내린 것이다. 우리나라의 스타벅스 코리아는 97년 법인 설립 후 작년에만 70억 원 정도의 로얄티를 가져갔다고 한다.

"커피가 아닌 문화를 판다."는 마케팅 컨셉으로 20-30대 젊은 이들 문화에 발 빠르게 파고들고 있다.

한국이 낳은 사라 장(장영주)이 17세 무렵 3개월쯤 쉬고 싶다고 했더니, 매니지먼트 회사에서 3년 후인 스무 살 때 쉴 수 있도록 석 달간 일정을 비워줬다는 일화는 유명하다. 한 해 100-150회 정도의 연주를 하며 2012년까지 연주 일정이 잡혀 있다고 한다.

전술한 사례는 국가 경쟁력의 부가 가치가 창출되는 전 과정의 가치사슬(value chain) 중에서 고부가 가치에 선택과 집중을 해야 하고 차별화가 요구됨을 시사하고 있다. 그렇다면 논의의 기저에 교육이 뒷받침 되어야 함은 재론의 여지가 없다.

"장강(長江)의 앞 물결은 뒤 물결에 밀려 나게 된다."는 고사가 있다. 그런데 장차 장강의 뒤 물결이 될 초 · 중등 학생들에게 시사교육, 계기교육이라는 명분으로 이념적 좌편향 사상을 주입시켜 정치색 짙은 거리의 촛불 집회에 내몰지를 않았나. 평등교육에 매몰되어 인성교육이라는 미명을 덧씌워 학생들의 실력을 하향 평준화 시키는데 목매지 않았나. 학교의 자율화를 목청껏 높이더니 막상 성과와 책무성을 수반하는 정책에는 동의하지 않는다. 세상에 이런 이중성이 어디 있는가.

그렇게 주장하는 분들 "명석한 두뇌와 수월성 교육 덕 많이 봤지요?"

아니라면 겸손을 가장한 오만이고, 그렇다고 하면 실체적 오만인데, 이길 수 없는 우문(愚問)이다.

우리나라 시민단체는 740개 정도 된다고 하는데 정확한 통계도 없다. 70-80년대 운동권 출신의 일부와 귀족 노동 운동가들이 시민단체의 탈을 쓰고 몸을 숨기고 있다가 건수만 생기면 고개를 들어 본색을 드러낸다. 삭발을 하네, 삼보 일 배를 하네 그러면서 어느 순간 촛불 행렬의 맨 앞에 서 있다. 과연 순수한 시민운동 차원으로 그러는 걸까? 혹 경력관리를 위한 과객(過客)?

의심의 눈길을 지울 수 없다. 해답은 참여 정부 시절 정치 쪽 내지는 정부 기관의 임명직에 발탁되어 순수하게 참여했던 모든 분들에게 밥맛 떨어지게 하지 않았는가.

이제 세상을 넓고 깊게 바라보아야 한다. 구각(舊殼)을 벗고 미래 지향적으로 상자 밖에서 생각해 보자.

(경기일보, 2008. 7. 10)

스승의 날, 스승이 없다

스승의 은혜는 하늘 같아서
우러러 볼수록 높아만 가네.
(중략)
아-아 보답하리 스-승의 은-혜

올 해 제31회째 맞는 스승의 날 노랫말의 일부분이다.

스승의 날의 유래는 적십자의 인도주의와 봉사정신에 따라 청소년 적십자 단원들이 1958년 세계적십자의 날(5. 8)을 맞이하여 기념활동으로 병중에 계신 스승님이나 퇴직한 은사님들을 위문하는 활동을 하였다. 그러던 중 충남 강경지역 청소년 적십자 단원들이 1년 중 하루를 "은사의 날"로 정하고 이날에는 반드시 스승의 은혜를 가슴에 되새기고 그 은혜에 보답하는 행사를 갖기로 결의하였다.

1963년 "은사의 날" 행사가 시작되었고, 1964년에는 제1회 "스승의 날"이 전국 청소년 적십자 단원들에 의해 기념되었다. 그 후 여러 차례 변하다가 정부에서는 1973년에 스승의 날을 국민교육헌장선포일(12. 5)에 통합하여 폐지하였다. 그 후 1982년 5월 15일 세종대왕 탄신일을 스승의 날로 다시 부활하여 오늘에 이르고 있다. 이 뜻 깊은 날에 돌이켜 보면, 스승은 성직자들처럼 '상징' 자본도 없이 좌우 진영을 뛰어 넘는 곳에서 홀로 길을 밝히는 북극성 같은 존재다.

그들은 상처 투성이인 아이들에게 산처럼 크고 바다처럼 깊은 품이다. 그래서 스승은 '근육'보다 '사상'이, '검색'보다 '사색'을 '순종'보다 '비판'을 중시한다. 그렇지 않으면 지위의 사유화이며, 군림이고, 봉건적 권위주의자가 된다. 또한 스승은 육체의 호흡뿐 아니라 영혼의 호흡으로 살고 그들의 체화된 가치관은 이성적 비판이지 감정적 비난에 있지 않다. 그런데 스승에 대한 숭례(崇禮)는 커녕 비례(非禮)를 넘어 무례(無禮)도 이만저만이 아니다.

지난해 도내 각급학교에서 발생한 교권 침해 신고 건수가 1,691건으로 이는 학생인권 조례가 시행된 지난 2010년보다 무려 11배 이상 늘어난 수치이다. 이뿐만 아니라 동남아 청소년을 대상으로 한 교사에 대한 신뢰 수준이 꼴찌라는 통계는 우리를 우울하게 한다.

항용 그렇듯이 제도 탓. 예산 탓, 학생 탓, 학부모 탓, 특정 단체

탓의 병창은 너무나 식상해졌다. 누가 들어 주지도 않을 뿐더러 해 줄 수도 없다.

이것이 오늘날 스승에 대한 현주소이자 서글픈 자화상이다.

스승의 날이 임박한 감독관청의 행정행위를 보자.

지면에 표현하기 부끄러울 정도의 교사들 자존심 상하는 공문을 보낸다. 그 후 예고 없이 감사부서에서 교장실 쓰레기통까지 훑어 보고 간다.

요즘 교장들(교사 포함) 상급 관청에서 생각하는 정도로 부패하지도 않았고 부패할 구석도 없다. 그 뿐만 아니라 학교장이 거액의 금품을 수수할 정도의 시쳇말로 끗발 있는 직책(위)도 아닌 것은 감사 부서가 더 잘 알고 있다.

학교는 학부모에게 발 빠르게 대응한다. 안내 홍보물 왈- 카네이션 꽃바구니 등 일체의 물건은 되돌려 준다고 홍보물과 홈피에 안내 한다. 선물과 촌지를 받는 풍토도 아니고 보내주는 선물이 없다는 것, 이 또한 학교장이 더 잘 안다. 그런데도 꼭 예방 홍보를 한다. 이쯤에서 교사들의 쌓였던 굴욕적 불만이 표출 된다. 스승의 날 폐지 운동하자고.

매년 스승의 날이 가까워 오면 방송 3사와 유력 일간지가 촌지에 대해 기획보도를 한다. 모 방송사는 작심하고 교원사회를 부정적으로 묘사한다. 김대중 정부 시절 모 교육부 장관의 교원에 대한 부정적 시각이 사회상규를 넘었던 트라우마를 떠올리게 한다. 이렇다 보니 대부분의 학교는 스승의 날 현지연수를 가고 텅 빈 학교는 교장, 교감과 행정실 직원만 근무하는 것이 현실이다.

물론 스승의 제일 덕목은 청렴성에 있다. 자본주의를 근간으로 하는 민주사회에서 인공과 가공의 세상과 떨어져 고아(高雅)한 성채(城砦)를 쌓고 살 수만은 없다.

20만 교원 중에는 일수거사(一水去士)인 사람도 있을 수 있고 조용히 교단을 떠나야 할 사람도 있다.

지탄받는 일부를 침소봉대하여 교원사회 전체인 것처럼 권위와 신뢰를 추락시키는 것은 국가의 장래를 위해서도 결코 바람직하지 않다. 사회적 감정과 교원사회 감정이 교육 성장판을 저해하지 않는 스승의 날이 되기를 간절히 소망 해 본다.

(중부일보, 2013. 5. 15)

올곧은 교육자가 필요하다

(대한민국 5%의 인재)

두뇌 산업으로써 한국의 교육은 위기의 조종(弔鐘)이 울린지 오래 되었다. 속칭 SKY대 출신들의 가장 많은 취직 자리가 SKY대 지망 수험생들의 과외선생님이라는 말이 우스개가 아닌 상황이다. 위험한 직업이나 고도의 전문직일수록 프로에게 맡겨야 한다.

"대한민국 인재 5%에 든다는 교사들에게 과연 프로 정신이 있는가?" 라고 묻는다면 어떠한 답변이 나올까?

예부터 우리나라 교사는 역동성의 DNA와 프로정신의 유장한 전통이 흐르고 있다. 선생님의 목소리는 광야에서 부르짖는 외로운 울림이 아니라 사람들의 마음을 사로잡는 매직워드였다.

교육환경이 열악했지만 무서운 사자후(獅子吼)를 토해 냄으로

써 성공신화와 올바른 민족의식의 종결자가 되었다.

다가올 21세기의 국가는 속도경영에다 방향까지 정확히 읽지 않으면 미래를 장담할 수 없기에 교육의 위기는 국가의 위기와 직결된다.

한국은 아시아적 전통을 지키면서도 성공적으로 민주화를 달성한 전범(典範)이기도하다. 그런데 요즘 전국의 고소대처에서 나타나는 교육 현상에 대하여 우려의 목소리가 드높다. 실정법보다 정서법을 더 따르는 사회(학부모), 일부 교사의 이념 편향으로 반미가 애국이고, 친북이 애족이라는 「똑똑한 광인(狂人)」의 학생을 길러내고 있다. 거기에 더하여 선출직의 몇 몇 교육감(정치인)들은 학생과 학부모들을 위한다는 명분으로 교육정책을 리트머스 시험지 다루듯 한다. 요즘 반복되는 촛불시위에 대한 평가는 미인 선발 대회 같아서 보는 사람마다 평가가 다를 수 있다. 한국적 민주주의의 위대한 횃불일 수도 있고, 아니면 선동적 우중(愚衆) 정치의 재현일 수도 있다. 빛과 그림자가 극명한 이면에는 정치색 짙은 광화문(청계광장) 촛불집회에 나온 청소년들의 정서에 보이지 않는 손이 작용하지 않기를 바랄 뿐이다. 미래의 동량이 될 청소년의 가치관 형성에 '닻 내리기 효과(Anchoring effect)'의 부정적 우려가 현실화 되고 있다면 문제는 심각하다. 따라서 리더는 신념의 언어가 아닌 사실의 언어로 말해야 한다. 그런데 조그마한 업적이라도 생기면 마치 자신이 다 한 것처럼 떠벌리는 부박(浮薄)한 교육

행정가들이 다수인 것 같다.

지금은 입만 열면 전 · 현임 가릴 것 없이 내 탓은 없고 남의 탓을 잘 한다. 그것으로 쇄신의 기분은 맛볼지 모른다. 그러나 인터넷에 익명으로 악플을 다는 인격 파탄자의 수준이면 곤란하다. 우리나라 전통의 가치가 뿌리 채 흔들리는 곳에서는 교육이든 비즈니스든 성공할 수도 오래갈 수도 없다.

사람들은 간혹 비겁하게 살 때도 있지만 비겁자가 영원히 설 자리는 없다. 따라서 '뒷방' 비판 보다는 정면에서 '송곳' 비판을 하는 올곧은 교육자가 절실하다.

몇몇 시 · 도 교육청의 인사행정을 보면 이념적으로 조직이 목적 그 자체가 되며, 조직의 영속화를 지상목표로 하고 있는 듯하다. 목표의 전치(Goal displacement)현상이 나타나고 있다. 장학사(전문직)의 특별전형이 그렇고, 무자격 교장이 방증한다.

교육계의 어두웠던 '트라우마'는 망각을 통한 화해가 아니라 기억을 통한 화해로 가기 위해서는 정당한 절차와 충분한 시간이 필요하다. 따라서 말도 되지 않는 시각으로 미담을 악담으로 확대 재생산시켜서는 희망이 없다. 그 좋은 예가 한국 현대사의 왜곡이다. 민족의 역사적 기반을 자학하고 왜곡하여 얻을 수 있는 득이 개인적으로나 국가적으로 과연 무엇일까 반문해 본다. "홍보가 넘치면 진실이 줄어든다."고 한다. 요즘 무상 시리즈와, 학생인권, 혁신학교 모두 부의(浮議)가 아닌 정론(正論)이길 바랄뿐이다.

연꽃은 더러운 진흙에서 나기에 더 아름답고 비바람을 맞아보지 않은 상록수는 없다. 우리 교육자들은 돈과 권력의 쓰나미를 막아주는 영혼의 방파제여야 한다. 바벨탑의 우상을 쌓지 않는 대한민국 5% 인재의 역할이 어느 때보다 절실하다.

(경기일보, 2011. 5. 30), (한국교육신문, 2011. 8. 8)

전교조, 누구를 위한 조퇴 투쟁인가?

지난 주 금요일 전국의 전교조(전국교직원노동조합) 교사 1천여 명(경찰 추산)이 1심판결에 불복하여 서울 시내에서 대규모 집회를 가졌다.

우리나라 헌법 21조는 언론출판의 자유와 집회 결사의 자유를 보장한다. 따라서 전교조도 노동3권(단결권, 단체교섭권, 단체행동권)을 보장 받고 있다. 하지만 이 같은 헌법체계는 세계 대부분의 나라에서 법률이 보장하는 범위 내에서만 가능하도록 강제하고 있다.(북한 등 일부국가 제외) 그런데 웬일인지 우리나라는 헌법 위에 떼법(?)이 있다 할 정도의 불법이 판을 친다. 이렇게 되면 국가기강과 질서가 무너져 국가의 장래가 불투명해지게 된다.

필자의 생각으로는 6.4지방선거 결과 전교조에 우호적인 교육감의 대거 당선으로 고무되어 법원판단을 무력화시키고 사사건

건 교육부와 한판 붙어보자는 심산으로 비춰진다.

그렇지 않고서야 세월호 참사 이후 참척(慘慽)의 고통에서 아직도 헤어나지 못하는 유가족과 국민의 정서를 몰라도 한참 모르는 행동으로 보인다. 동 집회는 교사로서의 본분, 교육공무원으로서의 기본, 노동3권의 원칙 등 헌법적 가치를 헌신짝처럼 내팽개친 행동이다. 사회적 평형수 역할을 기대하는 국민들에게 여관방 손님처럼 무책임한 방관자 이상도 이하도 아니라는 인식을 심어주기에 충분하였다.

불행하게도 우리나라는 진영 논리에 빠지면 진실을 볼 수 없다는 세간의 여론을 방증한 사례다. 더구나 차별에 대한 불만의 임계질량(Critical mass)이 극에 달하고 있는 학교 회계직(비정규직)의 눈에 어떻게 비칠까 심히 우려스럽다.

우리나라 초 · 중등 교원은 대략 40여 만 명으로 교직단체 가입현황은 한국교총 18만, 전교조 5만, 나머지는 미가입교사로 파악되고 있다. 학부모들은 교사들의 가치관, 열정, 이념성향까지 파악하여 담임 선택제를 꾸준히 요구하고 있는 것도 현실이다.

초 · 중등 교사들의 연간 수업일수는 190일이다.(유치원 180일) 그러나 대부분의 학교에서 5일 정도 더 늘려서 계획을 수립한다. 왜냐하면 과목별 법정 수업시수를 만족시키기 위해 각 학교에서는 통상 5일 정도 더 교육과정을 운영한다. 법정 수업시간 이외의 특별 프로그램에서 수업을 하면 근무시간 중에도 수당을 지불한다. 이것도 학교행정직과 비정규직의 입장에서는 급료의 이중지급으로 비친다(일반직, 비정규직 노사협상).

헌데 365일 중 195일을 제외한 나머지는 겨울방학, 여름방학, 학년말 휴가, 징검다리 연휴에는 학교장 재량 휴업일로 정하여 휴무를 한다. 그 후 대부분의 교사는 초중등교육법 41조에 의한 현지 연수원을 학교장에게 제출하고 연수를 간다. 학교는 교장과 교감, 행정실 직원, 회계직만 근무를 한다. 이 때 현지 연수 장소는 가정이던 국가기관이던 상관없이 학교 이외의 장소에서 자유스럽게 연수만 하면 된다. 연수 후 연수물은 학교장에게 제출하지 않아도 된다.(전교조협약)

세계 어느 나라 교사보다 국가가 직업의 안정성과 전문성을 보장하고 있는 이면에는 학생들 잘 가르쳐서 국가 인재로 키우라는 주문에 있다고 사료된다.

전교조 교사들은 모든 행동을 법의 테두리 안에서 해결할 생각을 해야 한다. 위법과 탈법을 일삼을 때 학생들에게는 비교육적으로 학부모에게는 신뢰를 잃는 우(愚)를 범할 뿐이다. 이는 소총 싸움에서는 이길지 몰라도 전쟁에서 지는 일이며 낙인효과(Stigma effect)로 인한 노동관의 전교조라는 교직단체 이미지만 불리해질 수 있음을 아는 지혜가 절실하다.

(주간교육신문사, 2014. 7. 7)

대신중 · 고등학교

▲ 전교직원 연수 : "사학의 역할과 차별화된 교육과정" 강의

10부

학교장의 리더십

상주 상현리 반송(尙州 上縣里 盤松) : 경상북도 상주시 화서면 상현리 천연기념물(제293호) 소나무

9단(段) 학교와 학교장 계약제

바둑에서 9급 10만 명의 훈수는 9단 한 사람의 혜안을 못 당한다. 실력이 없으면 9점을 미리 깔고 두어도 고수에게 지는 것이 바둑의 세계다.

우리나라의 학교 현실은 9급 학교는 수 없이 많은데 9단 학교가 안 보인다.

왜 일까?

교육의 포퓰리즘을 무기로 국민을 선동하며 허망한 바이러스를 살포하는 균주(菌株)가 도처에 만연되었기 때문이다. 우리가 살아가는 환경은 시골 동네 골목 수준이 아니라 생존경쟁이 치열한 글로벌 환경이다. 양자강의 뒷물결이 앞물결을 밀어내듯 경력 순이 아닌 역량에 따른 대접을 받는 합리 사회가 도래하였다. 따라서 세계사의 종속변인이 아닌 독립변인으로 자리매김되기 위해서는 두뇌산업을 육성해야 하는 당위성과 절박성이 있음은 부인할 수 없는 팩트(Fact)다.

성장을 저해하는 점진적 죽음의 증상들은 신호를 보내지 않는 특징이 있다고 한다. 무사안일과 기득권의 국지성 시각은 사회 발전의 암종(癌腫)일 뿐이다.

9단 학교 설립을 위한 정책에 특정 집단의 행태를 보아라.

자신들은 사다리 위에 앉아 자녀들을 국 · 내외 영재학교나 명문대 보내기 위해 온갖 수단을 다 동원한다. 그러면서 겉으로는 9급 학교 다녀야 된다고 독설을 뿜어 대는 인지부조화(認知不調和)의 지도층 인사가 너무 많다. 그런데 작금의 현실은 전문 데모꾼과 정의의 사도(?) 홍수 속에 사회 전체가 떠내려가는 느낌이다. 그러다 보니 집단체면에 걸려 무엇이 진실이고 위선이며, 무엇이 정의이고 불의인지 정체성의 가치혼돈 속에 살아가고 있다.

불용성(不溶性) 사회분열이 극에 달해 있다. 이렇다 보니 교육계는 적분에는 미숙하고 미분에만 능숙한 분열상 또한 극복해야 할 과제다. 이제 이념적 대척점에 서 있는 일부 진보 세력보다 '척하면 착'으로 알아들을 수 있는 가치중립적인 대다수 국민의 마음을 헤아리는 교육정책이 중요하다.

식당에서 제공하겠다고 예고했던 메뉴가 갑자기 변경되는 일이 잦다 보면 손님들의 불만이 높아질 수밖에 없다. 그러한 정부의 시장 가치는 휴지 조각과 무엇이 다른가. 해법은 생존의 더듬이가 발달한 기업의 촉수처럼 역량이 뛰어난 학교장을 초빙(공모)하여 교육과정 편성권, 인사권, 예산권 등 전권을 위임 한다. 그 후 초빙(공모)교장의 연봉을 기존보다 2배 아니 대폭 파격적으로 우대하면서 계약제를 제안한다. 교육계의 '역린(逆鱗)'일 수도 있지만 현재의 학교장은 땅 짚고 헤엄쳐도 될 자기네 '실내풀장'을 갖고 있는 사람들과 같다. 따라서 계약제에 의해 낙오되는 날에는 교육적 객사(客死)를 면치 못 할 도박이다. 현시점에서 학교장 계약제는 독(毒)일까? 약(藥)일까?

(경기일보, 2008. 9. 9)

21세기 무대의 향연(饗宴)

"회장님 ! 지금은 시대가 바뀌었습니다."

이 말은 1989년 한 때 대우그룹 상무 출신의 이헌재 경제부총리가 대우의 구조 조정이 한창일 때 김우중 회장을 만나서 질타성으로 한 말이다.

대우 흥망사의 정치적, 경제적 판단은 논외로 하고 변화하는 시대에 능동적으로 대처하지 못하면 한 시절 신데렐라였지만 그 후 줌마렐라도 아닌 천길 나락으로 추락한 대표적인 사례다.

기업은 망하면 다시 창업을 하면 된다. 그렇지만 우리 삶을 수평 · 수직으로 관통 교직(交織)하는 사회적 소통과 문명은 교육의 직 · 간접 영향 하에 있다. 따라서 교육자의 이념과 철학은 국운을 좌우한다 해도 과언이 아니다.

세계적인 경영학자 피터 드러커는 교육열과 기업가 정신이 가장 충만한 나라로 한국을 뽑았다.

그런데 교육이 정치권 및 진보 집단 등 외생변수에 망가지고 내부의 특정 이념 성향 구성원의 내생변수에 주눅 들어 있는 상태다.

이와 같은 시점에 학교장은 CEO로서 어떠한 역량과 마인드로 학교를 경영하여야 할까. 변화와 혁신의 소용돌이가 사회 각 부문에 휘몰아치고 있는데 교육계만 제정일치 시대의 소도(蘇塗)일 수도 없고 게토(Ghetto)일 수도 없다.

원래 좌파들은 시장 경제와 자유 민주주의에서 경쟁 능력보다 선동 능력을 통해 생존하는 집단이다. 이들에게는 투명한 경쟁과 법질서 및 학부모가 큰 적이다. 그래서 안정된 사회 구조를 뒤흔드는 조작, 선동, 탈법, 이중성, 폭력 등이 중요한 생존의 무기가 된다. 이와 같은 악성 바이러스가 자라나는 청소년들에게 DNA로 유전되기 전에 미리 손을 써야 한다.

미국의 경제지 포브스는 최신호에서 '맞춤설계' 박테리아로 암을 잡는다는 특집 기사를 실었다. 그밖에 기존의 태양열을 이용한 광발전 방식보다 훨씬 싸고 효율적인 시금치의 광합성을 이용해 전기를 재배해서 쓰는 연구 성과도 소개하였다.

이와 같은 혁명적이고 공상 과학 소설에 나올 법한 학문적 성과를 얻기 위해서 학교교육 시스템은 어떻게 작동 되어야 할까. 의사 결정의 최상위에 있는 학교장은 어떠한 미션과 비전을 갖추어야 할까.

후학자는 앞선자의 어깨를 딛고 더 멀리 내다볼 수 있는 것이 학문과 학교의 세계다.

뉴욕시 브롱크스 랩 스쿨의 사례를 보자.

학생 수 400여명의 9~12학년(한국의 중3-고3)의 학교로 학생 구성을 보면 백인(1%), 흑인(56%), 히스패닉(40%), 아시아 및 기타(3%)이다.

학부모의 사회 · 경제적 지위가 낮아 무료급식 또는 급식보조 비율이 81%에 이른다. 이와 같은 교육 환경이 최악인 학교를 하버드도 깜짝 놀란 브롱크스 기적을 일궈냈다. 지면상 다 상술할 수는 없으나 학생들의 학교생활과 성적은 눈에 띄게 향상되었고 교사들은 사명감에 불타있었다고 한다.

그 당시 마크 스턴버그 교장은 학생들의 출석률과 뉴욕시 주관 과목별 시험 합격 비율 80%이상 통과, 영어 수학 점수의 현저한 향상을 조건으로 뉴욕시 교육국과 계약서를 작성했다. 계약 내용은 대성공으로 적중하였는데 그 이면에는 35세 청년 교장 마크 스턴버그의 자율성과 창의적 발상에 기인한다. 더불어 교사 등 직원 채용은 물론이고 학교운영의 전권을 위임 받는 대신 매년 교육국에서 제시한 학교 경영 성과에 대해 평가를 받기로 하였다.

「자율지대(Autonomy Zone)」라고 불리는 이 프로그램에는 당시 30여명의 교장이 참여하였다고 한다. 그뿐만 아니라 워싱턴 DC의 한국계 미국인 미셸 리 교육감은 실력 없는 교사들을 해고한다는 방침을 최종 확정했다고 워싱턴포스트가 3일 보도하였다.

국내 모대기업은 직무성과 평가에서 3년 연속 최하위를 받으면 퇴출 조건에 해당한다고 한다. 학교장을 포함한 모든 교직원은 타산지석으로 삼아야 한다.

냉정하게 생각해 보면 "나이 드니 엉덩이가 무거워진다."는 평가 또한 피해 갈 수 없는 현실이고 받아들이기 불편한 진실이다. 행여나 목표상실 증후군에 빠져 무사안일과 매너리즘에 젖어 있을 때 퇴출의 압력에 인심의 가벼움이 새털 같다고 한탄한들 누가 알아주겠는가.

21세기 무대 향연의 중심에 선 경기도 교육청의 다양화 전문화 특화를 기조로 하는 글로벌 명품교육이 추구하는 컨셉은 '기회의 창(槍)'이 될지 또는 '위험한 검(劍)'이 될지는 전적으로 우리의 자세에 달려있다 할 것이다.

(경기일보, 2008. 10. 21)

가상(假想) '꿈의 학교'

"학교장 연봉 1억원, 연말 성과금 A등급 평가 시 5천만원 추가 지급". "전교직원의 임용, 연봉 책정, 근무 조건 등 계약제에 의하며 전권을 학교장에게 부여함".

그 뿐만 아니라 교육과정은 국가수준의 최소 내용만 이수케 하고 나머지 교육과정 편성권은 학교장에게 일임할 것임. 학교 회계는 계약 당사자(국가 혹은 자치단체) 간 충분한 운영비를 전제로 했을 때 인건비 등의 절약 분은 총액 범위에서 학교장이 재량으로 집행할 수 있다.

이와 같은 조건으로 계약된 교장은 어떤 모습으로 학교를 관리하고 경영할까? 그리고 교사와 지원부서의 행정직(기능직, 일용직 포함)은 어떤 모습으로 근무할까 상상해 보면서 반면교사로 삼고자 한다.

첫째, 모든 교사는 타 학교 교사보다 2-3배 많은 연봉에 따라

수요자를 만족시키는 맞춤형 교육에 사교육은 공교육으로 다 흡수될 것이다. 그렇지 않으면 연말 성과급에 차등이 오고 계약 만료 후에는 재계약이 보장되지 않을 뿐만 아니라 무능 교사로 평판이 나면 '꿈의 학교'에서 방출 되거나 아니면 오라는 학교가 없을 수도 있기 때문이다.

지난해 사교육에 지출된 비용이 연간 14조원으로 추정되는데 전술한 조건으로 공교육에서 사교육을 다 흡수했을 때 국가적으로나 국민의 입장에서는 대단한 이익이 되는 장사다. 이스라엘은 교사들의 자존심 상 사교육은 상상도 못한다고 한다.

둘째, 지원부서는 최소 인력을 제외한 나머지는 다 감원하고 교무행정의 순수한 지원만 전념케 할 것이다. 무노동 무임금을 원칙으로 하고 계약 조건을 만족시키기 위해 업무의 효율성은 배증되고 개인의 역량은 극대화 될 것이다.

몇 년 전 어느 대통령 후보가 공무원 정원 1/3로 감축해도 국가를 경영할 수 있다는 공약은 공약(空約)이 아니라는 민간 연구소의 연구 결과가 상당한 설득력을 얻고 있는데 귀담아들을 필요가 있다.

앨빈 토풀러는 사회변화 속도가 기업이 100마일이라면 공무원은 25마일이라 했는데 지적 수준이 여타 직종보다 뛰어난 교사 집단은 아마 100마일 추월은 시간 문제일 것이다.

셋째, 성과급 지급 기준의 객관성 타당성 합리성을 만족시키기 위하여 전교직원이 참여하는 평가 위원회에서 합의 도출하며 상하 좌우 학부모 및 외부 인사까지 구성된 다면평가를 원칙으로 한다.

위와 같은 '꿈의 학교'가 현실화 되었을 때 능력에 따른 보상이 전제되기 때문에 자신의 역량에 비해 현재 국가로부터 대우가 미흡하다고 판단되는 사람은 매력적이고 근무해 볼만하다고 할 것이다.

반대론자는 돈을 유인가로 하여 힘으로 밀어 붙이는 근육질적 교육관이라고 혹평하는 자도 있을 것이다. 그러나 견해는 미인 선발 대회 같아서 평가자의 시각과 취향에 따라 다양하게 의견이 나올 것이라 예견된다. 초기의 혼란을 막기 위해 시 · 군에서 가장 열악한 학교에 시범 운영하는 방안이 있을 수 있으며 그 후 인접 학교에 자극이 되어 공교육 정상화에 상당한 순기능으로 작용할 것이다.

예산이 문젠데 성과도 불분명한 '돌아오는 농촌학교' 사업에 교당 6억 7천만원(작년 3억원)씩 지원되고 매년 운영비로 1억원씩 지급되는 예산과 학교 숲 가꾸기 예산이 1억원씩 지원되는 비효율적인 예산 등을 모아 시범 운영비로 지원하면 된다. 아니면 기업이나 공공성 있는 자치 단체에 사립학교 설립 또는 기존 학교를 인수 할 수 있도록 초 · 중등 교육법을 개정하여 제도로 보장해 주면 된다. 생존의 더듬이가 발달한 기업은 고도한 전략으로 단기간에 성공신화를 창조할 것이라 믿는다.

현재의 의무교육 시스템은 배타적 선택에 따른 역기능이 열거

할 수 없을 정도로 심각하다. 교육에 시장 메커니즘의 도입은 세계적 흐름이고 자본주의와 시장경제에도 부합된다 할 것이다.

지금 국민들에게 공교육이 정상이냐고 체감질문을 해 보았을 때 과연 몇 %가 동의하겠는가? 그렇다면 정상화를 위해 내재적 접근의 한계를 시인하고 앞서 나가는 두바이의 세계교육관리시스템(GEMS)과 해외근무 엘리트 자녀를 겨냥한 미국의 크리스 휘틀의 글로벌 고급 사립학교 구상을 타산지석 내지는 벤치마킹을 해야 한다. 교수출신 정책관료들은 얄팍한 지식을 권력에 팔아 자리에 연연하지 말고 지성인의 사고로 돌아와야 한다. 그래야만 국가의 먼 미래 아니 당장 내일을 내다보는 혜안(慧眼)이 트일 것이다.

공교육은 곪아가고 있는데 화려한 미사려구(美辭麗句)는 립서비스에 불과함을 양식 있는 국민은 다 알고 있다.

'꿈의 학교'는 정말 선진국에만 있고 무릉도원처럼 현실화 될 수는 없는 것일까?

(경기일보, 2007. 7. 10)

교장 재임용 탈락의 끝

금년도 하반기 초임 및 중임교장 심사에서 전국적으로 21명이 탈락하였다.

그간 관행적으로 4대 비리(금품수수, 성적조작, 성추행, 학생체벌)에 연루되지 않으면 대부분 임용 또는 재임용이 되었다. 그런데 교과부의 발표에 의하면 앞으로도 계속 임용 심사를 강화할 예정이라 한다. 따라서 잠재해 있던 교원평가와 함께 직업 안전성이 크게 흔들린다는 우려의 목소리가 나오고 있다.

교장이 임기제이면 교감과 교사도 같이 임기제를 해야 한다는 여론 또한 탄력을 받을 것 같다. 이는 행정 기술상 잠복해 있었지만 수면 위로 언제든지 떠오를 수 있는 시한폭탄이다. 왜냐하면 미국을 비롯한 OECD국가와 비교해도 우리나라의 교원은 전술한 4대 비리만 연루되지 않으면 평생 정년(Tenure)이 보장 되고 있다. 그만큼 직업 안정성 면에서는 최고다. 이렇다 보니 사회변화에 능동적으로 대처하지 못한 측면도 부인키 어렵다.

앨빈 토플러는 『부의 미래』에서 사회변화 속도에서 기업이 시속 100마일, 교육계, 10마일이라 하였다. 항용 그렇듯이 어느 조직이든 자율 개혁이 안 되면 타율에 의한 개혁을 맞는 비참한 후과(後果)를 각오해야 한다.

초 · 중등학교의 법정 수업일수는 190일 이상이다. 그러나 법정 시수를 만족시키기 위해 4-5일 수업일수를 더 책정한다. 아무리 길어도 1년에 195일을 초과하는 학교는 거의 없다. 나머지는 여름방학, 겨울방학, 학년말 휴가 및 학교장 재량 휴업일로 편성한다. 교사들은 출석일수 이외의 날은 초 · 중등교육법 41조에 의거 근무지 외에서 연수를 한다. 상술하면 방학에는 가정이나 기타 연수기관에서 자유롭게 연수를 하면 된다. 이는 교사들에게 전문성 신장을 위한 유급연수 기회를 국가가 보장해 주는 아주 특별하고 특수한 제도이다. 방학 중 학교의 특별 프로그램에 교사가 참여하면 강사비가 지급된다. 이 또한 학교 일반직과 비정규직의 눈에는 급료의 이중성으로 비친다. 그렇지만 강사비 없이 교사의 참여를 강제할 수 없는 것이 현실이다.

세계가 부러워한다는 우리나라의 교육자치는 내부개혁을 외면하다 보니 교육 소비자인 학생과 학부모로부터 신뢰보다 불신의 대상이 된지 오래다.

교육의 모든 문제를 못으로 보는 것 또한 망치든 사람의 인식 오류이다. 정치권과 사회 일각에서는 교원 노조가 합법화된 시점에 노동자로서 무노동 무임금 원칙을 지켜야 한다고 목소리를 내고 있다.

이처럼 교원사회를 향한 사회의 요구는 우리가 생각하는 이상이다. 하지만 교사도 사회생활을 하다 보면 증류수처럼 맑은 이미지만 있는 것은 아니다. 때로는 가십(Gossip) 수준 이상의 과오를 범하는 교원들이 심심치 않게 언론에 오르내리고 있다. 그 때마다 강력한 핵우산인 두 교원단체의 그늘에 앉아 자기 혁신을 기피하고 무사안일 하는 교원이 있음도 부인키 어렵다. 한데 교원사회만 소도(蘇塗)와 유대인의 게토(Getto)처럼 살 수도 없을 뿐더러 살아서도 안 된다.

사회상규와 통념상 사소한 선생님들의 과오를 눈감아 달라는 생각은 철지난 낭만이다. 왜냐하면 사회가 용인해 주지를 않는다. 학부모와 언론 또한 그렇게 우호적이지 않다. 교사는 항상 문제 학생들과의 긴장과 소통, 학부모 여론의 격랑 속에 아슬아슬한 외줄타기를 해야 한다.

이렇게까지 불신 받는 원인(原因)과 원인(遠因)에는 교원 사회가 자초한 면이 더 크다. 통계학적으로 모든 조직의 3%는 직무적성 부적격자가 있다고 한다. 이들이 교육계의 물을 흐리고 암종(癌腫)으로 작용하기 때문이다. 교원으로서 건전한 가치관, 직업의식, 열정 등이 결여된 사람은 본인과 교육계를 위해서도 특단의 조치가 요구된다.

그렇지 않으면 교장 재임용 탈락에서 보듯 문제교사 퇴출이라는 행간에 숨은 노림수가 근(近) 미래의 교육계 모습이 될 공산이 높다. 이는 필연적 우연일 수도 있고 우연적 필연일 수도 있다. 이제 교육계는 이러한 변화를 직무의 상수(常數)로 받아들일 때가 되었다.

(동아일보, 2013. 11. 6)

누워 있는 돌도 춤을 추게 하는 리더(Leader)

선진국의 정치가 통치가 아닌 경영의 개념으로, 국가 관리가 아니라 국가경영으로 바뀌고 있다. 따라서 학교관리도 학교경영으로 바뀌어야 함은 시대적 요구이자 흐름이다.

경영에서 최고의 가치는 효율성이다.

최소의 비용으로 최대의 효과를 이루어내야 한다.

그러기 위해서는 매너리즘에 함몰된 행정 관행과 경직된 관료조직으로는 공염불일 수도 있다.

지금까지 국민소득 2만불 시대의 학교경영이었다면 GNP 4-5만불 시대를 위해서는 뼈를 깎는 과감한 자기 혁신이 전제되어야 한다.

이념적으로 지난 10년간 평등교육과 보편성 교육의 기조였다면 지금쯤 다시 한 번 포퓰리즘에 입각한 사회적 자아를 버리고 냉철한 세계적 자아로 자기 성찰을 해야 한다. 그 후 자기혁신과 조직의 혁신을 병행해야 한다. 이와 같은 혁신이 요구될 때 상당한 성장통을 수반한다. 그 진통은 상반된 가치체계의 마찰에서 비롯되는바 시대적 당위성을 헤아리는 지혜가 필요하다.

그 혁신의 주체는 모든 교직원이 되어야 하며 결집된 역량을 발휘하고 극대화 할 수 있는 리더의 역할이 중요하다.

프로야구 세계에서 유능한 감독일수록 장기에서 '훈수 두는 사람의 눈에 수가 더 잘 보이는 이치'를 터득한 사람이라고 한다. 총애하는 선수라 할지라도 실력이 미달되면 과감하게 2군으로 퇴출시키는 과단성을 발휘한다.

퇴출 선수들은 2군으로 나가면서 지도자에 대한 반발, 짓밟힌 자존심 등 분루(憤淚)를 삼키며 피눈물 나는 재기의 날을 기약한다고 한다.

소크라테스는 "너 자신을 알라(know yourself)"고 했지만 이 시대의 직장인들에게 주는 진정한 메시지는 "네 몸값을 알라(know your worth)"이다.

최근 SK그룹에서는 1억원 이상 연봉자 100명을 배출하기로 했다고 한다. 이런 파격적인 연봉을 받는 사람들의 영광 뒤에는 오히려 연봉이 깎이거나 회사를 그만 두어야 하는 사람들의 장탄식이 짙게 깔려 있음을 알아야 한다.

'찬밥'을 먹어본 사람은 '찬밥신세'를 모든 게 내 탓이라 생각하고 반성을 한다. 책임을 전가하는 사람은 성공할 수도 해서도 안 된다.

교직원의 지적능력과 역량은 입학과 임용단계에서 이미 검증이 다 되었다. 그들이 신바람 나게 춤(?)을 출 수 있도록 해야 한다. 멋진 마당굿(?)을 할 수 있도록 내 · 외재적 동기유발의 여건을 조성해 주어야 한다.

리더는 '옳은 일을 하는(doing right things) 사람'으로, 관리자는 '일을 옳게 하는(doing things right) 사람'으로 구분 한다. 따라서 정해진 일을 규정과 지시에 따라 옳게 수행하는 것을 관리라고 한다면 리더십은 옳은 일에 대한 비전을 제시하고 실천하는 것이라고 말할 수 있다.

"리더는 누워 있는 돌도 춤을 추게 해야 한다."는 말이 있다.

모름지기 진정한 리더라면 자신도 리더가 될 뿐만 아니라 부하 직원들까지도 스스로 목표를 설정하고 도전할 줄 아는 리더십을 갖춘 인재로 육성해야 한다. 그래서 리더는 자신이 임파워되어야(empowered) 할 뿐만 아니라 타인도 임파워시켜 줄 수 있어야 한다. 권한을 위임하고 그 일을 잘할 수 있도록 전폭적으로 지원하고 지도하는 일련의 모든 활동을 말한다.

그러한 의미에서 경기도 교육청 혁신 컨설팅단의 활약은 시의적절성과 현장 적합성이 있다고 평가 받고 있다. 현장 교원들에게 핵심적으로 요구되는 리더십, 기획력, 갈등관리, 교수학습 지원 등으로 요약되는 혁신 연수에 현장 교원들의 열기가 뜨거웠다고 한다.

더 나아가 2007년 지역 교육청 혁신 분야 평가에서 최우수 교육청으로 선정된 군포(의왕), 김포, 용인, 안양, 여주 교육청의 선전에 박수를 보낸다.

(경기일보, 2008. 1. 18)

떨어지지 않는 사과

1991년 가을 연이은 태풍으로 일본 아오모리 현의 사과가 90% 이상 떨어졌다. 대부분의 농민은 넋을 잃고 실의에 빠졌지만, 이때 결코 절망하지 않고 남들과 전혀 다른 발상으로 성공한 한 사람이 있었다. 그는 떨어진 사과에 미련을 두지 않고, 나머지 10%의 사과를 '떨어지지 않는 사과'라는 이름으로 수험생에게 팔아보기로 했다. 이 엉뚱한 시도는 일반 사과 가격의 열 배 이상 비싼데도 날개 돋힌 듯이 팔려 나갔다. 특히 '떨어지지 않는 사과'라는 이름 때문에 수험생들에게 폭발적인 사랑을 받았다고 한다.

땅바닥에 떨어진 90%의 절망을 보지 않고 떨어지지 않은 10%의 희망을 바라보는 눈. 어려운 상황에서도 긍정적인 눈으로 창의성을 발휘한다면 인생과 비즈니스에서 승리하는 비결이다.

지금은 고인이 된 현대의 정주영 회장과 롯데그룹 신격호 회장과의 빨간 골프공 이야기는 시사하는 바가 지대하다.

두 분이 골프 약속을 한 날 공교롭게도 하얀 눈이 수북이 쌓였다고 한다.

신격호는 골프치기는 그렇고 한 폭의 동양화 같은 골프장에서 풍경을 감상하며 차나 마시려고 마음 먹고 나왔다. 그런데 정주영은 하얀 눈 위에서 잘 보일 수 있도록 빨간 골프공을 준비해 가지고 나왔다. 골프 경력 40년이 넘은 신격호는 난생 처음 하얀 눈 위에서 골프를 친 경험을 가끔 회고하였다고 한다. 당시 정주영은 70세를 넘긴 나이에 통념을 깨는 빨간 골프공을 발상하였다.(창조바이러스. 이승한 발췌)

오늘날의 학문은 서로 다른 전문지식과 상상력이 만나는 융합과 컨버전스(Convergence)가 새로운 세계를 창조하는 시대다. 따라서 21세기 복합변환 무대에서 살아남기 위해서는 와해성 혁신(disruptive innovation)의 세계에 영원한 1등은 없다는 신념으로 무장해야 한다.

스위스 국제경영개발원(IMD. 2008)의 보고에 따르면 우리나라의 대학교육 이수율은 세계 4위 수준이다. 그러나 대학교육의 사회경제 요구 부합도는 55개국 중 53위로 꼴찌나 다름 없다. 대학이 사회가 요구하는 인재를 배출하기는 커녕 졸업장만 남발했음을 말해주는 지표다.

그렇다면 초 · 중등 교육은 어떠한가.

전국적으로 학교교육의 변혁을 위한 다양한 정책이 하루가 멀다하게 발표되고 있다. 그런데 일선에서 체감이 안 되고 내공과 울림이 없다는 세간의 여론이고 보면 이 또한 그간의 경험상 불을 보듯 뻔하다.

이슈화 되고 있는 몇 몇 교육정책은 특정단체와 선(線)과 선(線)의 연결이 아닌 면(面)과 면(面)의 접촉으로 확대 연동되어 그들의 조종대로 움직이고 있다고 소문이 무성하다.

요즘 잘 나간다는 부류들의 궤적을 보면 그들이 노동운동가인지 인권운동가인지 교육운동가인지 심히 헷갈린다. 구관조(九官鳥) 같이 철학이 없는 몇 몇은 진정한 교육자는 아닌 것 같다는 일선의 평가다.

자고로 교육이란 사회상규와 사회통념 수준의 강제성과 의도성이 수반되어야 교육이지 그렇지 아니하면 그것은 방임이나 방치일 뿐이다. 더구나 올곧은 교직자가 시류에 편승하여 강 건너 불구경하듯 하면 그것은 방기(放棄)에 해당한다.

교육계의 교장은 신체의 중추신경이다. 그들은 요즘 양면가치 병존(Ambivalence)에 침묵으로 일관하고 있다. 이래서 올바른 교육이 되겠는가.

기개 있는 선비정신이 퇴색 되었나. 아니면 용기가 없는 것인지 아니면 머리털 잘린 삼손인지 판단이 서질 않는다.

교육의 성장을 저해하는 점진적 죽음의 증상들은 신호를 보내지 않는다고 한다. 스스로에게 묻는다. 현재의 학교장은 학교의 자산일까? 부담일까?

(경인일보, 2011. 1. 7)

초·중등 학교장의 재산등록

학교장이 동네북 신세가 되었다. 입이 열 개라도 할 말이 없다. 매년 수녀님들처럼 청빈서원(淸貧誓願)이라도 하여야 될 것 같다. 교육계 안팎에 가로놓인 중첩한 난관은 어떻게 극복하며, 안고수비(眼高手卑)한 정책의 공허는 어떻게 메울지 생각만 해도 답답한 일이다. 근원적 처방을 할 수 있는 정교하고 정곡을 찌르는 정책이 아쉽다.

서울시 교육청의 경우 순혈주의에 빠져 외부의 비판적 목소리에 귀를 막거나 '과잉보호'에 안주하면 바로 내부에서 와해가 시작된다는 선례를 남겼다. 이미 교육계에서는 전임 교육감과 전전임 교육감이 특정지역의 편중 인사로 그 때부터 비리의 싹을 키웠다고 한다. 그들은 교육감이란 항성의 가장 가까운 궤도에서 돌고 있는 위성 그룹이었다. 그 그룹의 한 축인 평교사 출신 장학사와 장학관이 핵심 인사 라인에 포진하여 승진과 인사를 미끼로 거액이 오간 독직 사건이다. 일반직은 창호 공사를 특정 업자에게 특혜를 준 뇌물 사건이다. 전자는 꼭지점인 교육감에게 검은 돈이 흘러갔고 후자는 혼자 독식했다는 차이뿐이다.

제도와 법은 사회적 변화를 반영한다.

교육계의 사회적 소음 정도로 치부하지 말고, 차제에 교육감 선거 제도와 교육청 시스템 전반에 21세기 선진국 수준에 걸맞는 제도 개선이 필요하다.

요즘 일선 학교의 교장들에게 60-70년대의 사명감과 역동성이라는 DNA를 찾아 보기가 힘들어졌다. 이유야 많겠지만 인사권자인 교육감을 선출직으로 하다 보니 선거 공신들의 전리품을 인사에 반영하여 내부 질서가 엉망이 되고 특정 지연과 학연의 패거리 찬가를 계속 불러대는데 기인한다. 더 큰 문제는 학교장에서 특정 장학관으로 전직하는 데 뒷돈이 오간다는 설(說)이 사실이 아니길 바랄뿐이다. 그리고 설령 학교장에서 행정직인 장학관으로 전직했을 경우 교육철학이 올바르고 역량과 리더십에 만족하는 자를 발탁시켜야 할 것이다. 지금처럼 선거 공신과 특정 학맥의 동아줄을 이용한다면 대한민국 교육의 앞날은 희망이 없다.

선호하는 장학관의 직위와 교장 교감 자리는 구조 상 병목(Bottle neck)이 상존할 수밖에 없다. 따라서 누구나 수용할 수 있는 투명성과 객관성을 만족하면 뒷말이 적다. 현재의 문란한 인사질서의 주범은 평교사에서 어느 날 갑자기 교감이 된다던지 무자격 교장이 될 때와 장학관의 파격인사가 교육계를 바람 잘 날 없이 만들고 있다. 파격 인사 당사자들의 프로필을 보면 행정력이 뛰어나다느니 기획력이 탁월하다는 등 붙일 용어가 없으면 친화력이 있다는 등 현란한 미사여구로 포장을 한다. 그들의 실체는 미인대회 수상자가 알고 보니 성형수술을 했다는 이야기를 듣는 기분이다. 교과부의 초 · 중등 학교장에게 재산등록을 의무화 한다는데 학교장의 비리가 축재할 정도의 권력형 비리인가도 짚어봐야 한다.

그 보다는 비리뿐 아니라 직무 적성 부적격자의 퇴출 통로를 열어 놓는 것이 더 타당할 것 같다.

(경기일보, 2010. 3. 23)

학교장, 새터민의 멘토가 되자

현재 우리나라에서 함께 살고 있는 새터민은 2만 5000여 명에 이른다.

보통 새터민은 북한에서의 궁핍한 삶에서 벗어나고자 생사를 넘나드는 어려움을 이겨내고 남한사회로 온다. 하지만 정작 남한으로 왔을 때, 상이한 체제에 대한 적응과 상대적 빈곤, 사회적 편견과 차별 등으로 정착에 어려움을 겪는다.

현재 새터민이 국내로 입국하면 북한이탈주민정착지원사무소 '하나원'에서 적응훈련을 받는다. 직업훈련, 경제교육, 한국 정착을 위한 제도 안내 교육 등이 진행되지만 기간도 너무 짧고 기본적으로 소통에 필요한 언어 · 용어조차 간극이 너무 크기 때문에 효율적인 교육이 진행되기 어려운 상황이다. 게다가 1년이 경과하면 새터민이 보호신청을 해도 보호 대상에서 원칙적으로 제외된다.

이런 이유 등으로 어렵게 남한사회로 온 새터민이 적응하지 못하고 재입북하는 경우도 있다고 하니 문제다. 그러므로 정부가 추진하는 새터민 정착 지원 정책은 상당한 보완이 요구된다.

하지만 새터민 문제는 정부의 정책적 노력에만 의지할 것이 아니라 민간차원의 적극적 도움도 필요하다. 따라서 오랫동안 교직에 몸담아 온 한 사람으로 학교장과 새터민의 결연 운동을 제안한다. 지금껏 교원으로써 국가와 사회로부터 받았던 혜택을 이제 사회에 돌려주기 위한 실천으로 새터민 정착에 앞장서자는 것이다.

낯선 환경에서 외로움을 느끼는 새터민과 학교장이 인생의 멘토-멘티의 관계로 결연이 되면, 새터민이 난생 처음 경험하는 시장경제와 자유민주주의 체제에 대한 적응도 한층 더 속도를 낼 수가 있으리라 믿는다. 더 나아가 상담뿐만 아니라 학력과 경력에 따른 직업 알선도 충분히 가능하다. 무엇보다 다른 체제 속에서 살아온 새터민에게 인증된 국가관을 가진 교장으로서 '출발선의 기회균등', '과정의 공정', '결과의 공평'을 포괄하는 자유민주주의와 시장경제의 원리를 기초부터 잘 터득하도록 도와줄 수 있다.

더 큰 매력은 학교장은 학부모와 제자, 기타 사회 인사와의 끈끈한 직 · 간접 인연을 맺고 있다는 것이다. 이런 국가적 자산을 새터민의 남한사회 적응을 돕는 자원 봉사자로 활용한다면 새터민 정책에 큰 성과를 더할 수 있지 않을까?

새터민은 육체적 호흡뿐만 아니라 영혼의 호흡으로 사는 같은 동포다. 역사적 비극으로 갈려 사선을 넘어온 그들과 정서적 이격(離隔)이 없을 수는 없지만 그 간극(間隙)을 좁히려 노력해야 한다. 그들은 거칠었던 시대에 갖은 신산(辛酸)을 다 겪고 화상(火傷)을 입은 사람들이다.

단단한 얼음은 작은 송곳에 쪼개지고 두터운 눈은 한줄기 봄바람에 녹는다. 비록 분단의 시간만큼 사회 · 경제적 차이가 생겼지만 우리는 같은 역사와 문화를 공유했기에 민족의식이나 동질성 회복은 조그만 노력으로 가능할 것이다.

몇 년 전 모 종교단체의 도움으로 연해주의 아그로 상생 농장을 견학할 기회가 있었다. 당시 한국인 농장 책임자가 한 말이 지금까지 뇌리를 떠나지 않는다.

"정부의 배급에만 의존하는 사회주의 체제에 젖어서 능력에 따른 보상과 실적에 따른 봉급 개념을 교육 시키는데 일 년 이상이 걸렸습니다."

우리를 믿고 생사의 위험을 감수한 그들이 망망대해와 같은 고독감 · 고립감을 안고 끝도 보이지 않는 사막 벌판에 놓여있다. 새터민을 상대로 하는 사기 등의 범죄도 늘고 있는 추세이기 때문에 새터민의 정착 지원은 이중 삼중의 보호막이 꼭 필요하다.

남한 사회의 환상이 깨지는 순간 그들이 느끼는 실망감, 환멸, 배신감, 분노는 그들로 하여금 극단적 선택을 하게 할 수도 있다. 이제는 정부뿐만 아니라 사회단체, 국민 모두가 관심을 가져야 한다.

새터민 정착을 위해 정부와 많은 민간단체들이 노력하고 있지만 여전히 많이 부족한 실정이다. 무엇보다 이들은 경제적 · 사회적 원인에 따른 교육격차 때문에 지원하는 다른 소외계층과는 다르다. 새터민은 경제적 지원보다 '적응을 위한 교육'이 중요하다는 점에서 우리 교육자의 노력이 절실하다.

새해에는 탈북자들의 엘레지(비가 · 悲歌)보다는 송무백열(松茂栢悅)의 환희에 찬 희망가가 울려 퍼지기를 기대해 본다.

(한국교육신문, 2014. 2. 17)

여주교육 지원청

▲ 관내 초중고 운영위원장, 학부모회장 연수 : “운영위원의 역할과 책무성” 강의

11부

교육의 나아갈 방향

함양 목현리 구송(咸陽 木峴里 九松) : 경상남도 함양군 휴천면 목현리 천연기념물(제358호) 소나무

N(i)세대의 컴퓨터 언어

'사이버 신인류 N세대' 라는 말은 'i세대'란 말과 더불어 더 이상 낯설지 않다.

그들은 책보다는 인터넷, 편지보다는 e메일, SNS, 트위터, TV보다는 컴퓨터, 일반전화보다는 휴대폰에 익숙한 세대다. 왜냐하면 컴퓨터와 인터넷은 21세기의 삶에 가장 중요한 영향력을 발휘하며, 21세기를 주도할 컴퓨터와 더불어 살아갈 것이 분명하기 때문이다.

이제는 사이버 대학이 설립되어 시간과 공간의 제약 없이 교육을 받을 수 있고, 인터넷 반상회가 열리고, 주식 및 전자상거래가 활발히 이루어지고 있다.

더 나아가 사이버 국회나 공화국이 생기고 인터넷에서 정보를 사냥해서 보고서를 작성하는 등 정치, 경제, 사회, 문화, 교육 전반에 걸쳐 획기적인 변화를 가져올 것이다.

N세대들의 활동 무대인 사이버 공간에서 이루어지는 의사소통의 단면을 보자.

'초절정미 울 여친 직찍 쌩얼도 지대 ㄷㄷㄷ'
RE : 'ㄴㄴ 어디가 미모? 성형빨 캐안습 ~'
RE : RE : 'ㅉㅈ 악플 즐 !'

위와 같은 N세대 언어를 표준어로 해석하면

'정말 아름다운 미모를 지닌 우리 여자 친구는 직접 디지털 카메라로 찍은 화장 안한 얼굴도 너무 감동할 정도로 예뻐'
RE : '아니오, 안 예뻐요, 어느 부위가 예쁘다는 말인지요? 성형을 많이 한 것 같아서 실망스럽네요'
RE : RE : '찌질이(자신이 부족한 것을 모르고 숨어서 남의 험담만 늘어놓는 사람)의 나쁜 댓글은 사절합니다 '

이와 같은 N세대가 조어를 만들어 내는 배경을 보면, 자판 편의성(speedy) 표현완화(softening) 전문화(specialized) 등 3s로 요약할 수 있다.

또한 그래머(Grammar)의 조어 방식을 살펴 보면 첫째, 경제성으로 음운 혹은 음절을 생략 혹은 축약을 한다.

모음축약 - 셤(시험), 모음생략 - 글쿠나(그렇구나), 자음생략 - 가께여(갈게요)

CV생략 - 짱난다(짜증난다), 음절생략 - 동(동호회), 두자어 -

퀴(영화퀴즈), 파생 - 초딩, 융합 - 몰팅(몰래하는 채팅), 복합 - 잠수방(원하는 상대와 둘이서만 대화하는 방) 등을 말한다.

둘째, 표현성 강화로 의사 전달의 효과를 극대화하려는 방식인데 문법적 차원, 어휘적 차원, 수사적 차원에서 실현된다.

의도적 연철 - 시러(싫어), 의도적 분철 - 살앙(사랑), 의도적 중철 - 있셔(있어), 모음교체 - 안뇽(안녕), 자음첨가 - 어서오세용, 가지맛, 잼없당, 방언적 말투 - 몬해(못해), 어케(어떻게), 모이바(모여바) 등을 말한다.

셋째, 도상적 방식으로 컴퓨터 통신의 의성 · 의태어와 도상적 장치는 대면 상태의 의사소통 과정에서 비언어적 요소를 대신할 수 있는 이상적인 방식이라고 할 수 있다.

의성어 - 쩝, 냠냠, 의태어 - 꾸벅, 하~품~, 도상적 표현으로 ^.^(기분 좋은 표정),

ㅠ.ㅠ(눈물을 펑펑 흘리는 모습), ^00^(눈 번쩍 뜨일 만큼 좋은 표정), -_-(슬픈 표정) 등을 말한다.

컴퓨터 매개 의사소통(computer mediated communication)의 중요한 특징은 가상공간의 익명성과 비언어적 요소의 부재를 말할 수 있다.

그들의 대화방에서 이루어지는 대화는 대부분 심심풀이라는 점에서 재미있고 가벼운 대화이기를 원한다.

따라서 개개인의 취향과 사고력의 차이에 따라 재미를 느끼는 조건이 다르겠지만, 일차적으로 딱딱한 문체 혹은 규범적인 문장들에서 벗어나려는 일탈 심리가 바탕에 깔려 있다.

대화방은 새로운 대화의 공간이다.

컴퓨터 앞에 앉기만 하면 언제 어디서나 다양한 연령, 계층의 사람들과 만날 수 있으며, 무료하거나 외로움을 느낄 때 대화방은 새로운 탈출구가 될 수 있다. 따라서 장난스럽거나 불손한 의도의 차원을 넘어야 한다.

대화 상대자에 대해 아무것도 확인할 수 없는 상태에서 그가 구사한 문장은 곧 그 사람의 인격과 지적 능력을 포함하여 상대에 관한 기본적 정보를 확인 할 수 있는 유일한 장치이다.

그들은 동일한 디지털 문화 속에서 스스로 독창적 문법을 생산하고, 이를 바탕으로 사회변화의 흐름을 정확히 읽어낸다. 뿐만 아니라 독창적 정체성을 만들어 가며 적응력이 뛰어난 인터넷 문화의 순기능으로 작용하고 있다.

넓고 깊게 전개되는 정보사회의 가능성과 잠재력은 한국의 와호장룡(臥虎藏龍)인 N세대가 주도할 것임을 믿어 의심치 않는다.

(경기일보, 2007. 12. 12)

네모난 동그라미 교육

세모 네모 동그라미가 있는 데 세모와 네모는 서로 자기 자랑을 한다. 세모는 뾰족한 자기 머리를 자랑했고, 네모는 넓적한 얼굴을 자랑한다. 동그라미는 자랑할 것이 없어 시무룩한 표정이었을까?
그때 짜잔!! 갑자기 비가 내렸다. 동그라미는 얼른 나무 밑으로 굴러갔고, 구를 수 없는 세모와 네모가 비를 맞고 있는 모습을 보고 동그라미는 얼른 가서 세모와 네모를 머리에 이고 데려다 주었다.

『네모난 세상의 동그라미』 동화의 일부분이다.
'네모난 동그라미'는 형용 모순이다.
그러나 우리말의 형용모순은 교육적으로 깊은 뜻이 숨어 있다.
달콤한 슬픔, 소리 없는 아우성, 단독토크, 돈 없는 거지, 쇠로 만든 목탁 등 직역으로는 이해가 잘 되지 않는다. 그러나 음미해 보면 교육적으로 시사하는 바가 지대하다.

교육은 다양한 학생과 계층을 대상으로 하다 보니 획일화 시킬 수도 없고 해서도 안 된다. 이렇다 보니 학부모 및 교원사회 구성원 각자의 철학과 가치관에 따라 다양한 견해를 갖고 있다. 모두가 전문가적 수준이다. 따라서 다음과 같은 명제를 놓고 치열한 논리 경쟁이 진행 중이고 그것이 정책이 된다.

보편적 교육복지와 선별적 교육복지, 수월성 교육과 보편성(평등성)교육, 학생인권과 교수권, 절대평가와 상대평가, 교직원의 자율성과 타율성, 무자격 교장의 찬반, 전문직 특별전형의 찬반, 혁신학교와 일반학교, 공모교장(교육장)의 순기능과 역기능, 고위직 인사권의 객관성과 주관성, 교육의 공공성 한계, 주민참여 예산제의 찬반, 산하 직할기관 법인화의 찬반 등 교육행정 행위 전반에 다 해당된다.

그러나 치열한 논쟁을 하지만 추구하는 교집합이 많아 우리나라의 교육은 세계적이다. 원래 공동체는 집단주의 개념이고 자유주의는 개인주의다. 이래서 두 가치는 충돌할 수밖에 없다. 인용오류 일수도 있지만 민주주의는 종종 시끄러움을 동반한다. 따라서 교육정책은 네모난 동그라미처럼 복안적(複眼的)이어야 한다.

교육을 진보와 보수의 이분법으로 나누어 집합명사의 그늘에 안주하는 게 편하거나 대립구도가 명확할수록 재미를 보는 집단과 개인이 있을 수 있다.

일명 '다이어트 콜라 민주주의'를 즐기는 형국이다.

서울시 김00 교육의원은 수월성 교육에 독설을 퍼붓는 의원으로 유명한데 정작 자신의 자녀는 특목고에 입학시켰다. 그뿐만 아니라 참여정부 시 교육부총리를 역임했던 김00 국회의원도 평준화 교육을 진두지휘하며 정작 자신의 자녀는 특목고에 외국 유학까지 시킨 것으로 알려졌다.

외국의 사례에서도 영국의 블레어 총리는 공교육 개혁과 강화를 약속하고 그러면서 두 아들에겐 남몰래 과외를 시켰다 들통나 톡톡히 망신을 당했다. 자신의 영달을 위한 디딤돌로 교육논리를 이용한 교육자적 양심의 거울에 대단한 둔감력(鈍感力)과 얼굴 두꺼운 후흑학(厚黑學)의 소유자들이다.

상반된 '고무줄 교육 진단서'는 교육 불신을 초래하고 더 나아가 신뢰사회의 기반을 무너뜨린다. 우리나라 교육전문가라는 교원사회의 진단서가 이렇다 보니 공교육의 신뢰는 추락할 수밖에 없다. 막연할수록 커지는 게 학부모의 불안이다. 이러한 학부모의 불안 심리를 가장 잘 읽는 게 사교육이다. 생존의 더듬이가 발달된 사교육은 족집게 과외라든지 맞춤형 개인 지도로 학생들을 명문대 진학이나 일약 예체능의 스타로 키우겠다고 학부모를 현혹시킨다. 앞뒤 생각 없이 자녀교육에 올인하는 것이 우리나라 학부모들의 공통 만트라(Mantra · 기도할 때 하는 주문)이다.

교육계만큼은 우리 사회의 이성과 양식을 되찾을 때다.

교육정책을 이념이 아닌 다양한 가치의 이종교배를 통한 창조

교육의 홀씨들의 싹을 키워야 한다. 학연과 지연, 이념의 근친교배는 유전적 결함을 증폭시키기 때문에 교육학적 생물학적 근친교배는 생태계의 금기사항이다. 백척간두에 가부좌를 틀고 앉아있다 보면 정체되고 퇴화되는 것이 세상의 이치다.

다가오는 새 학기에는 건강한 교육생태계를 이루기 위해서 '네모난 동그라미 교육'을 주문해 본다.

(중부일보, 2013. 8. 15)

도박사의 오류(誤謬)

도박사의 오류(gambler's fallacy)란? 서로 독립적으로 일어나는 확률적 사건이 서로 확률에 영향을 미친다는 착각에서 기인한 논리적 오류다. 흔히 도박사들이 성격의 특성상 앞에서 일어난 사건과 그 뒤에 일어날 사건이 서로 독립되어 있다는 확률 이론의 가정을 받아들이지 않기 때문에 붙여진 이름이다.

예를 들면 동전을 던져서 앞면이 5회 연속으로 나오면 그 다음은 뒷면이 나올 확률이 높아질 것으로 착각하게 된다. 윷을 던져서 도 · 개 · 걸만 계속 나오면 그 다음은 윷이나 모가 나올 확률이 높아질 것으로 착각하게 된다.

벅시가 만들었다는 카지노도 34%는 구조적으로 돈을 잃게 되었다고 한다. 그러나 일부의 사람들은 잭팟이 터질 거라는 막연한 착각을 하게 되어 패가망신하고 있다.

과학적으로 접근해도 내 뜻대로 되지 않는 것이 세상의 이치다.

요즘 고위 교육정책 입안자들을 보면 전술한 오류를 모르고 착각 속에서 내 놓은 정책이 미궁(迷宮)을 헤매는 데도 곧 잭팟이 터질 것처럼 성공을 확신하고 있다. 억울함이 있겠지만 뒤집어 보면 점령군 흉내를 내는 사람들과 설익은 정책구상이 교육계를 혼란스럽게 한다.

권력세계의 '등고선의 법칙'이 작용되는 듯한 인상이 짙다.

대통령이던 기타 단체장의 선출직은 당선이 되면 100% 은수저 물고 태어난 사람처럼 무오류(無誤謬)라는 식의 과잉 떠받들기에서 잉태한다. 자지가 주장했던 정책만이 참이고 상대의 정책은 용도폐기 대상으로 여긴다. 그리스 속담에 '악마와 다리 건너기'라는 말이 있다. 화합과 융합 포용을 통한 효율의 극대화를 시사한다. 특히 교육 정책의 착근은 교원들의 자발성과 상향식 의사결정에 바탕해야 성공할 수 있다. 이 때 절차와 방법은 민주적 이성과 과학으로 접근해야 한다. 그런데 도박사처럼 착각에 빠져 세상을 읽는 눈으로 정책을 입안하는 위치에 있으면 곤란하다.

정통성도 의심스러운 몇 몇 주요직의 설쳐대는 '오만함 지수'(Arrogance Quotient = 자만심 ÷ 본인의 실력)는 인내심의 한계를 벗어나고 있다는 교육계 안팎의 여론이다. 일선 학교 교장들이 신바람으로 학교경영을 해야 하는데 요즘의 학교 분위기는 '표현의 자유'의 내재적 한계라서 대외적으로 발설하기는 곤란하나 사기가 말이 아니다. 국민의 정부 정년 단축에 오열하고, 참여정부의 무자격 교장 임용에 절망하고, 교장 공모제에 정신 못 차리는 이명박 정부에 분노하고 있다. 더불어 경기도 교육청의 창의 · 지성교육은 혼돈의 압권이라는 일선교사들의 평가다.

교육은 가치중립적이어야 함은 만고의 진리다.

그런데 어느 날 갑자기 교육정책이 정치적 프리즘을 통해 굴절되기 시작하여 사회적 감정과 괴리가 되어 신뢰를 상실하면 백약이 무효가 된다. 이는 지난 해 12월 19일 서울시 교육감 선거의 결과가 예증하고 있다. 건전한 비판과 저항은 혁신의 에너지라는 말이 시사하듯 사명감에 불타는 현장 교사들의 목소리를 상향식으로 들어봐야 한다. 창의 · 지성교육은 교육의 사회적 기능을 정의한 것인지 아니면 교수-학습 이론을 정의한 것인지 그것도 아니면 수업모형을 정의한 것인지 헷갈린다는 반응이다.

필자의 생각으론 혁신교육의 캐치프레이즈 정도로 인식하면 무리가 없을 듯하다. 개념 진술의 애매성, 모호성으로 인한 명료성이 없다 보니 피부에 와 닿지 않는다. 듣기 좋은 미사여구를 동원하여 시끄러운 논란은 교육계의 에너지를 소모할 뿐이다. 교육계의 신 · 구세력 중 어느 집단도 사회적 공로의 배타적 독점권을 주장할 수 없다. 계속하여 부정하는 것은 파손된 균형 감각이 낳은 오만일 뿐이다.

중심가치가 흔들리니 부속가치도 혼란스럽다. 줄기가 요동치니 가지가 요동치는 형국이다. 경기교육이 '추격자'가 아닌 '선도자'로 패러다임을 바꾸기 위한 혁신의 아이콘은 가치중립적인 일선 교사들의 아이디어를 어떻게 일반화하느냐에 달려 있다. 물이 잔잔하면 사물을 비추지만 돌을 던져 파문이 생기면 비추지 못하는 이치가 도박사의 오류를 뛰어넘기를 바랄 뿐이다. 혁신교육은 철학교수처럼 현학적(衒學的)이지도 않고 긴 사설(邪說)이 필요치도 않다. 오직 순수성과 열정이 요구될 뿐이다.

(중부일보, 2013. 2. 15)

독서와 정보통신기술(IT)의 융합

독서는 삶의 에너지다.

지식은 다른 사람이 제공하고 가르칠 수 있지만 지혜는 자신이 스스로 체득해야 한다. 지혜를 쌓는 가장 좋은 방법은 책을 통해 지혜의 밭을 일구는 것이다.

동서고금 위인들의 궤적을 살펴보면 어려운 일에 부딪혀도 이에 굴하지 않고 꿋꿋하게 이겨냈다. 베토벤은 26세부터 귓병을 앓기 시작했다. 상식적으로 음악가가 소리를 들을 수 없다는 것은 절망 그 자체였다. 청력 상실과 극심한 생활고에 봉착한 베토벤은 죽기로 마음 먹고 유서까지 썼다.

그 유서가 그 유명한 '하일리겐슈타트의 유서'이다.

죽으려고 유서까지 썼지만 스스로 목숨을 끊을 수 없었다. 왜냐하면 평소에 책 읽기를 좋아했던 그가 언젠가 읽었던 책의 한 구절이 자신을 붙잡았기 때문이다.

"목숨이 붙어 있는 동안에는 누구도 제 인생을 스스로 버려서는 안 된다."라는 책 속의 한 구절이 소리를 거의 듣지 못하고 생활고에 힘겨워 죽으려고 유서까지 썼던 베토벤을 구한 것이다.

자살을 포기한 이후에 제3번 영웅 교향곡을 작곡했고 그 후 제5번 운명, 제6번 전원 교향곡 등을 작곡했다.

베토벤은 당대의 유명한 괴테 작품은 물론 세익스피어의 작품과 성경 등을 늘 탐독했다고 한다. 그 책 속에서 영감을 얻어 작품을 썼는데, 괴테의 작품을 읽고 '에그먼트'를 작곡하였고, 성경을 읽고 '감람산상의 그리스도' 등을 작곡한 것이 그 예이다. 이처럼 독서는 삶의 지혜뿐만 아니라 영감까지도 얻을 수 있는 위력이 있다.

훗날 베토벤은 '예수와 소크라테스는 나의 모범이었다'고 고백한다. 바로 성서와 철학책이 자신에게 많은 영감을 준 것이다. 이처럼 독서는 건전한 가치관 형성과 영감에 지대한 영향을 미치고 있음을 알 수 있다.

이 뿐만 아니라 독서는 풍부한 어휘의 습득으로 언어문화를 풍요롭게 한다.

세계 3대 고전 작가인 라신의 작품을 분석해 보면 2천여 개 정도의 단어를 사용한 반면, 세익스피어 작품에는 2만여 개의 단어를 사용하였다. 세익스피어는 12개 단어 당 하나 꼴로 새로운 언어를 창조하였다.

우리말의 표준어는 한자어를 포함해도 30만개가 채 안 된다.

국어 대사전에 기록된 단어가 70만 개 정도 된다.

이렇듯 수 많은 어휘의 습득은 독서 없이는 불가능하다.

활자매체보다 영상매체에 익숙한 N세대에게 한글과 정보 통신 기술(IT)과의 융합을 통한 새로운 개념의 독서교육을 제안한다.

첫째, IT와 독서가 융합이 되면 편의성과 경제성이 있다.

스마트폰 앱을 활용한 도서의 구입과 독서가 그 예이다.

둘째, 시 · 공간의 제약 없이 언제 어디서나 스마트 기기를 들고 폰이나 TV로 독서가 가능하다.

셋째, N세대에게 친숙함과 흥미 유발성이 강하다.

한글의 장점으로 예를 들면, 대략 20만자 되는 단행본 한 권 분량의 활자매체를 인수분해(?)하면 달랑 24개의 글자만 남는다는 사실은 거의 '매직'에 가깝다.

삼성 휴대폰은 훈민정음 창제원리인 천지인(天地人)의 모음을 단순화하였고, LG휴대폰은 자음을 단순화시킨 것이 IT와 접목되어 한글의 과학성과 수월성(秀越性)이 어우러져 세계일등 상품이 되고 있다.

독서교육 전문가와 IT전문가 그리고 현장 교사들이 머리를 맞대고 N세대 청소년들의 독서문화에 적합한 융합적 사고의 산출물을 얼마든지 만들어 낼 수 있다고 확신한다.

다음으로 국내 휴대폰 제조사와의 MOU를 체결하여 가칭 세계 휴대폰 메시지 축제 혹은 페스티벌, 동영상으로 만나는 작품 속의 여행, 메신저로 만나는 작가와의 만남, 휴대폰을 통한 독서

퀴즈 대회 등 아이디어는 무궁무진하다고 여겨진다.

이렇게 단계적으로 독서흥미를 유발케 하여 정착단계에 이르기까지 N세대에 적합성 있는 IT기술과의 융합으로 나아가야 할 것이다.

독서습관의 정착과 독서 인구의 저변을 확대할 수 있는 즉 '속성효과'를 내는 데는 IT기술과 융합하는 것이 매우 효과적이라는 현장 연구 사례가 방증하고 있다.

IT강국인 한국형 독서환경의 새 버전(Version)이 나와야 할 시점이다.

(중부일보, 2013. 12. 4)

박지성, 이봉주, 칼루이스의 발

분당 서울대 병원 박문석 교수에 따르면 평발 또는 편평족이란 발바닥의 안쪽, 발뒤꿈치 앞쪽의 아치가 소실되는 것을 말한다. 만약 이 아치가 서 있을 때만 소실되고 발뒤꿈치를 들고 서는 경우 다시 생긴다면 이는 유연성 평발(편평족)이다. 두 자세에서 모두 아치가 소실되는 경우는 강직성 평발(편평족)이라고 한다.

전술한 세 선수 발(足)의 공통점은 평발이다.

여기에서 평발의 의학적 정의를 진단을 하자는 것이 아니라, 보통사람의 발보다는 장시간 달리기를 요하는 운동 선수에게 불리하게 작용 되는 사실을 말하고자 한다.

그러한 핸디캡을 딛고 세계적 선수가 된 배경에는 피눈물 나는 본인의 노력이 숨겨져 있다. 축구 영웅 '마라도나'는 가슴 트래핑 연습을 하루에 5천 번씩 하였다고 한다. 골프의 최경주 선수도 매년 3만명이 도전해 35명만 통과한다는 PGA(미국남자프로골프협회) 입문 테스트에 주변의 무모하다는 비아냥에도 불구하고 두 번의 도전에 성공하였다. 그 무렵 3만번의 스윙으로 드라이버 해드가 깨질 정도였다고 한다. 몸에 좋다는 건 다 거둬 먹였지만 뱀과 자라가 운명을 바꿀 수 없는 이치와 같다.

第16회 광저우 아시안 게임에서 우리나라는 금메달 76개로 48개에 밖에 획득치 못한 일본을 여유 있게 따돌리고 2위의 위업을 달성하였다. 따라서 모든 종목에서 우수 선수가 골고루 나오기 위해서는 학교의 풀뿌리 체육이 활성화 되어야 한다. 그런데 학교 체육의 현실은 정반대로 상당한 제약과 한계가 있다. 평준화 정책이라는 소망사고(所望思考)가 일세를 풍미할 때 이미 학생들의 끈기와 집념은 많이 약화되었다.

우선 등하교 시 모두 걷는 시간이 없다 보니 기초체력이 없다.

뿐만 아니라 각 학교에서는 등교 순간부터 아침활동이라는 미명하에 독서 등 다양한 시간을 운영한다. 정규 수업이 끝나면 방과 후 활동 내지는 학원 수강으로 오후 내내 얽매어 놓는다. 집에 도착하면 인터넷과 텔레비전에 도취된다. 학교의 운동부는 대다수 종목이 그러하지만 특히 비인기 종목의 경우 기능이 있는 학생보다는 한 수 낮은 학생들이 많다. 부모의 사회 · 경제적 지위가 높을수록 희망자가 없다. 이는 전국적인 현상으로 부인할 수 없는 현실이다.

이제는 집사광익(集思廣益)의 자세로 학교체육 더 나아가 스포츠의 발전과 변신을 위한 변곡점에 와 있다. 일부이지만 각 시 ·

군의 경기단체장들은 순수성을 갖어야 한다. 경기단체장이 대단한 벼슬이나 되는 것처럼 관료화 되어도 안 된다. 사회단체 보조금을 마치 개인의 주머니 돈인양 정치 입문이나 파워 집단의 교두보로 활용해서는 더욱 안 된다. 유능하고 세련된 지도자는 두뇌로 말하지 근육으로 나서지 않는다고 한다.

다음으로 학교에서 즐기는 체육을 할 수 있는 여건을 조성해야 한다. 개인의 삶의 질과도 연관된 건강한 신체 조건은 대학입시 등과 맞물려 사회적 합의가 필요한 사항이다. 엘리트 체육의 1등만 강조하다 보면 재미있어야 될 스포츠가 흥미를 잃을 수 있다.

자장면이 맛 없는 것은 참을 수 있어도 배달이 늦는 것은 참을 수 없다. 우리나라 국민의 조급증 정서를 대변한 해학(諧謔)이다.

재미있는 체육, 흥미와 소질(적성)을 살릴 수 있는 엘리트 체육의 조화로 스포츠 인구의 저변 확대를 위한 지혜가 요망된다.

(경기일보, 2010. 12. 3)

신바레이션(Synbaration) 문화

수능성적이 공개된 후 동문회와 학부모 및 사회 일각이 따가운 시선에 협공당하는 양곤마(兩困馬)의 신세가 된 학교가 여럿 있다. 그러한 학교는 근원을 처방하여 소위 일류 학교로 치환시켜야 하는 과제를 안고 있다. "최고를 더 최고로 만들어야 최저가 없어진다."(송자교수)는 말이 가슴에 와 닿는다.

우리나라 사람들은 신바람 나게 일을 잘 한다. 한 번 신명이 났다하면 자신의 능력을 100%, 아니 150% 발휘한다. 하지만 신바람만으로 학교를 경영하다 보면 원칙이 흐려지거나 무질서해서 실패하기 십상이다. 때문에 '신바람(Synbaram)'과 서구의 '합리성(Rational)'을 접목해서 '신바레이션(Synbaration)' 문화를 만들어야 한다.

스타 강사가 없는데 사교육의 억대 강사를 이길 수 있을까? 해법은 팀워크에 있다. 학교에서 신바람 나는 팀워크를 다지면서 동시에 직원 개개인의 합리성과 교육 전문가로서의 역량을 계발할 수 있는 환경을 조성해 주면 된다. 그 환경이 바로 신바레이션 문화다. 학교에서 신바레이션 문화의 키워드는 '신뢰'이다.

학교 경영의 최고 의사 결정권자인 학교장이 직원들에게 모든 일을 믿고 맡기는 권한 이양의 분위기를 조성해야 직원들도 신바람 나게 학생들을 가르칠 수 있다. 사람은 권한이 부여될수록 더 큰 책임감을 가지고 더 정직하게 더 열심히 일하게 마련이다.

철강왕 카네기의 말을 들어보자. 평균적인 사람은 자신의 일에 자신이 가진 역량과 에너지를 25%만 투여하지만, 세상은 능력의 50%를 자신의 직무에 쏟아 붓는 사람들에게 경의를 표하고, 100%를 투여하는 극히 드문 사람들에게 머리를 조아린다고 한다.

이렇듯 어느 조직이든 역량의 극대화를 위한 전략이 필요하다. '코이'라는 잉어가 있다. 이 잉어는 작은 수족관에 넣어 두면 3인치까지밖에 자라지 않지만 조금 더 큰 수족관이나 연못에 넣어두면 약 10인치까지 자라고, 깊고 넓은 강 속에서는 48인치까지 자란다고 한다. 학생들의 잠재능력은 무한하다. 여기에는 교사의 열정과 상당한 상관관계가 있다. 이 때문에 새로운 학교의 창조를 위해 우리가 머물러야 할 곳은 언제나 상자 밖(out-of-box-think)이다.

이번 수능성적 공개는 단위 학교에 훌륭한 멘토를 시사하였으며 동시에 다채로운 세계를 비추는 프리즘이었다. 사회적 소음이 다소 있기는 해도 평준화 교육에 대한 정밀진단이 되었으니 만시지탄의 감이 있지만 아주 다행스런 일이다. 이제는 호시우보(虎視牛步)의 자세로 처방하여 교단풍토를 한 단계 향상시키는 일만 남아있다.

몇 년 전 문화관광부는 자장면, 태극기, 무궁화, 김치, 비빔밥 등 '한국 100대 민족 문화 상징'을 발표했다. 여기에 우리나라 '학부모의 교육열'(?)을 포함시켜야 할 것이다. 왜냐하면 신바레이션 문화와 학부모의 교육열이 결합한 시너지 효과는 엄청난 에너지로 작용할 것이기 때문이다.

따라서 단위 학교가 교육의 시장성(교육 수요자)을 타진하는 '안테나 숍'이 될 수 밖에 없는 세상이 도래하였다. 이제부터 신바레이션 문화의 착근으로 한국의 모든 학교가 르네상스를 맞는 계기를 만들어야 할 것이다. 교원사회의 역린(逆鱗)을 건드리는 말이 될지 몰라도 필시 무사안일과 무능의 굴레를 안고 퇴출의 쓴 잔을 마시는 교원도 있을 수 있음은 필자만의 생각일까?

(경기일보, 2009. 10. 27)

어린이 날에 즈음하여

날아라 새들아 푸른 하늘을
달려라 냇물아 푸른 벌판을
(중략)
오월은 푸르구나 우리들은 자란다
오늘은 어린이날 우리들 세상

동요 작곡가이자 아동문학가인 윤극영 선생의 어린이 날 노랫말의 일부이다.

어린이날의 탄생을 보면 첫 번째 어린이날은 지난 1923년 5월 1일이 효시이다. 3 · 1 운동 뒤인 1921년 5월 1일 창립된 소파 방정환 선생 등이 주도한 천도교 소년회에서 그 이듬해 5월 1일 창립 한 돌 기념식 때 어린이날 기념식을 한 데서 유래되었다. 이 때 소년회는 '어른에게 드리는 글'과 '어린이에게 주는 글'을 인쇄해 서울 장안에 배포하였다. 그리고 1923년 5월 1일 오후 3시 천도교당에서 어린이날을 매년 연례행사로 시작하였다. 이렇게 시작된 5월 1일의 어린이날은 일제의 방해와 감시로 5월 첫째 일요일로 바뀌었고 실제로는 어린이 없는 어린이날로 계속되었다. 그러다 해방 이듬해인 1946년 5월 첫째 일요일을 어린이날로 부활했는데 이날이 바로 5월 5일이었다. 그 후 1975년 정부에서 비로소 5월 5일을 정식으로 공휴일로 지정하였다.

일회성, 전시성보다 실속형 행사 되어야

이제 학교를 비롯한 지자체, 종교 · 사회단체, NGO, 기업체 등에서 다채롭고 호화로운 어린이 날 행사가 진행될 예정이다. "형식 속에 실질이 있다."는 말이 시사하듯 시루의 콩나물처럼 무럭무럭 자라날 것이다.

정신적 가치보다 물질적 가치에 비중을 둔다는 비판 여론도 있지만 두 가치병존의 알찬 행사가 더 많기에 위안이 되고 있다. 한데 정부의 부처마다 교육, 체육, 예술, 문학, 안전, 여가문화 등의 어린이 대상 예산 사업을 집행한다. 이렇다 보니 동사업의 분절화와 중복성으로 인한 예산 낭비의 사례가 너무 많다는 전국의 5천 6백여 초등학교장들의 여론이다.

이는 각 부처에 흩어져 있는 유사 중복 기구와 행정의 매너리즘, 컨트롤 타워 부재 등에 기인한다.

예산집행을 위해서 행사를 위한 유사 · 중복행사가 너무 많다 보니 실효성 논란과 함께 비용 대비 편익이 크지 않다는 교사들의 반응이기도 하다.

어린이들의 꿈과 끼를 조장해야

무릇 제도와 법은 사회적 변화를 반영한다. 이제는 N(i)세대 어린이들의 감성을 자극하고 소통과 꿈(끼)을 심어주는 내용으로 진화해야 한다.

그러기 위해서는 초등교육을 책임지고 있는 일선 학교장 더 나아가 지역교육청과 사전에 긴밀한 협의를 거쳐야 시행착오를 최소화 할 수 있다.

사안에 따라 학교 교육과정에 편성할 내용도 있고 방과 후에 이루어 질 일도 있고 토 · 일요일에 학부모 동행 또는 교사인솔 등 아주 복잡하여 사전에 주도면밀한 계획이 요구된다. 그렇지 않으면 막대한 예산을 들여 준비한 행사가 홍보부족과 어린이들의 외면으로 빈껍데기 행사로 전락할 수도 있다.

최근에는 선출직(정치인)들이 사업부서에 압력을 행사하여 어린이날 행사가 정치적 프리즘을 통해 굴절되기도 하는 부작용도 있다.

그러나 사회의 어린이에 대한 지대한 관심은 교육적, 정치적 목적을 떠나 매우 고무적이다. 비극도 반복되면 희극이 되듯이 실수와 정치적 굴절도 반복되면 한계가 되기 때문이다. 각설하고 '코이'라는 잉어는 작은 어항에 넣어두면 5~8 cm 정도 밖에 자라지 않지만 커다란 수족관이나 연못에 넣어두면 15~25 cm, 강물에 방류하면 90~120 cm까지 자란다고 한다. 따라서 어린들을 이렇게 키워야 하는 것은 시대적 요구이다. 이제 91회째 맞는 어린이날을 계기로 과도한 사교육과 학부모의 오도된 교육열에서 어린이들이 해방되는 원년(元年)이 되길 기대해 본다.

(중부일보, 2012. 5. 5)

영어가 생존 도구인 이유

오늘날 인류문명 정보의 60%가 영어로 기록되었다고 한다. 그래서 영어로 기록된 지식이나 정보가 많으면 많을수록 영어를 모국어로 사용하거나 능숙하게 구사하는 사람이 유리하게 된다. 따라서 영어로 축적된 정보와 지식은 시간이 지날수록 독점적 자리를 굳혀가고 타 언어가 넘볼 수 없는 위치를 갖게 된다.

우리나라 각 대학의 외국 원서 중 영어권 교재가 특정분야를 제외하곤 거의 100%에 육박하고 고려대학은 학부생의 영어 강의 비율이 31%였는데 금년부터는 더 확대할 예정이라고 한다.

기업의 예를 들면 LG 전자는 연구 생산 업무 중 세계적으로 필요한 업무 중심으로 영문화 작업을 추진하고 2008년에 영어 공용화를 끝내기로 하였다.

바야흐로 영어 중심의 지식 생산이 일반화되고 있으며 사회 및 학문의 전 분야에서 지식과 정보를 발신하는 지식 발전소의 역할을 톡톡히 해 내고 있다. 뿐만 아니라 전 세계를 아우르는 인터넷의 콘텐츠 역시 영어가 독보적인 위치를 차지하고 있다.

유네스코(2002)의『세계 사멸 위기의 언어 지도』에 의하면 현존하는 6,000여 개의 언어 가운데 90% 정도가 100년 후에는 소멸될 것이라고 예측했다.

우리나라 무역규모 세계 12위를 감안하고 글로벌 경제 활동을 위해서는 외국인과의 협상에 언어소통의 유창함과 계약 사무의 정밀함이 요구된다.

며칠 전 보도에 의하면 OECD 사무국에 파견된 우리나라 공무원의 의사소통과 보고서 작성에 문제가 있어 국제적으로 망신 당한 사례와 전문직과 대기업 임원의 영어 회화 능력에 따른 연봉과 승진이 우대되는 현실은 영어능력의 위력을 절감하게 한다.

같은 맥락에서 EU의 예를 들어 보면 25개 회원국의 공용어가 20개 이상 되다 보니 통역과 번역에 따른 경제적 손실이 천문학적으로 들어간다고 한다. 따라서 자연히 영어를 공용어로 하자는 주장이 설득력을 얻고 있다.

지난해 해외 유학경비가 3조 4천억원 정도로 추산하고 있는데 영어 연수가 큰 몫을 차지하고 있는바 청소년기의 제한된 학습 시간을 감안하면 이 또한 빈부의 차가 심화될 수 밖에 없다.

구태여 해외 연수를 떠나지 않아도 영어로 의사소통에 문제가 없다면 직업 선택의 폭도 전지구촌을 중심으로 확대될 것이다.

필자의 견해는 모국어의 쇠퇴란 가슴 아픈 일이지만 영어를 공용어로 하자고 제안하고 싶다. 최초 시행의 부작용을 최소화하기 위해 학교, 회사, 시 · 군 및 각종 특구를 중심으로 시범운영 하도록 하고 성과에 따라 전면 시행의 시기를 조절하면 될 것이다.

일부에서는 우리말을 잃어버릴까 우려하는 역풍도 있을 것이나 크게 염려할 바는 아니라고 생각한다. 거꾸로 강물을 거슬러 오르는 저 힘찬 연어처럼 인간에겐 귀향 본능이 있다. 사람의 국적(모국어) 본능은 귀소본능이요, 귀소본능은 노인의 귀향본능과도 같다. 영어 공용화의 가능한 또 다른 이유는 한국인이 한자어와 같이 생활할 수 밖에 없는 현실적 필요성과도 같다.

넉 자의 한자어로 열 자 이상의 한글 뜻을 담아내니 한자를 배우면 사상(思想)의 폭이 넓어진다. 마찬가지로 한 문장의 영어로 역발상(逆發想)을 경험해 볼 수 있게 해주니 세상 보는 눈이 커질 것이다. 전문가의 견해에 의하면 10세 이전에는 2-3개의 모국어를 소화할 수 있다고 한다.

기업도 적자생존의 다국적 기업만 살아남을 수 있고 글로벌 경쟁 시대에 발빠르게 대처하지 않으면 국가 번영의 기로에서 이류 삼류로 전락할 수밖에 없다.

여론 수렴과 공론화 과정을 거쳐 하루 빨리 선택이 아닌 숙명으로 받아들여야 할 것이다.

(경기일보, 2006. 3.22)

지도자의 비전

1960년대 초 UN 가입국 120여 개 나라 중 인도 다음으로 가난한 나라. 필리핀 국민소득이 170$, 태국 220$ 일 때 우리는 76 $이었다. 1964년 12월 대통령 전용기는 꿈도 못 꿀 시절 다행히 서독 정부가 국빈용 항공기를 보내 주어 박대통령은 무사히 서독에 도착했다.

탄광의 강당에는 막장에서 나와 세수할 틈도 없어 얼굴에 새까맣게 탄가루가 묻은 작업복 차림의 광부와 간호사들이 모여들었다. 애국가가 흘러 나왔다.

동해물과 백두산이 마르고 닳도록
하느님이 보우하사 우리나라 만세

애국가는 더 이상 불려지지 못했다. 강당은 삽시간에 울음 바다로 변하고 말았다. 대통령도 울고 육 여사도 울었다.

그 광경을 지켜보며 감동한 뤼브케 대통령은 손수건을 건네며, "우리가 도와주겠습니다. 서독 국민들이 도와 주겠습니다." 라고 약속을 했다.

당시 고졸 출신 광부 500명을 모집하는데 4만 6천 명이 몰렸으니 기타 사회현상은 불문가지(不問可知)다. 말도 통하지 않는 이역 만리 타향에서 한국의 꽃다운 광부와 간호사들은 월급의 8할은 조국으로 송금을 했다.

서독 의회에서도 박대통령은 진심 어린 목소리로 "돈 좀 빌려주세요. 한국도 여러분의 나라처럼 공산당과 싸우고 있습니다. 경제를 부흥시켜 공산주의도 이기고 돈도 꼭 갚도록 하겠습니다."라고 호소를 하였다.

그 후 고속도로가 뚫리고, 포항제철을 비롯한 중화학 공업의 눈부신 발전에 힘 입어 오늘날과 같은 풍요를 누릴 수 있었던 것은 한 나라지도자의 비전이 기적에 가까운 현실로 나타난 결과다.

이와 같은 경제발전의 이면에는 두뇌산업(교육)에 투자한 고급 인력의 사회적 자본(Social Capital)이 있었기에 가능했다는 사실을 간과해서는 안 된다.

조선소를 건설할 당시 인력이 없어서 S 대학 조선학과 출신 학적을 보고 전문 인력을 확보했다는 일화와 차관 도입을 위해 고 정주영 회장은 5원 동전에 있는 거북선을 보여 주며 선조들은 이미 500년 전에 철갑선을 제조했을 정도로 조선술에 탁월하다고 설득하였다고 한다.

이제는 정치 경제 사회 교육 문화 등 모든 분야에서 대한민국호의 비전을 제시하고 이끌어갈 걸출한 지도자가 나와야 한다. 작금 매스컴에 지도자라고 자칭 타칭 일컫는 사람 중엔 얼치기, 사이비, 위선적 선동형들의 목소리만 귀가 시끄럽게 들려오고 있다. 순수성이 결여되고 하부조직의 회원수도 의심스러운 NGO는 왜 그리도 많은가? 21세기의 지도자는 진보와 보수, 중도, 좌파와 우파 등 이념과 학력 계층을 초월하여 다양한 스펙트럼의 구성원을 아우르며 역량을 갖춘 양질의 교육을 받은 인재가 요구된다. 따라서 지도자에게 첫째도 둘째도 요구되는 덕목은 도덕성, 청렴성, 전문성이다. 그러한 덕목이 갖춰진 지도자만이 설득력과 권위가 서는 시대가 되었다.

필자는 평소 존경하는 인물로 한경직 목사, 성철 스님, 김수환(정진석 포함)추기경이라고 공·사석에서 주저 없이 말한다. 그들은 위대한 성직자이기 이전에 전술한 덕목을 겸비했기에 종교계뿐 아니라 사회적 지도자로 존경을 받을 수 있었다.

바야흐로 21세기 교육계의 지도자는 넓고도 깊은 글로벌 시장에서 경쟁할 인재의 육성과 발굴에 에너지를 집중하는 안목이 있어야 한다.

동네축구로 월드컵에 나가 경쟁할 수 없고 달리기 대회에서 일등이 꼴찌를 끌고 갈 수 없지 않은가.

세계는 지금 수월성 교육과 영재 교육에 국가의 명운을 걸고 전략적 차원에서 접근하고 있는데 우리는 포퓰리즘을 숙주(宿

主)로 평등주의에 매몰되어 학습 능력을 등가적(等價的) 관점으로만 보는 오류를 범하고 있다. 학생들의 능력에 따른 기회의 평등이 왜곡되어 외연은 화려한 듯 하지만 속은 곪아 터지고 있는 중이다. 이와 같은 시대적 요구와 관련하여 경기도 교육청의 단설 영재 학교 설립은 교육 수요자 입장과 국가의 장래를 위해서도 시급성과 상당한 타당성을 갖고 있다. 왜냐하면 그 결과는 먼 훗날 돈으로 환산할 수 없는 국가적 성장 에너지의 원천으로 작용할 것이기 때문이다.

따라서 교육계의 지도자들은 정치권과 소수의 시민단체에 휘둘리지 말고 미몽(迷夢)에서 깨어나 시장 메커니즘화 하는 국제 교육환경을 읽을 줄 알아야 한다. 그 후 전통적 사고의 틀을 깨고 희소성과 부가 가치가 높은 신지식 재산권과 유형자산 못지않은 무형자산 등 편재성(偏在性) 산업의 인재 육성에도 선택과 집중을 해야 한다.

이를 위해서는 국제적 안목과 전문가적 식견이 있어야 하며 더불어 흔들림 없이 추진할 수 있는 추진력과 기획력이 있어야 한다.

다음 세대를 내다보는 비전을 가진 걸출한 지도자가 아쉬운 세상이다.

(경기일보, 2007. 6. 11)

창조계급의 문화 콘텐츠 산업 선도

창조계급은 미국의 리처드 플로리다 교수의 저서인『창조적 계급의 출현』에 등장한 개념으로 자신만의 스타일, 문화, 예술적 표현을 생성하며 사회의 창조적 변화를 주도하는 사람들을 뜻한다.

이러한 신인류의 출현은 우리나라와 같이 변화무쌍한 콘텐츠의 흐름을 보이는 토양에 자양분을 얻어 굳건한 주도층으로 자리매김 될 전망이다. 따라서 다가올 미래에는 새로운 가치관과 특별한 기량, 창의성을 지닌 숨어 있는 창조계급이 전체 문화 콘텐츠 산업을 선도할 것이다.

이솝 우화인『개미와 베짱이』의 뉴버전을 보자.

열심히, 묵묵히 일만하던 개미는 결국 병이 나서 병원에 입원하게 되고, 노래 부르고 춤추며 놀이를 즐기던 베짱이는 유명 연예인이 되어 떼돈을 벌게 되었다.

이 뉴버전의『개미와 베짱이』는 다가올 미래 사회에서 더욱 가치를 인정받게 되는 것이 무엇인가를 단적으로 보여준다.

미래의 세계는 창조적 소수의 선도적 역할이 더욱 중요하다.

그것은 바로 감성, 문화, 창조의 힘으로 인간의 감성을 자극할 수 있는 새로운 문화 콘텐츠가 바로 퓨처 코드(Future code)라 할 수 있다.

21세기의 세계사적 흐름은 산업화 · 정보화를 지나 정신, 문화, 예술을 강조하는 쪽으로 가고 있다. 세계를 선도하는 경쟁력의 원천은 무역에서 산업으로, 산업에서 문화 · 커뮤니케이션으로 진화 발전해 오고 있다. 따라서 문화 산업은 영화, 음악, 게임 등과 같은 문화 콘텐츠 상품의 생산 · 유통 · 소비와 관련된 서비스 산업으로 21세기 지식경제의 핵심 산업이다. 특히 인간의 창의력과 지식, 아이디어, 노하우 등이 결합된 분야이기에 국가의 신성장 동력이자 차세대 핵심 산업이 될 것임이 분명하다.

고무적인 것은 우리나라 국민들은 예로부터 풍류(감성)를 즐길 줄 알고 찬란한 문화 유산을 가지고 있으며 더 나아가 창조성이 뛰어난 자질을 갖고 있다. 그런데 그 강점을 산업화로 전위(轉位)시키지 못하였다.

이제 전통적인 학력관, 직업관이 바뀌고 있는 시점에서 새로운 세기의 창조계급 육성을 위한 경기도 교육청의 정책 마인드는 매우 시의 적절성이 있다는 시중 여론이다. 예를 들면 직업교육 부서는 학생들의 영상, 영화, 음악 등 문화 동아리 40개 팀에

오 백 만원씩 총 2 원을 지원하였고 연차적으로 더 확대할 예정이라 한다.

그 뿐만 아니라 방과 후 학교 부서는 문화예술 교육 프로그램 사업으로 10억원을 지원하였고, 경기문화 재단의 지원을 받아 600여 개교에 문화 예술 교육을 실시하고 있다. 이와 같은 프로그램은 '공급 경제학' 측면에서 창조계급의 층을 더욱 두텁게 할 수 있는 토대가 될 것이다.

세계 각국은 문화산업을 국가 전략산업으로 설정하고 콘텐츠 시장의 석권을 위해 치열한 경쟁을 하고 있는데 공교육은 몫을 다 하고 있는지도 반추해 보아야 할 것이다.

교육 수요자도 전통적 학력관에서 문화 콘텐츠 산업과 연관된 특성화 고등학교와 대학의 관련 학과로 이동하는 '풍선효과'가 나타나고 있다.

이와 같은 선순환 사이클의 작동은 문화 콘텐츠 산업이 머지않아 한국판 백미(白眉)로 작용할 것이라 확신한다.

결론적으로 베짱이 산업은 우리나라 전통문화와 어우러져 창조계급으로서의 새로운 르네상스를 맞는 계기가 될 것이다.

(경기일보, 2009. 1. 13)

테마(Thema)가 있는 수학여행

공기 중에는 유해 세균이 너무나도 많다. 그렇다 해서 일평생 무균실에서 살 수는 없다. 이 뿐만 아니라 익사(溺死)의 위험 때문에 바다와 강과 호수 근처에 가지 않는 것은, 자동차 사고 위험 때문에 걸어 다니는 이치와 같다. 둘 다 정도는 아니다.

세월호 참사는 광복 후 60여 년 적폐(積弊)에 걸쳐 형성된 여러 원인들이 겹쳐 일어난 숙성형 사고(Incubated Accident)였다.

현 시점에서 '책임공방(Blame Game)'의 민낯은 사회적 '갑'의 위치에 있는 권력자, 부자, 엘리트 환언하면 사회 지도층들에 대한 공분과 적개심만 유발한다.

끔찍한 참사 후 일부에서 수학여행 폐지론부터 여러 대안들이 제시되고 있다.

문제는 지금 같은 방식으로 수 백 명의 학생이 집단으로 움직이는 한 안전에는 상당한 취약성을 안고 있다. 버스, 여객선, 비행기 등 어떠한 이동 수단에서도 마찬가지다. 그렇다면 어떠한 대안으로 안전이 담보되는 수학여행이 될까.

우리는 학창 시절 수학여행에 대한 아련한 추억을 다 갖고 있다. 청소년들의 건전한 문화로 자리매김 되게 해야 할 책무성이 있다.

여기에서 먼저 테마가 있는 수학여행을 제안 한다.

학생들의 가정환경을 보면 기초생활 수급자부터 중산층에 이르기까지 매우 다양하다. 이 뿐만 아니라 학교의 규모도 100명 이하의 소규모 학교부터 천 명 이상의 학교가 있다. 지역적으로는 도서벽지부터 농산어촌, 중 · 대도시까지 다양하다.

이러한 다양한 환경과 지역적 특수성을 고러치 않고 지금과 같은 방식의 수학여행은 재고할 시점에 왔다. 덧붙여 수백 명의 학생들이 이동하는 수학여행은 안전과 비용 대비 교육적 편익이 크지 않다는 것이 일선 교사들의 공통된 여론이다. 현재도 일부 학교에서 시행하고 있는 테마가 있는 체험학습으로 교육적 효과성을 극대화하고 안전을 담보해야 한다. 이를테면 가족과 함께 할 수 있는 교외 체험학습은 법적으로 7일까지 수업으로 인정하고 있다.(초중등교육법 시행령 제48조)

부모와 함께할 수 없는 취약계층과 도서벽지의 소규모 학교는 학교예산, 사회공헌 기금, 독지가, 동문 등의 협조를 얻어 다양한 방법을 강구할 수 있다고 본다.

현장 교사들의 톡톡 튀는 아이디어와 경험과 노련미가 있는 관리자들이 머리를 맞대고 교사의 '열정'이 결합하면 무궁무진한 체험학습 프로그램이 제안될 것이라 믿는다.

가난하던 시절의 관광성, 오락성 수학여행은 지양하고 연중 다양한 체험학습 프로그램이 요구된다. 그밖에 도서벽지 학생들의 도시문화 체험은 현행대로 시행해도 무리는 없다고 본다.

프랑스의 소설가 로맹 롤랑은『황홀한 영혼』에서 "위대한 사람은 자기가 할 수 있는 일을 한다. 그러나 범인들은 할 수 있는 일도 안 하면서 할 수 없는 일만 바란다."고 하였다.

21세기 학생 인권의 최고 화두는 동등한 교육을 받을 권리의 보장과 사회 안전망 확충을 통한 사회연대(Solidarite)의 제도적 보장이어야 한다.

선진국은 정치의 민주화, 경제의 시장화, 생활의 합리화를 포괄하는 개념이다. 여기에서 생활의 합리화란 사회제도 자체가 합리성을 만족시키고 더 나아가 각종 사회 안전망이 견고함을 뜻한다. 이를테면 씨줄과 날줄로 잘 짜여진 촘촘한 소립자의 안전하고 건강한 사회를 말하고 있다.

세월호 비극의 물결효과(ripple effect)는 이 시점에서 끝내고, 각 학교에서 교사는 학생들을 감성으로 보듬고 이성으로 치료(교육)해야 한다.

독일 격언에 "행복은 지배해야 하고, 불행은 극복해야 한다."는 말이 시사하듯 불행을 극복하고 더욱 교육적인 교육활동으로 부활해야 할 것이다.

이 난국에 약간의 사실에 과장된 의견을 섞어 국민의 마음을 흔들어 놓는 선동투쟁의 언론인, 전문가, 일부 정치인 등의 자기 목소리를 낮추는 '로키(Low key)' 행보를 주문해 본다. 다시 한 번 세월호 희생자들의 명복을 빈다.

(중부일보, 2014. 5. 7)

'팔꿈치 사회'와 학교 교육

'팔꿈치 사회'란 옆 사람을 팔꿈치로 치며 앞만 보고 달려야 하는 치열한 경쟁사회를 일컫는 말이다. 지금과 같은 무한 경쟁 사회에서는 '거지를 동정하지 마라'는 제목의 책이 나올 정도다. '팔꿈치 사회'에서 살아남기 위해서는 거지에 대한 동정은커녕 자기 자신에게마저도 냉혹해야만 하는 '경제인'이 되어야 한다는 것이다.

이와 같은 세계사적 흐름은 우리나라도 예외가 아니며 필요에 따라 일을 하기보다는 일의 필요에 우리가 끌려 다니며 일하고 있다고 봐야 한다. 따라서 어떻게 살아남느냐 하는 생존전략과 어떻게 살아야 되느냐 하는 삶의 전략이 동시에 요구 된다.

비판적 시각의 학자들과 일부 노동 운동가들은 생존전략을 경쟁(노동자)과 지배(자본가)의 이분법으로 재단을 하는 위험한 발상이 내재해 있다.

그래서 생존경쟁 즉 세계 시장을 둘러싼 상품경쟁을 어떤 상품이 승리하는가와는 무관하게 자본주의 세계체제의 지배를 존속 시키는 조건으로 파악한다. 그렇다보니 국가 경쟁력 강화를 외치는 장관이나 대통령을 지배자(자본가)의 나팔수쯤으로 치부해 버린다. 더 나아가 IMF, WTO, World Bank, G8 등은 세계자본가를 총체적으로 관리하는 사령탑으로 인식한다. 돌이켜 보면 자본가든 노동자든 그들의 내재적 만족(Intrinsic satisfaction)과 외재적 만족(Extrinsic satisfation)을 동시에 추구할 때 사회는 발전하고 건강성을 잃지 않는다.

이와 같은 이념은 교육계에 오염되어 공부 잘 하는 우수 학생(사회 지배층 자녀)과 학습 부진 학생(저소득층 노동자 자녀)의 양극화로 단정하는 인과 혼동의 오류를 범하고 있다. 특히 일부 경도된 정치인과 진보 성향의 교육 관련 단체들이 앞장서서 선동과 주장을 하는데 현명한 서민들의 생활감정을 떠난 지 이미 오래 되었다. 그들의 행간에 숨은 '노림수'는 순수한 시민운동이 아니라 자신의 영욕을 위함이었음은 지난 10년 간 그들의 궤적이 방증 한다. 성서를 읽는다는 명목 아래 촛불을 훔치는 행위가 정당화 될 수 없듯 인성교육이라는 화려한 립서비스를 명분으로 교육의 본질과 현실을 저버릴 수는 없지 않은가. 실패한 교육정책을 감성(感性)에 호소하거나 미화하는 것은 '문학'은 될 수 있을지언정 결코 교육의 본질 영역은 아니다.

세계는 전략적 차원에서 수월성 교육과 영재교육에 국가의 명운을 걸고 있다. 그런데 우리는 포퓰리즘을 숙주(宿主)로 평등주의에 매몰돼 학습능력을 등가적(等價的) 관점으로만 보는 오류를 범하고 있다. 학생들의 능력에 따른 기회의 평등이 왜곡되어 외연은 화려한듯 하지만 속은 곪아 터지고 있는 중이다.

학교는 다양한 스펙(Spec)의 외적 조건도 중요하지만 따뜻한 가슴과 아름다운 마음의 내적 조건을 만족시키는 교육이 더욱 중요하다. 그 내적 조건이 올바로 평가 받는 풍토가 조성될 때 공교육의 신뢰성에 대한 인식의 지평을 넓히는 계기가 될 것이다.

따라서 사회와 학교의 질서가 사다리 질서가 아닌 원탁형 질서가 될 수 있도록 학교는 교육으로 정부는 시스템으로 학부모는 행동으로 실천해야 한다. 그 후 학생들은 닭장 속의 닭이 아닌 삶의 전 과정에서 자기 책임성(Self ponsibility) 있는 방목을 할 수 있도록 여건을 조성해 주어야 할 것이다.

(경기일보, 2009. 9. 18)

학력 평가의 오해

교육과학기술부는 2009. 2. 16(월) 2008학년도 학업 성취도 평가 결과 및 기초학력 미달 학생 해소 방안을 발표하였다. 정부는 국가 수준에서 학생들의 학업성취 수준을 파악하고 학력 격차 해소 및 객관적인 자료에 근거한 교육 정책 수립을 위해 지난 해 10월 최초로 전국 단위의 전수 조사를 실시하였다. 전국적인 학력평가가 1998년 중단된 이후, 10년 만에 국가수준의 평가가 초6, 중3, 고1 학생을 대상으로 전국적으로 일제히 시행되었다. 그동안 전교조와 일부 이념을 같이하는 학부모 단체 등은 '경쟁을 유발하고 서열화를 조장 한다'는 이유를 들어 극력 반대해 왔다. 김대중 노무현 정부 하에서는 심지어 초등학생들의 기초학습 기능을 보장하기 위한 기초학력 진단평가 조차도 전교조의 반대로 제대로 실시하지 못하였다. 그 결과 전체 학생의 3-5% 수준의 표집 조사만을 통해 학업 성취도를 파악한 결과, 정확한 실태 파악 및 실질적인 지원 대책 수립에 한계가 있었다.

따라서 이번 국가수준의 학업 성취도 평가의 전면 시행과 결과 발표는 지난 10년 동안의 교육 정책과는 근본적인 차별성을 갖는 신호탄이라고 할 수 있다.

그간 교육의 위기를 알리는 사이렌 소리만 요란할 뿐 탈출구를 찾기가 쉽지 않았다. 왜냐하면 위기 변인의 한 축인 학생들의 정확한 학력 실태가 파악 되지 않았기 때문이다. 일각에서 핀란드의 교육 체제가 어떻고 프랑스가 어떻다고 대안을 내놓기도 한다. 물론 참고할 내용도 있지만 국민들의 문화적 배경과 사회 환경이 상이한 현실에서 그것은 어디까지나 참고서일 뿐 교과서는 될 수가 없다. 일례로 고도성장을 누리던 시절 월례 수출진흥 확대 회의는 한국만이 가진 독특한 협의체로서 외국에서도 모방하려 했으나 성공한 나라는 별로 없었다고 한다.

학업 성취도(학력)에 있어서 경쟁과 비경쟁 구도는 서로 대체재(Substitute goods)와 보완재(Complementary goods)의 관계로 보아야 한다. 그런데 이분법으로 두부모 자르듯 어느 한쪽의 역기능만 부각 시킨다면 우리나라의 교육 문제는 백년하청(百年河淸)이오, 부지하 세월(不知何 歲月)이 된다.

권력에 대한 저항이 용기로 치부되는 오랜 역사를 가진 우리나라에서는 약자의 행패와 억지는 강자의 오만과 무리만큼(때로는 그 이상) 관대하게 넘어가는 경향이 있었다. 거기서 자양분을 얻은 특정 이념으로 경도된 집단은 양두구육(羊頭狗肉)이라지만 겉으로는 평준화에 목숨을 걸고 뒤로는 자기 자녀들의 특목고와 외국 연수 등 수월성 교육에 목매는 현실을 필자는 교육 현장에서 생생히 목도하고 있다.

이번의 평가결과 발표 및 결과 활용 방침은 전국적인 학업 성취도 평가에 대한 그동안의 비판이나 거부 행동이 얼마나 비생산적이고 비교육적이었나를 잘 말해 주고 있다. 평가 결과 '뒤처진 학생에 대한 우선 지원에 활용 한다'는 교과부의 방침은 지극히 교육적이라 판단된다.

현재 국부적으로 드러난 성적조작이나 왜곡은 결코 국가 수준의 학업 성취도 평가를 중지하거나 폐지하는 이유가 되지 못한다. 오히려 우리나라의 고질적인 문제점으로 인식 되었던 성적 부풀리기나 기초학력 미달자 은폐하기 등의 나쁜 관행을 이 기회에 뿌리 뽑는 계기로 삼아야 한다. 더 나아가 신뢰를 실추시킨 교사는 교단에 영원히 설수 없도록 퇴출 등 강력한 후속 대책이 요구되고 관리자 또한 책무성에서 서 자유로울 수 없도록 제재가 뒤따라야 할 것이다.

16개 시 · 도교육청 혹은 180개 지역교육청별로 공개한 조치는 미흡하기는 하지만 이 기회에 단위학교 간 공개도 검토해 봐야 할 것이다. 종합병원의 첨단 장비로 질병의 원인을 찾아내듯 정확한 실태를 파악한 후 우리교육이 한 단계 업(up)되는 기제(機制)로 작용 되도록 국민들의 올바른 이해가 요구 된다. 그 동안 천정부지로 치솟는 사교육의 '시소(Seesaw)효과'와 '학교 부문의 인력공급(졸업생)'과 '산업계의 인력수요(일자리)' 간 '부정합성' 등도 고민해 봐야 할 것이다.

세상에서 '부지런한 바보'가 가장 골칫거리라 했는데 '용기 없는 재주꾼'이 더 곤란한 존재가 되지 않도록 처신을 해야 될 것이다.

(경인일보, 2009. 3. 30)

상인초등학교충남 보령교육지원청

▲ 초 · 중 · 고등학교 교장 연수 : "융합과 소통의 공감 문화"에 대한 리더십 강의

12부

교육정책의 현장 적합성

1. 100마일, 10마일, 3마일
2. 교과부와 시 · 군 지역교육청의 기능 조정
3. 교과부의 획일화된 법령이 최선인가
4. 교육용 전기료 인하의 딜레마?
5. '깨진 유리창' 과 '멋진 유리창'
6. 무상급식, 유상급식, 외상급식
7. 창의 지성 교육과 배움 중심 수업
8. 포지티브 시스템과 네거티브 시스템
9. 학교운영 위원회의 역할과 책무성
10. 혁신학교, 명품학교, 전원학교의 매력과 한계

문경 화산리 반송(聞慶 華山里 盤松) : 경상북도 문경시 농암면 화산리 천연기념물(제292호) 소나무

100마일, 10마일, 3마일

앨빈 토플러는『부의 미래』에서 부의 미래를 형성할 심층기반은 시간, 공간, 지식의 3가지를 말하였다. 그는 경제 발전의 속도를 높여 가는 나라의 주요 제도들이 뒤처져 있다면 부를 창출하는 잠재력이 제한될 수밖에 없다고 보았으며 이를 적합성의 법칙(law of congruence)이라 부르고 있다.

고속도로를 질주하는 자동차에 비유하여 기업이 100마일이라면 학교는 10마일로 타이어는 펑크가 나서 흔들거리고, 라디에터에서는 연기가 뿜어져 나온다. 이 차량은 뒤따라오는 차까지 속도를 낼 수 없게 만드는데 이 고물 자동차를 유지하기 위해 4000억 달러의 비용을 쏟아 붓고 있는 곳이 바로 미국의 학교라 했다. 선진국 미국의 자동차가 그럴진대 한국의 학교 자동차는 소득 대비 교육비 지출이 세계 최고로 GDP의 7.2%, 사교육비 지출이 대략 2.5-3.5% 내외, 조기 유학 비용 등을 합하면 대강

GDP의 14-15%에 달한다고 한다. 돈으로 환산하면 공교육비가 연간 30조 8,890억 원의 비용을 지불하고 거기에 더 하여 사교육비 14조원까지 덤으로 지출하고 있다.

그렇다면 10마일로 기어가는 교육체계가 100마일로 달리는 기업에 취업하려는 학생들을 준비시킬 수 있겠는가? 법체계를 정비하려는데 3마일로 달리고 있으니 정치권의 비효율성 또한 사회발전의 최대 낙후지역자 저해요인이라 할 수 있다. 그렇다고 장탄식만 늘어놔서 될 일도 아니고 타율에 의한 조직 정비보다는 그래도 자율에 의한 변화된 세상의 생존전략을 찾는 것이 교육수요자에 대한 도리요 순리일 것이다.

지금의 비효율적 요소(환부)를 진단하기 위한 환자(학교)의 증상을 살펴보면 비만, 동맥경화, 신경계의 장애 요소가 있다고 판단된다.

제도 측면에서 교육부의 권한을 시·도 교육청 더 나아가서 지역교육청으로 권한을 대폭 이양하여 몸통을 절반 가까이 줄여야 한다. 글로벌 기업의 본사 정도의 역할만 하고 교육의 완전자치가 실현되어야 한다. 승진규정의 예를 들면 교육인적 자원부는 큰 틀에서 경력과 일반 연수의 가이드 라인만 설정해 주고 도서·벽지 및 기타 가산점은 시·도 교육감에 위임하여야 한다. 그래야 도서·벽지가 많은 타시·도에서 전입된 교사와 경기도에서만 근무한 교사간 점수 인정의 형평성과 타당성을 놓고 소모적인 논쟁이 없어질 것이다. 교장 교감급의 관리직은 경찰의 국가직(경정급 이상)처럼 전국을 대상으로 인사하듯 현행과 같이 시·도 교육청 단위로 하고, 교사는 지역교육청 자율로 인사수요에 따라 하며 승진자는 교원수 비례로 할당하면 될 것이다.

이와 같이 할 때 교육의 자치정신과 100마일 행정에도 부합된다 할 것이다. 그 후 단위 학교 경영은 전적으로 학교장에게 일임하며 교직원을 필수 인원만 임용하여 예산 낭비의 원천적 요인을 없애야 한다. 예를 들면 유치원생 5-6명에 종일반 교사를 배치한다든지 사서교사보다 행정직 사서를 원하는 이유와 특수반 아이 한 명에 특수보조 교사를 배치하는 경우다.

행정실도 군살을 빼고 인력을 재배치 할 필요가 있다. 70-80년대에 학급담임을 맡으며 하던 업무인데 그 많은 인원 다시 한 번 생각해 봐야 한다.

그 다음에는 학년 학급 단위의 목표 관리제(MBO)를 원용하여 대기업의 아웃소싱 혹은 소사장제를 벤치마킹하여 동맥경화와 신경계를 건강하게 할 필요가 있다.

결론적으로 말하면 효율성과 경쟁의 원리에 따라 성과에 따른 보수를 차등화하여 교육의 질을 한 단계 높여야 한다.

관리자(교장, 교감)도 예외가 될 수 없으며 직무수행 능력에 따라 전술한 내용에 더하여 퇴출의 쓴잔까지도 각오를 해야 한다. 사회는 무서운 속도로 자기 혁신을 하고 있는데 교직사회만 무풍 지대로 안주할 수도 없고 해서는 더 더욱 안 된다.

지금과 같은 시스템의 부작용이 도처에서 발현되는 데도 그냥 정확한 진단과 처방을 못하고 바라만 보고 있으니 안타까울 뿐이다.

영어를 배우겠다고 '나 홀로 출국' 하는 '플라잉 맘(Flying Mom) 서비스 초등학생이 올해 4,503명으로 영어 사교육비를 15조원(삼성경제 연구소)으로 추산하고 있다.

법과 제도로 뒷받침할 선량들은 3마일로 태평하게 걸어가고 있으니 누가 이 교육의 위기를 극복하여야 하는가.

동물 중에서 육 · 해 · 공을 다 다닐 수 있는 게 오리라고 한다. 오리는 땅에서 걷고, 물에서 헤엄치고, 하늘에서도 난다. 그런데 다 반쪽이다. 걷기는 걷는데 뒤뚱뒤뚱, 나는 것 같은데 그게 나는 겁니까? 그래서 한국의 교육은 선택과 집중이 결여된 '오리 교육'이라는 비아냥의 소리를 듣고 있다.

모집단의 상위 10% 우수 학생에 대한 국가적 차원의 인재 양성 전략을 법과 제도로 뒷받침해 주어야 한다. 왜냐하면 그들이 먼 훗날 국가 성장 동력의 자양분으로 돈으로 환산할 수 없는 국부의 원천(源泉)으로 작용할 것이기 때문이다.

얼마 전 영국의 맨체스터 유나이티드 축구팀이 내한할 때 1등석에 선수 3명이 타고, 비즈니스 클래스에 5명이 타고, 나머지는 이코노미석에 타고 왔다고 한다. 그 사례에서 시사하는 바를 타산지석으로 삼아 우리 교육의 미래를 건강한 100마일의 자동차로 바꿔야 함은 옵션이 아니라 시대의 숙명으로 받아 들여야 할 것이다.

(경기일보, 2007. 8. 29)

교과부와 시·군 지역교육청의 기능 조정

OECD 국가 중 교과부가 초 · 중등 교원의 승진 규정까지 법률로 강제하는 나라는 우리나라밖에 없다.

이는 결혼시킨 자녀들의 아파트 크기를 정해주고, 승용차의 배기량까지 정해 주는 만기친람(萬機親覽)형의 부모와 다를 바가 없다. 이러한 부모 밑에서 분가한 자녀가 창의적으로 가계를 설계하고 삶의 진로를 스스로 개척할 리 없다. 그저 부모가 시키는 대로 수동적 삶을 살아가면 아무 탈 없는 모범가정(?)의 이치와 같다.

그렇게 사소한 문제까지 간섭하다 보니 교과부는 여야, 학부모 모두에게 협공 당하는 양곤마(兩困馬) 신세다. 분권과 지방자치 실현이라는 시대정신에도 맞지 않고 교직원 및 학부모의 다양한 교육적 욕구를 담아내지 못 할 수밖에 없는 태생적 한계다.

자율화란 물레방앗간을 주었으면 물레방아를 돌릴 수 있는 물 사용권도 주어야 진정한 자율화다.

해방 후 혼란기를 거쳐 6·25 전쟁을 겪으며 세계 최빈국에서 경제규모 세계 11위 권의 발전상에서 보면, 교육이 뒷받침되었다는 것은 지구촌 석학들도 다 인정한 부분이다. 최근에는 우리의 교육 시스템이 유네스코에서도 롤 모델로 관심을 보이고 있다고 한다. 지금까지 중앙정부의 강력한 추진력과 학부모의 교육열이 결합되어 우리나라 고유의 교육문화가 자리매김 되고 있음을 시사한다.

학부모라는 단어에는 매우 다양한 교육철학과 이념적 스펙트럼의 상충되는 이해관계를 포괄하고 있다. 그런데 상아탑의 담론수준이나 자문교수 경험만을 갖고 교육행정을 이끌기에는 한계에 이르고 있다. 이제 국력에 걸 맞는 교육행정 시스템의 기능 조정이 필요하다.

제도가 재정비 되고 시스템 행정이 뒷받침 되어야만 현장 적합성 있는 정책이 나온다. 따라서 시 · 군 지역교육장에게 교원 인사권(임용권), 예산권, 교육과정 운영권 등 파격적인 수준의 권한을 이양해야 한다. 이제는 수직적 권위 시대가 가고 수평적 연대의 시대가 도래하였기 때문이다.

교육학은 과학이지만 교육은 문화다. 문화는 정치적으로 조율되어 행정이라는 예술행위로 소비자를 만족시킨다. 따라서 혁명보다 더 어렵다는 제도 혁신을 해야 한다. 이 때 보수와 진보, 여야, 보편성과 수월성 교육 등 모든 학부모의 생각을 아우를 수 있는 집론(集論) 기관은 교과부가 아닌 시 · 군 지역 교육청에 방점을 둬야 한다. 그 후 중앙집권과 지방분권이 상생할 수 있도록 양측이 가치와 신념의 영역이 아닌 국익과 과학 행정의 관점에서 만나 접점을 찾아야 한다.

민주주의란 이성적 다수에 의한 것이지 감정적 다수의 흥분에 기초해서는 안 되기 때문이다. 유능하고 세련된 국민은 두뇌로 말하지 근육으로 나서지 않는다고 한다. 요즘 연말 연예대상 시상식장의 꽃다발처럼 전국 곳곳에 헤픈 꽃(무상)이 쏟아지고 있다. 사회적 소음 정도로 무시해서는 안 된다.

'요람에서 무덤까지'로 상징되는 대선 후보들의 교육관련 공약은 필시 기존질서가 무너지고 새로운 세상이 열리거나 일대 혼란에 빠질 수도 있다.

항용 그렇듯이 위기(危機)와 호기(好機)는 항상 공존한다. 다가오는 사회는 지난 '학력'의 길이 보다 현재 '능력'의 넓이를 우선시하는 풍토가 자연스레 자리 잡을 때 교육생태계는 건강성을 견지할 것이다.

교과부는 국가 교육 정책의 큰 틀에서 컨트롤 타워로 기능하고 시 · 군 지역 교육청은 온전한 기초교육 자치의 집행기관으로 정착 되어야 한다. 이러한 기능 조정은 이 시대의 옵션이 아니라 책무이다.

(경기일보, 2012. 11. 9), (주간교육, 2012. 11. 9)

교과부의 획일화된 법령이 최선인가?

MB정부의 교육정책이 일부 시 · 도 교육감들과 가치 충돌이 잦다. 교육의 정치적 중립성을 말하면서 정치색이 짙다. 진보적 시각의 행정 행위라 판단 할 수도 있으나 이중적 사고(思考)의 오류다.

이렇다 보니 무엇 하나 속 시원하게 해결되는 게 없다. 무자격 교장, 자율학교, 학생체벌, 학력평가, 성과급, 방과 후 학교, 교원 징계 등 지면에 열거하기가 부족할 정도다. 초가집에 살아 본 적 없는 책상 좌파 교육 행정가들의 낭만 타령에 농락 당하는 느낌이다.

"진실과 하품은 가릴 수는 있어도 막을 수는 없다."는 말이 있다. 지금 교육계에 필요한 정책은 잠시 고통을 잊게 하는 포퓰리즘이라는 '진통제'가 아니라 병인(病因)을 근본적으로 다스릴 수 있는 제도 개혁이라는 '치료제'가 시급하다.

사회의 다원화와 학부모의 다양한 스펙트럼을 아우를 수 있는 제도 개선이 급선무이자 신약이다. 더불어 교육이 특정 이념에 경도된 외눈박이 시각의 국지성 탈피가 전제 되어야 한다.

"명예(권력)가 한 등급 올라가면 비방은 십 층이나 높아진다."는 다산의 말처럼 국민들의 교육에 대한 비방의 강도가 임계점을 넘어 교육정책 불신으로까지 치닫고 있다.

왜일까? 정답은 간단 명료하다. 학부모들의 교육에 대한 서비스의 질량 요구 수준이 동네 구멍 가게(아날로그)에서 글로벌 유통망의 메이저급(디지털)에 와 있는데 옛날 시스템으로 해결하려 하니 문제의 해법보다는 꼬여간다고 여겨진다. 따라서 엄청난 교육 예산을 투입하고도 천문학적인 사교육비 지출과 교실붕괴(?)라는 팩트를 놓고 공교육의 총체적 부실이라는 학부모들의 평가다.

사교육 시장은 생존의 더듬이가 발달되어 끊임없는 자기 증식을 하며 여유 만만하게 지배력을 확대하며 진화하고 있다. 대비하여 공교육은 위에서 시키는 대로 안주하면 62세 정년까지 은수저를 떼지 않고 살 수 있다. 교육계의 역린(逆鱗)일 수도 있지만 과연 조세 징수권이 없는 교육자치와 일반자치의 이원화는 정말 우리 현실에 적합성이 있는가? 반문하지 않을 수 없다. OECD 국가 중 우리나라만 유일한데서 해법을 찾아야 한다.

농·산·어촌의 시골 마을부터 중 · 대도시까지 아우르는 교과부의 획일화된 법령과 기능이 과연 이 시대의 최선인가?

인사권, 예산권, 학교 선택권, 학생 선발권, 교육과정 편성권, 더 나아가 교원 임용권까지 기능을 대부분 지역 교육지원청에 위임해야 한다.

대기업의 본사는 연구와 미래전략 수립 등 큰 틀에서 기능하고 나머지는 다 독립 채산하듯, 고등교육을 제외한 초 · 중등 교육은 지역 교육지원청의 기능 강화가 난제를 푸는 지름길이다.

시쳇말로 교과부의 만기친람(萬機親覽)의 결과가 오늘날 교육의 총체적 부실과 난맥을 초래하였다.

교과부의 각종 장밋빛 통계의 진위는 "통계는 진실 하나만을 제외하곤 무엇이든 증명할 수 있다."는 말로 대신한다.

결론적으로 공교육의 신뢰 회복은 기초자치 정신에 입각한 지역 교육지원청으로의 권한 이양과 함께 교원들의 자율성을 바탕한 책무성에서 찾아야 한다.

(동아일보, 2011. 9. 8)

교육용 전기료 인하의 딜레마?

유난히도 무더웠던 올 여름 학교라고 예외일 수 없었다.

정부 시책에 동참하는 학교의 적정 온도는 교무실을 포함한 사무용 공간은 28℃, 교실은 26℃였다. 이렇다 보니 "찜질방 교실, 찜통 교실, 냉장고 교실" 소리도 무리는 아닌 듯하다. 열악한 교육환경에서 성장한 기성 세대는 최근 청소년들의 인내심 부족과 나약함을 탓하기도 하였고, 젊은 층의 열혈 학부모들은 분통을 터트리기도 하고 일부는 입에 담지 못 할 민원성 항의도 있었다.

뇌과학 이론에 의하면 뇌세포가 활동하기에 가장 적절한 기온은 4℃- 15℃이다. 그리고 생활하기에 쾌적 온도는 15℃-20℃이다. 한데 사람이 살아가면서 공기 중의 유해균 때문에 일 년 내내 무균실에서 살 수 없듯이 언제나 쾌적 온도에서만 살아갈 수는 없다.

우리나라는 일년 중 혹서기와 혹한기, 봄 가을의 쾌적한 사계절을 보낸다. 그래서 사막의 열사 지방이든 혹한의 극지방이든 적응을 잘 한다. 그러나 올 여름 같이 교실 기온이 26℃이면 학습권과 건강권의 문제가 된다. 그렇다고 교육적 측면에서 혹서기를 이겨내는 내성을 길러야 된다고 학생들에게 얘기해 봐야 설득력이 없고 오히려 반발만 사고 있다.

정부의 입장에서는 짚신(소금) 장사와 우산 장사의 자식을 둔 부모의 심정일 수 있다. 왜냐하면 밀양 송전탑과 부안사태에서 보듯 발전총량을 늘리기에는 사회적 비용과 갈등이 비등점을 넘어서고 있기 때문이다.

우리나라의 전기생산은 원자력을 기저(基底) 발전으로 쓰면서 태양광, 풍력발전, 조력발전을 피크전력에 대비하는 기조이다. 그런데 원자력이나 화석연료 발전소를 건설하려면 환경단체가 개입하고, 야권이 참견하며, 진보좌파 세력들이 숟가락을 놓으면서 정책이 아닌 '정치', '이념'의 문제로 변질 된다. 이러한 '무지개 연합군'이 진보정당과 손잡고 공사를 훼방하는 것이 현실이다.

필자는 지난 여름 국회(8. 23.)에서 『전기 사업법 개정안』 촉구 및 서명운동 보고대회에 경기도 초등교장협의회장 자격으로 발표할 기회가 주어져 일선 학교의 현실과 개선책을 제시하였다.

먼저 우리나라 전력소비량 중 교육용은 1.68%에 불과하다. 대학과 도서관 및 박물관을 제외한 순수한 1만 1천 여 초 · 중등학교의 사용량은 1%정도이다.

참고로 주요국의 전기료를 보면 원유가 대비 일본 307%, 영국 303%, 미국 181%, OECD 평균 213%, 한국은 60%이다. 따라서 합리적인 요금체계가 요구됨을 알 수 있다.

한국교총의 설문에 의하면 일선학교의 95.6%의 학교가 과다한 전기료에 '부담스럽다'고 응답하였고, 학교예산에서 전기료가 차지하는 비율이 14%-20%이다.

학교운영비 중 경직성 경비와 각종 공공요금으로 대부분 지출되고 실제 교육활동 전반의 예산은 26% 정도밖에 안 된다.

'상식밖의 경제학'에 의하면 공짜가 제일 비싸다고 한다. 값싼 전기료는 여러 가지 문제와 더불어 수치화 할 수 없는 더 큰 댓가를 치를 수도 있다.

지금부터 동법 개정안을 서둘러야 다가오는 겨울 혹한기에 '냉장고 교실'을 면할 수 있는데 국회 산업통상자원 위원회의 발빠른 움직임이 보이지를 않는다.

정치권의 사회변화 수용 지수는 기업 대비 3마일(앨빈 토플러)이라는데 유권자이자 학부모는 차기 투표권을 무기로 그들을 압박해야 한다. 그러한 취지에서 입법청원에 학부모 단체가 나서고 있는데 아침 저녁 서늘한 바람과 함께 추동력이 힘을 잃어가고 있다.

물고기는 기억력이 3초라는데 지난 여름 '찜통교실'이라고 그렇게 아우성치던 학부모들은 물고기를 닮아 가고 있는가?

아니면 다른 학부모들의 행동 결과에 무임승차하려는 심산은 아닌가?

첨단 과학의 시대에 과학 PD가 자갈밭을 맨손으로 일궈야 하는 상황에서 협력의 앙상블을 기대해 본다.

(중부일보, 2013. 9. 11)

'깨진 유리창'과 '멋진 유리창'

'깨진 유리창 이론'(Broken Windows Theory)은 미국의 범죄학자인 제임스 윌슨과 조지 켈링이 1982년 3월에 공동 발표한 깨진 유리창이라는 글에 처음으로 소개된 사회 무질서에 관한 이론이다.

깨진 유리창 하나를 방치해 두면, 그 지점을 중심으로 범죄가 확산되기 시작한다는 이론으로, 사소한 무질서를 방치하면 큰 문제로 이어질 가능성이 높다는 의미를 담고 있다. 우리나라 속담에 어물전 망신은 꼴뚜기가 시키고, 미꾸라지 한 마리가 연못의 물을 다 흐려 놓는다는 말과 맥을 같이 한다고 할 수 있다.

요즘 교원사회에 '깨진 유리창'을 방치 할 경우 당사자나 교육계를 위해서도 바람직스럽지 않은 일들이 벌어지고 있다. 언론에 보도가 되지 않아 덮고 쉬쉬한 사안까지 합하면 교육계에 자정운동이라도 해야 되지 않을까 싶다.

60-70년대(국민소득 백 달러 전후 시대)의 사명감과 그 역동성의 DNA는 다 어디로 갔는가. 원인은 결과의 거울이라고 한다. 여러 요인이 있겠으나 좌파 정권 10년의 하중(荷重)에 눌려 '고상한 이념'과 '현실' 간의 괴리라 판단된다.

대한민국은 법치국가이다. 악법도 법이라 했거늘 실정법을 어겨서라도 반사이익을 얻고자 한다면 그러한 사람은 이미 교원의 자세가 아니다.

이제는 지난 정권 10년 간의 교육에 투입된 비용과 편익을 냉정히 분석해 봐야 한다. 그 후 정책이든 당사자의 위법이든 올곧게 바로잡아야 함은 시대적 소임이다.

그렇지 않으면 미래의 문제를 잉태하고 양산될 뿐이다.

선출직은 국민의 심판(투표)으로 하면 되고, 교원은 제도권의 절차대로 엄정 대처하여 공직기강을 세워야 한다. 그래야만 교육계의 체력을 한 단계 업 시키는 계기가 될 수 있다.

프랑스에서는 개구리를 요리할 때 처음부터 뜨거운 물에 넣지 않는다. 처음부터 너무 뜨거운 물에 넣으면 개구리가 밖으로 뛰쳐나오려고 필사적으로 발버둥을 치게 되고, 그렇게 되면 근육이 질겨져서 맛이 없어진다. 그러나 미지근한 물에 넣어서 개구리가 노곤하게 졸듯 서서히 익혀 가면 맛있게 요리된다고 한다.

처음부터 거창하거나 낯선 제도로 바로잡을 것이 아니라 서서히 '깨진 유리창'은 없는지 살펴보는 것부터 시작으로 천천히 하나하나 차근차근 고쳐 나가면 그 길이 바로 글로벌 스탠더드가 될 것이다.

혹자는 정치는 적을 만들고, 예술은 친구를 만들며, 교육은 영혼을 살찌우게 한다고 하였다.

교육계가 정치적으로 휘둘려서도 안 되지만 교원들 자신이 정치적인 처신을 하면 더욱 안 된다.

굳이 헌법정신을 말하지 않더라도 정치는 정치가에게, 노동운동은 노동가에게, 교육은 교육자에게 자리매김 되었을 때 순수성도 있고 본질에도 맞다.

교육계의 아류(亞流)는 통하지 않는 시대가 도래하였다. 바순은 오케스트라의 한 복판에서 깃발이며 굴뚝 역할을 한다. 학부모는 사이비 바순이 아닌 진실한 바순 같은 교사를 원한다. 요즘 시국선언 교사 징계문제로 교과부와 불협화음을 빚고, 경기도청의 교육국 설치 문제로 법정의 판단을 기다리고 있는 경기도 교육청이 바람 잘 날이 없이 어수선하다. 그 뿐만 아니라 교육 기자재 납품비리 및 성추행 뉴스를 보면서 마음이 착잡하다. 무능과 정서적 결격의 교사가 있다며 자유게시판은 사이버 공간의 익명성을 최대한 활용하고 있다. 고위직은 도견상부(道見桑婦)의 우(愚)를 범하면 어떻게 된다는 지혜가 요망 된다. 이 시점에서 국민들은 '깨진 유리창' 이 아닌 '멋진 유리창'을 보고 싶어 한다.

(경기일보, 2009. 11. 11)

무상급식, 유상급식, 외상급식

요즘 정치권의 최대 화두는 무상급식이다. 여기에 더 하여 서울시는 친환경 무상급식이다. 내 돈(私財)이 아니니까 학생들을 위한다는 명분으로 앞뒤 가리지 않고 얼마든지 말할 수 있다. 전국적으로 친환경 농산물의 생산량이 얼마나 되는지 알고나 하는 소리인지 도대체 신뢰가 가지 않는다. '고상한 이념'과 '현실' 간의 괴리이자, 정치인의 자질 개선은 백년하청이라는 말이 실감 난다.

수직적 권위 시대가 가고 수평적 사고의 시대에는 화분의 꽃이 되기보다는 거름이 되어야 한다. 그러기 위해서 앞뒤 안 가리고 뱀의 혀처럼 말하는 달변인지도 모른다.

국가 예산(budget)은 일정기간(보통 1년)동안 정부의 활동을 뒷받침하기 위한 재정수입과 지출계획을 의미 한다. 이 때 재정 수입이라 함은 대부분 국민의 세금으로 충당 된다. 이 때 지출의 우선순위는 경중완급(輕重緩急)에 따라 집행 되어야 함은 재정학의 ABC이다.

그런데 지난 10년 간 햇볕정책이 파놓은 '계급의 골'을 메울 때까지 '노랑풍선'은 망령처럼 한국 사회 곳곳에 부유(浮遊)하고 있다. 급기야 교육계까지 오염될 줄을 누가 알았는가.

차제에 급식뿐 아니라 의복, 주거까지 다 국가가 책임지라 하면 어떨까.

인구의 10%는 세상을 바꾸기엔 너무 적고, 무시해 버리기에는 너무 많은 숫자라고 한다. 10%가 골치 아픈 존재라면 그것은 국가적으로 불행한 일이다.

카톨릭에서 과식은 '7대 죄악' 중의 하나에 포함된다고 한다. 여기에서 과식이라 함은 식생활의 과식뿐 아니라 마음의 과욕까지 정치인들의 예산을 고려치 않은 과한 공약까지 말하지 않나 싶다.

요즘 학교급식의 해법을 보면 마치 임진왜란을 앞둔 동인과 서인의 분열, 병자호란 전후의 척화파와 주화파의 분열, 개화기 때의 개화파와 위정척사파(偉正斥邪派)의 분열을 보는 듯하다.

교육에 교육논리보다는 정치논리가 우선하면 '무늬교육'으로 전락 되어 국가적으로 불행한 후과를 감당해야 한다.

언제부터 교육에 관심을 그리 많이 갖고 초 · 중등 학생들을 위해 헌신 했는가. 정의의 홍수 속에 사회 전체가 떠내려가고 있는 느낌이다.

바둑에서 9급 10만명의 훈수는 9단 한 사람의 혜안을 못 당한다고 한다. 9단의 혜안을 가진 진정한 교육자와 원로가 우리나라에는 없는 것인가 아니면 침묵하고 있는가.

급식 예산을 마련하기 위해 국민의 세금을 더 걷어야 된다면 납세자(국민) 입장에선 유상급식이라 해야 더 타당할 것 같다. 그리고 지방정부가 예산이 모자라 국채나 지방채를 발행하여 급식예산을 충당한다면 그것은 외상급식이 아닌가. 따라서 무상급식은 원초적으로 존재하지 않으며 일부 정치인의 이상주의적 레토릭(修辭:수사) 에 불과하다. 정해진 예산에서 급식예산이 늘면 다른 예산이 줄어들 수밖에 없는 풍선효과의 구조다.

교육자치와 일반자치가 이원화된 현실에서 국가예산 집행의 비능률과 중층 · 복층 낭비 요소 사례가 너무 안타까울 뿐이다.

학교운영비를 포괄하여 배정하면 각 학교의 특성에 맞게 학교와 학부모가 상의하여 학생들 급식문제를 해결하는 것이 학교의 자율성 측면에서도 더 부합될 것이다. 그 후 수익자 부담이던 무상이던 직영이던 위탁이던 도시락이던 학교자율에 맡기는 것이 소모적인 논쟁을 끝내는 지름길이라 사료된다.

(경기일보, 2011. 1. 3)

창의 지성 교육과 배움 중심 수업

창의지성 교육이란? "인류가 쌓아온 지적 문화적 자산의 창의적 내재화와 경험을 바탕으로 한 자기 주도적 가치체계 정립을 통해 얻어지는 성찰적 사유와 맥락적 상상 능력"(이성대, 경기도교육청 기획예산담당관)이라 정의하였다.

여주교육 지원청 연수 자료 〈공교육의 새로운 패러다임! 창의지성교육〉의 일부분이다.

전술한 개념 정의에 대해 일선 교사들의 반응은 혼란스러워한다. 중문, 복문에 무슨 뜻인지 개념의 모호성에 기인한다고 여겨진다. 교사들은 거대 담론보다 단순화와 명료성을 요구하고 있다.

경기도교육청의 개념 정의를 보면 창의지성 교육은 '지성교육이라는 방법을 통해서 창의성을 달성하는 것'이라 하였다. 부연하여 '지성교육'이란 "인류사회의 다양한 지적전통, 문화적 소양, 경험과 실천을 바탕으로 비판적인 사고력을 키우는 교육방법론"이라 정의 하였다. 같은 명제를 놓고 서술에 대하여 극명한 대조를 이루고 있는데 교사들의 현명한 판단을 기대 할 뿐이다.

따라서 지난 날 열린교육, 명품교육처럼 창의지성 교육도 언어적 유희(遊戱)와 기교(技巧)가 안 되도록 차별화 전략이 필요하다. 더불어 이 기회에 지역교육지원청의 장학관부터 이론적 철학적 공유가 전제 되어야 야심차게 시작한 정책이 성공할 수 있다.

그렇다면 창의지성 교육의 확산과 착근을 위한 방안은 무엇일까.

먼저 장학의 개념을 교사 중심체제로 바꿔야 한다. 그 후 교사들의 자발성을 이끌어내야 한다.

대한민국 인재 5% 안에 든다는 우수인력이 주체가 되어 연수의 방법론을 찾으면 얼마든지 연수 효율을 극대화 할 수 있다.

전통적 연수관의 울타리에 갇혀 있던 '융합에너지'를 한껏 풀어 놓을 수만 있다면 그런 발상만으로도 창조적 변화를 일궈낼 수 있다.

혁신은 혁명보다 어렵다고 한다.

교육지원청과 학교장은 그들의 요구와 아이디어를 행정으로 뒷받침만 하면 된다. 세상이 바뀌었다. 명품교육은 학생인권과 보편적 복지를 등에 업고 혁신 학교로 실체화 구체화되고 있다.

이렇게 급변하고 있는데 과거에 독수리 5형제처럼 처신하고 과거 매너리즘에 취해 있는 장학관들의 입지는 당연히 좁아질 수밖에 없다. 지금은 남이 알아 주지도 않는 재고털이 상품이 된 처지에 발버둥을 쳐봐도 이미 헌 동아줄이 되어 버렸다.

경기교육 엘리트들의 동선(動線)이 분명히 바뀌고 있다.

여기에는 특정 학연 지연이라는 정치적 유전자와 개혁이라는 진영논리가 화학 반응하여 상승작용을 하고 있다.

진보, 혁신, 창의지성 등 '무지개 연합군'의 정책은 곧 경기교육의 키워드다. 따라서 전략(창의지성교육)은 전술(배움중심수업)의 지침이지만 전술의 다양성을 배척해서는 안 된다. 일선 교사들의 다양하고 창의적인 수업 기술이 창의지성 교육을 구현하는 지름길이 될 것이다.

경기 교육의 앞날이 진보와 보수의 가치를 융화시켜 보편적인 민주적 가치의 '등대교육'으로 주조(鑄造)되길 기원한다.

(중부일보)

포지티브 시스템과 네거티브 시스템

“법체계와 제도를 바꾸어야 한다. 그래야 대한민국의 문화지체를 극복할 수 있다.” 이 말은 송복 연세대 명예교수가『일류의 논리』에서 역설한 내용이다.

포지티브(Positive) 시스템은 우리말로 하면 역법(逆法) 체계를 말한다. 경제 상황으로 설명하면 원칙적으로 수입을 제한 · 금지하고 예외적으로 몇 품목만을 허용하는 무역 제도를 뜻한다.

네거티브(Negative) 시스템은 순법(順法)체계를 뜻 한다. 수입을 자유화하되 예외적으로 수입을 제한 · 금지하는 품목만을 규정하는 무역 제도를 말한다. 선진국은 순법체계를 실시하여 사회가 역동적으로 작동하도록 유도하고 있다. 상술하면 무엇 무엇은 하지 말고 나머지는 다 할 수 있게 사회체제 전반을 정비하였다. 인간 행동의 수만 가지를 다 법으로 규제할 수는 없다. 규제하려고 하면 사람들은 다른 장으로 피해 나간다. 이걸 규제하려면 더욱 큰 울타리를 쳐야하는데 이런 관행과 제도를 고치는게 규제개혁이고 구조개혁이라 말할 수 있다. 따라서 교육정책도 전술한 네거티브 시스템처럼 민주주의와 시장경제에 반하는 내용과 교육의 사회 안전망 정도만 규제하는 것으로 최소화해야 한다. 그래야 교육 수요자는 생존의 더듬이가 발달한 촉수로 무한한 창의와 아이디어 창출로 보답할 것이다.

요즘 우리나라 골프와 바둑계에 세계 정상급 선수들이 맹활약을 하고 있다. 이와 같은 성적의 이면에는 교육과학기술부에 관장하는 부서가 없어서라는 비아냥의 시중 여론이 있다. 귀담아 듣고 시사하는 바를 겸허히 받아들여야 한다.

대한민국이 낳은 피겨 요정 김연아 선수에 대하여 일부에서 경직된 법령의 잣대로 보는 편향된 시선이 있다고 한다. 한심한 시각이다. 같은 맥락에서 특목고와 국제중을 경쟁과 학교 서열화로 매도 할 것이 아니라 수요와 공급 측면에서 공급을 늘려 수요자의 요구를 만족시키는 것이 국가 정책의 우선이라 판단된다.

전술한 학교의 역기능의 조정과 해법은 그 다음 하책이라 사료 된다. 일부에서 핀란드의 학교 모델에 대해 막연한 환영(幻影)에 사로 잡혀 있는데 내막을 모르는 소리다. 그들의 학력 신장을 위한 노력은 우리가 알고 있는 상식을 뛰어넘고 있는데 인과(因果) 혼동의 오류로 대단한 착각이다. 이념적으로 경도되었거나 일부 단체에서 수월성 교육을 죽기 살기로 욕해서 먹고 사는 사람들이 있다. 그것도 일종의 보시(布施)로 받아 들이자. 일본에서 아사히 신문을 욕해서 먹고 사는 사람이 수 천명이고 미국에서 NT, WP 욕해서 먹고 사는 사람이 수 만명이라고 한다.

남 욕을 많이 하는 사람은 시간이 좀 지나면 점잖아진다고 한다. 평생 욕하고 사는 사람도 있지만 자기가 욕을 해 보면 얼마만큼 저질적이라는 걸 스스로 알게 된다. 겉모습이 요란하고 화려한 버섯은 식용 버섯이 아니라 목숨을 위협하는 '독버섯'이라는 사실을 아는 안목과 지혜가 필요하다.

이념이나 정책 시사 문제에 대하여 각자 의견이 다르다는 사실은 그 사회의 건강성을 보여주는 징표다. 그런 차원에서 이해하고 국가적으로 올바르다고 판단되면 일관성 있게 정책을 추진해 할 것이다.

국가 경쟁력의 본질은 양질의 두뇌 산업에 있다. 환언하면 서로 다른 전문지식과 상상력이 만나는 융합과 컨버전스(Convergence)가 새로운 세계를 창조하는 시대다. 따라서 두뇌산업(교육정책)에 씨줄과 날줄로 각종 규제를 하다 보면 21세기 복합변환무대에서 살아남기란 불가능하다.

그렇지 않아도 지난 정부 시절 포퓰리즘의 용틀임이 대한민국의 교육력을 나락으로 추락시켰는데 이젠 시장 메카니즘을 교육현장에 도입하여 공교육이 신뢰를 얻을 수 있도록 해야 한다. 이와 같은 시점에 경기도 교육청의 특성화 다양화 자율화를 기조로 하는 교육시책의 핵과 축이 착근되어 역동적이고 창의적인 역량이 발휘되도록 다 같이 지혜를 모아야 할 것이다. (경기일보, 2008. 11. 11)

학교운영 위원회의 역할과 책무성

학교운영위원회는 지금까지 공급자(학교) 위주로 설계되었던 우리의 교육체제가 학생 · 학부모 · 지역사회의 다양한 요구를 수렴하여 반영하는 수요자 중심의 교육체제로 전환되는 것이 요체다.

학교운영의 중요한 사항에 대해서 구성원인 교사, 학부모, 지역사회 인사 등이 참여하여 민주적인 절차에 따라 자율적으로 결정하는 단위 학교 차원의 자치 기구라 말할 수 있다.

따라서 21세기 지식기반 사회에서 요구하는 교육을 실시할 수 있도록 하기 위하여, 이명박 정부의 학교 자율화 조치와 맞물려 위상과 역할이 새롭게 정립되는 패러다임의 변화가 요구되고 있다.

이와 같은 입법 취지와 사회적 배경에서 볼 때 동 제도는 학교의 규모, 환경, 학부모의 사회 · 경제적 지위 등 학교가 처해 있는 실정과 특색에 맞게 다양하고 창의적인 교육을 실현할 수 있는 터전을 제공한다. 그런 면에서 상당한 자율과 책무를 동시에 안고 있음을 부인할 수 없다.

동 위원회 구성에서 특징적인 사안은 소위원회와 산하 단체를 둘 수 있다. 심의 안건 심사의 전문성 · 효율성을 높이기 위해 운영위원들로 소위원회를 구성하여 안건에 대한 사전조사, 검토 등을 할 수 있다. 예를 들면 예 · 결산 소위원회, 방과 후 교육활동 소위원회 등을 말한다.

단 급식 소위원회는 운영위원이 아니어도 위원이 될 수 있다.

또한 학부모 등으로 구성된 학교 내 자생 조직인 어머니회, 녹색 어머니회, 후원회, 체육 진흥회, 명예 교사회 등을 산하 단체로 둘 수 있다. 학교 운영위원의 권한으로는 학교 운영참여권, 중요사안 심의 · 자문권, 보고 요구권으로 대별 할 수 있다.

운영위원은 자신이 대표하는 학부모, 교원, 지역사회의 다양한 요구를 수렴하여 학교운영위원회에 제안하고 건의 할 수 있다.

그 후 학교장이 운영위원회의 심의 · 의결 결과와 다르게 시행하거나 심의 · 자문 사항 임에도 불구하고 심의 · 자문을 거치지 않고 운영하는 경우에 관련 사항과 그 사유를 지체 없이 학교 운영위원회에 보고하도록 요구할 수 있다.

동 위원의 의무 조항은 회의 참여의 의무와 지위남용 금지의 의무로 나눈다.

예를 들면 학교와 직접적인 관련이 있는 교복 공급 업자, 급식

업체 관련자, 해당 학교 물품 공급 업자, 교재 판매업자 등이 학부모 위원이나 지역위원으로 선출 되면 안 된다. 학교 측이 이들과 영리 목적의 거래 관계를 맺는 경우에는 심의의 공정성이 보장되기 어렵기 때문이다. 혹 위원이 되었을 경우는 해당 사안에 대하여 심의하지 못하도록 "제척원칙"을 두어야 한다. 반대로 운영위원으로 선출된 학부모와 물품 거래 후 학교 재정의 넉넉지 못함을 이유로 대금 지급을 미루거나 기부를 요구하여 학부모 위원이 곤란한 처지에 놓이게 해서도 안 된다.

일선 학교에서 법해석의 포괄성으로 혼선을 빚는 자문기관, 심의기관, 의결기관별 의결의 효력에 대하여 법률적 해석을 하면 다음과 같다.

첫째, 자문기관이라 함은 자문기관의 의견 · 권고는 법률적으로 행정청을 구속하지 않는다.

둘째, 의결기관은 그 결정이 행정청을 구속하며, 의결이 없으면 유효한 행정청의 의사결정이 이루어 질 수 없다.

셋째, 심의기관은 심의의 효력에 대한 획일적인 판단을 할 수는 없으며 입법취지 및 관련 규정의 해석을 통하여 자문기구의 성격이 강한지, 의결기구의 성격이 강한 지 결정될 수 있다.

따라서 운영위원회의 성격은 초 · 중등교육법 제32조의 규정에 따라 국 · 공립학교 학교운영위원회는 심의기구이며, 사립학교 학교운영영위원회는 필수자문기구로 명시하였다.

그러나 동법 제32조 3항에 의해 국 · 공립 및 사립학교의 학교

발전 기금의 조성 · 운용 및 사용에 관한 사항에 대하여 심의 · 의결하도록 규정하였으며, 국공립학교의 경우 동법 제60조, 제61조에 의해 의결 기구적 성격이 강한 심의기구라 할 수 있다.

올 해로 동법이 시행된 지 12년 째를 맞고 있다.

운영위원은 입법 취지인 무보수 봉사직의 초심을 잃지 말아야 하며 학교를 사랑하는 순수성을 지켜야 한다. 행여 학교운영위원을 발판 삼아 정치 쪽이나 기타 불순한 의도성(명예 혹은 이권)을 갖고 참여하면 본질이 훼손되어 동 법의 시장 가치는 휴지조각이나 다를 게 없게 된다. 정부의 자율과 분권이라는 국정 기조에 따라 학교 운영위원회의 역량이 리트머스 시험지가 될 공산이 크다.

우리나라 교육 문제는 귀신이 와도 해결을 못한다는 우스갯소리가 있을 정도로 민감하고 난마처럼 얽히고 설켜 있다.

학교 운영위원회의 토론과 자치 정신이 토론문화를 한 단계 발전시킴과 동시에 귀신이 와도 해결 못 하는 교육 문제를 해결하는 기관으로 자리매김 되길 소망해 본다.

(경인일보, 2006. 3. 16)

혁신학교, 명품학교, 전원학교의 매력과 한계

혁신학교(革新學校)란? 민주적 자치 공동체와 전문적 학습 공동체에 의한 창의지성 교육을 실현하는 공교육 혁신의 모델학교라 하였다.(경기도교육청. 2010)

상술하면 기존 학교의 한 형태로, 학급 인원이 25명 이하인 소규모 학교로 운영하고 학교 운영과 교육과정 운영에서 자율성을 가지며 교직원의 안정적인 근무와 행정 인력을 지원하기 위해 예산이 지원되는 형태의 학교를 말한다.(교육희망. 2010)

명품학교란? 선택과 집중을 통한 경기교육의 다양화, 특성화, 차별화와 학교교육의 자율성, 창의성 확보로 '최신(New), 최초(First), 최고(Best)의 교육을 말한다.(장학자료2008-67호) 추진 배경으로 21세기 지식 기반사회의 변화 속도에 능동적으로 대응하고 미래사회를 이끌어갈 자기 주도적 학습력을 갖춘 창의적인 글로벌 인재 육성을 들고 있다. 더불어 교육 수요자에 대한 교육 만족도 제고와 교사의 교육 전문성 신장을 말한다.

전원학교란? 농 · 산 · 어촌 소재 소규모 초 · 중학교 중 자연 친화적 환경과 e-러닝 첨단시설을 바탕으로 지역사회와 연계하여 영어 등 우수 공교육 프로그램을 운영하는 자율학교로서 농산어촌의 미래 발전을 견인하는 지속가능한 모델학교를 말한다.(교과부. 2008)

하드웨어(Hardware) - 자연친화적 시설과 첨단 e-러닝 교실을 갖추고 자연과 첨단이 조화된 환경에서 학습 한다.

소프트웨어(software) - 체험중심 교육과정, 독서 · 인성교육, 학력증진 프로그램 등 정규 교육과정에서의 특색 있는 프로그램과 다양한 방과 후 프로그램, 도 · 농교류 프로그램 등을 운영한다.

휴먼웨어(humanware) - 교장, 교사 공모제를 통해 역량 있는 교원을 충원하고, 학교 교육이나 지역주민 교육 프로그램을 기획 지원하기 위한 인력을 지원 한다.

네트워킹(Networking) - 학교 내 지역 주민의 교육 및 문화활동 공간으로서 '지역사회 교육 센터'를 설치하여 다양한 프로그램을 운영하고 주민의 학교운영에의 참여를 확대하는 등 지역과 학교의 강력한 연계체제를 구축 한다.

공공성 행정(Governance) - 전원학교로 선정된 학교는 자율학교로 지정, 교원 순환 보직제 개선, 가산점 부여, 사택 현대화 등

인센티브를 통해 학교 운영의 자율성이 최대한 보장되도록 제도적으로 지원한다.

필자가 학교장으로 재직 중 경기도교육청과 교과부에서 추진한 대표 시책이었다. 돌아오는 농어촌 학교는 지면 상 생략하고 전술한 시책의 매력과 한계를 살펴보고자 한다.

혁신학교 최대의 유인가는 교사가 바로 무자격 교장으로 임용될 수 있는 내부형 공모를 할 수 있는 정책이다. 그러나 교육계의 근간을 뒤흔드는 정책으로 인사질서의 파괴냐, 혁신이냐라는 두 시선의 암종(癌腫)을 안고 있다. 학교 운영예산 이외의 1억원 정도 특별 예산이 지원 된다. 이는 경쟁 없는 평등성을 추구하는 혁신교육 이념과의 논리적 모순, 인근 학교와의 형평성, 보편성의 문제가 내재해 있다.

신자유주의 철학에 대한 대안으로 공동체주의 철학을 기초로 한다. 명품학교의 철학적 기초가 수월성 교육을 추구하며 다양화를 지향한다. 시장 메커니즘을 교육에 접목하여 교육적 성과물로 말한다. 교육의 기회 균등과 교육격차의 불평등 해결이라는 과제를 안고 있다.

전원학교는 유토피아적 꿈의 학교다. 그러나 막대한 예산 조달이 한계이고 비용 대비 편익이 크지 않다.

교사들은 국가 공인 자격증 공무원으로서 자신을 대표할 비루트(Virtu · 탁월한 능력)를 갖고 있다. 그래서 자존심 강한 교사집단이 정책 수립에 배제되었을 때 강한 배타성을 갖는 이유이기도 하다.

요사여신(料事如神)의 교육정책도 구성원의 자발성을 이끌어 내지 못하면 실패하기 마련이다.

판자 두 개를 합치면 6배의 힘이 발생하고, 콩, 팥 등 콩과 계열(Pea family)을 서로 가까이 심으면 3배 이상의 수확을 거둔다고 한다.

협동과 약점 보완을 시사한다. 그 후 경쟁과 비교, 평가는 개인이나 조직의 발전에 필요한 원동력이다. 따라서 교원사회의 물리적 심리적 거리감을 좁힐 수 있는 시책이 아쉽다.

(주간교육, 2013. 2. 11)